Eva Pierrakos

Bereit sein für die Liebe

AF286401

Eva Pierrakos

BEREIT SEIN FÜR DIE LIEBE

Mediale Texte zusammengestellt und herausgegeben von
Judith Saly

Aus dem Amerikanischen von
Hedda Köhler

SYNTHESIS

Titel der amerikanischen Originalausgabe:
The Pathwork of Relationship – Creating Union
© Copyright 1993 by The Pathwork Foundation, Inc.

© Copyright 1997 der deutschen Ausgabe,
© Copyright 2022 der deutschen Ausgabe:
   info@Synthesis-Verlag.com
   www.Synthesis-Verlag.com
Alle Rechte der deutschen Ausgabe vorbehalten.

Covergestaltung: Dragon Design GB
   Unter Verwendung eines Ölgemäldes von
   Annette de Mestre und Hugo Colville
Satz und Gestaltung: Dragon Design GB
Gesetzt aus der Goudy
Lektorat: Gerhard Juckoff

Printed in Germany

ISBN 978-3-922026-89-1

Inhalt

Teil III:
Die Beziehung im Zeitalter des erweiterten Bewußtseins 169

Über die Autoren

Zwei Namen erscheinen auf der Titelseite dieses Buches: Eva Pierrakos und Judith Saly. Doch weder Eva noch ich haben dieses Buch geschrieben. Eva war der »Channel«, durch den der GUIDE sprach. Dies ist ein Geistwesen von höchster Weisheit, das uns 25 Jahre lang eine Fülle von Texten zur spirituellen Transformation schenkte. Ich fühlte mich dazu berufen, die Lehren des GUIDE zur Beziehung zu sammeln, die Texte auszuwählen, zu organisieren und zu redigieren und sie in der Form eines Buches anzubieten.

Mit Dankbarkeit erwähne ich die editorischen Hinweise und Anregungen von John Saly, Gene und Peg Humphrey, Susan Thesenga und Jan Bresnick und die technische Hilfe von Karen Millnick, Hedda Köhler und Rebecca Daniels.

Dieses Buch, der dritte Band in der englischen PFADREIHE, wurde von der PATHWORK FOUNDATION herausgegeben.

Judith Saly
New York

10

Bemerkungen des GUIDE zu den Lesungen

Diese Lesungen sind hauptsächlich für Menschen bestimmt, die einen Weg der intensiven Selbstentwicklung, wie es diese Pfadarbeit ist, gehen. Die Lesungen berühren Orte der Seele, die nur zu erreichen sind, wenn du einen Weg wie diesen gehst. Dann wirst du ein inneres Echo hören, das weit über das rein intellektuelle und theoretische Erfassen des Themas hinausgeht.

Gründliches Verständnis mag erst später kommen, wenn die Schichten des Bewußtseins sich geöffnet haben. Doch all die, die ernsthaft an sich arbeiten, werden schließlich in ganz anderer Weise fähig sein, diese Lesungen zu nutzen, als diejenigen, die sie nur lesen, ohne die persönliche Arbeit auf sich zu nehmen. Der Unterschied ist bedeutsam.

Wenn du nicht die innere Erfahrung machst, die dir sagt: »Ja, das ist wahr, es berührt mich in meinem tiefsten Wesen«, weil du keine lebendige Form der Selbstentwicklung übst, dann kann es sein, daß die Lesungen für dich nur interessante, einleuchtende Texte sind oder auch weithergeholte theoretische Abhandlungen.

Nur wenn dein innerstes Wesen berührt ist, wirst du fähig sein, dich selbst zu transzendieren und deine Probleme auf eine grundlegende Weise zu verstehen.

Selbsterforschung macht deinem Bewußtsein neue Schichten deiner Psyche zugänglich. Meine Worte richten sich direkt an diese Schichten, sobald sie frei genug werden, diese Lehren zu empfangen.

11

Eva Pierrakos, der GUIDE und die Pfadarbeit

Die hier gesammelten Texte waren ursprünglich gesprochen, nicht geschrieben. Eva sagte, daß sie nicht der Autor sei, nur der »Channel«, durch den sie übermittelt wurden. Der wahre Autor war ein jenseitiges Wesen, das durch Eva sprach, wenn sie in einen anderen Bewußtseinszustand fiel. Dieses Wesen sagt uns nichts über sich selbst – da sind keine Charakterzüge, keine Geschichte, kein Strahlenkranz. Es gibt sich noch nicht einmal einen Namen, wurde aber als »GUIDE« bekannt. Die übermittelten Materialien sind die »GUIDE-« oder »Pfad-Lesungen«, der hier gelehrte Prozeß der persönlichen Transformation wurde als »Pfadarbeit« bekannt.

Der GUIDE betont immer wieder nur die Lehre, nicht ihre Quelle. Er (oder sie) sagte: »Kümmert euch nicht um das Phänomen dieser Kommunikation. Nur eines ist wichtig: Es gibt Schichten der Wirklichkeit, die ihr noch nicht erforscht und erfahren habt und von denen ihr bestenfalls nur theoretisch sprechen könnt ... Vergeßt nicht, daß diese Stimme nicht das Bewußtsein des menschlichen Instruments ausdrückt, durch das ich spreche. Bedenkt auch, daß jeder Mensch Tiefen hat, die er bisher noch nicht erfahren hat. Auf dieser tiefen Ebene besitzt jeder die Mittel, die engen Grenzen der eigenen Persönlichkeit zu überschreiten und Zugang zu anderen Bereichen und Wesen zu erhalten, die ein größeres, weiteres Wissen besitzen.«

Von 1957 bis 1979, dem Jahr ihres Todes, übermittelte Eva 258 GUIDE-Lesungen zum Wesen der psychologischen und spirituellen

12

Wirklichkeit und zum Prozeß der spirituellen Entwicklung des Individuums. Sie wurde in Österreich als Tochter des bekannten Schriftstellers Jakob Wassermann geboren. 1939 kam sie in die Vereinigten Staaten. 1967 traf sie John Pierrakos, einen Psychiater und Mitbegründer der bioenergetischen Therapie. Einige Jahre später heirateten sie, und die Vereinigung ihrer Arbeit führte zu einer Ausweitung der Pfadgemeinschaft. Mehrere Zentren in den USA, Holland, Italien, Mexiko und Brasilien lehren die Pfadarbeit. Das Netzwerk der Menschen, die die Pfadarbeit ausüben, umfaßt Arbeitsgruppen in allen Kontinenten.

Die Herausgeberin dieses Buches, Judith Saly, hat auch den ersten Band Der Pfad der Wandlung (Synthesis 1994) herausgegeben und ist die Autorin von How To Have A Better Relationship (Ballantine 1987). Seit 1958 lernt und übt sie die Lehren der Pfadarbeit und lehrt sie nun fast dreißig Jahre lang. Sie war Mitglied der Gruppe, die 1972 das Phoenicia Pathwork Center im Norden von New York gründete, und hat auch als Präsidentin der Pfad-Stiftung gedient. 1955 heiratete Judith John Saly. Die beiden haben drei Kinder und zwei Enkel.

Einleitung

Wenn das Leben eine Schule ist, ist die Beziehung die Universität. Durch Ihre Beziehungen, besonders durch die zu Ihrem Liebespartner, lernen und wachsen Sie am meisten. Wir werden als Frau oder als Mann geboren, und wir sehnen uns nacheinander, weil wir einander brauchen. Wir brauchen die körperliche, emotionale und spirituelle Vereinigung mit dem »anderen«. Die Sehnsucht ist Bestandteil unseres genetischen Codes, und die Suche nach dem Lebenspartner steht im Zentrum des menschlichen Lebens.

Doch wie oft sieht man wirklich ein Paar, dessen Beziehung nach vielen Jahren der Gemeinsamkeit noch von Leben sprüht, wo man Harmonie und Freude spürt und eine tiefe und zugleich beschwingte Kommunikation, wo man weiß, daß beide Partner in der Hingabe an die göttliche Kraft der Liebe den Lebensgefährten völlig akzeptieren, wo Unterschiede als Herausforderung angesehen werden, den anderen besser zu verstehen, in dem Vertrauen, daß alle Probleme gelöst werden können? Sehr selten.

Urteilt man nach den Statistiken, müßte man schließen, daß das Leben mit einem anderen Menschen für viele eine unerträgliche Last ist und nicht der harmonische Zustand, den sie bei der Heirat erwarteten. Und selbst wenn zwei Menschen zusammenbleiben und sich weiterhin lieben, gibt es Momente der Enttäuschung, in denen sie streiten und sich einander entfremdet fühlen. Ist es möglich, die Schwierigkeiten zu überwinden und die Wunden zu heilen?

Dieses Buch hat einen Ansatzpunkt, der sich von dem anderer Bücher über Beziehungen unterscheidet. Der GUIDE stellt den Konflikt von Mann und Frau vor den weiten Hintergrund der kosmischen Kräfte und beleuchtet ihn von dem erhöhten Blickpunkt dessen, der jenseits der Dualität der Geschlechter steht. Von diesem Blickwinkel sieht er auch in unsere Herzen und Seelen, wo wir mit uns selbst entzweit sind. Er entwirft einen Weg zur Selbstvereinigung und dadurch zur glücklichen Vereinigung mit einem anderen Menschen. Seine Lehren sind in ihrem Ausmaß wie auch in den praktischen Anwendungsmöglichkeiten wahrhaft einzigartig.

Die Geschichte der Beziehungen eines Menschen enthüllt die Landschaft seines inneren Wesens. Von dieser Geschichte kann man auf seine Vorstellungen über das Leben, das andere Geschlecht, Liebe, Sexualität, die Ehe und so weiter schließen. Wenn Sie lernen, sich selbst mit einem unvoreingenommenen, doch zugleich auch leidenschaftlich neugierigen Interesse und mit Ehrlichkeit zu betrachten, werden Sie erstaunt sein über das, was Sie entdecken: Sie waren es, der den gegenwärtigen Zustand der Beziehung mitgeschaffen hat. Es ist Ihnen nicht einfach zugestoßen. Sie sind kein Opfer.

Wir neigen zu der Annahme, daß Störungen in einer Beziehung durch äußere Umstände oder den Partner verursacht werden. Wenn er oder sie sich nur ändern würde, wie vollkommen wäre dann das Leben! Aber das ist eine große Täuschung. Selbst wenn wir annähmen, daß Sie ein Engel sind und Ihr Ehemann, Ihre Ehefrau oder der Gefährte ein Unhold – sind Sie denn nicht dafür verantwortlich, daß Sie diesen Partner gewählt haben und noch mit ihm zusammen sind? Doch wir nehmen nicht an, daß Sie ein Engel sind. Wir – Sie und ich – wissen, daß Sie ein Engelslicht in sich haben; wir können es das höhere Selbst nennen: einen liebenden, fürsorgenden, selbstlosen, schöpferischen Kern. Doch wissen wir auch, daß eine weniger attraktive Schicht diesen göttlichen Kern umgibt: das selbstsüchtige, rachsüchtige, mißtrauische niedere Selbst, das verantwortlich ist für die vielen Schmerzen, die wir leiden und anderen antun, besonders denen, die uns am nächsten stehen. Wenn wir uns mit dieser Schicht nicht bekannt machen, nicht herausfinden, wie sie entstand, und sie nicht als unsere anerkennen, können wir sie nicht transformieren. Sosehr wir auch versuchen, so zu tun, als existiere diese häßliche Schicht nicht, sosehr wir uns bemühen, sie zu verstecken, abzulehnen oder wegzumeditieren, sie wird sich nicht auflösen, es sei denn, wir sehen sie uns genau an und transformieren sie auf bewußte Weise.

Meist wissen wir überhaupt nicht um die Existenz dieses niederen Selbst. Der GUIDE lehrt uns, Aufmerksamkeit dafür zu entwickeln. Es reicht nicht, daß wir unsere Kindheitsgeschichten ausgraben und die gegenwärtige Beziehung mit unseren früheren Erfahrungen von Vater und Mutter verbinden, obwohl diese bedeutsam sind und wichtige Hinweise liefern. Es ist wichtig, das niedere Selbst und seine Auswirkungen auch in der Landschaft unserer Seele zu entdecken. Ohne dem, was wir in uns selbst am wenigsten mögen, ins Auge zu sehen, können wir nicht verstehen, weshalb unsere Beziehung nicht funktioniert, und so natürlich auch keine hinreichenden Veränderungen bewirken.

Viele Probleme einer Beziehung werden durch Gefühle und Gedanken bewirkt, die im Unbewußten verborgen sind. Diese ungeprüften Gedanken und Gefühle haben ihre eigene Logik, eine falsche, kindische Logik. Sie verursachen Konflikte in der Seele. Und wie können Sie eine gesunde Beziehung zu einem anderen haben, wenn in Ihrer Seele Krieg herrscht? Die widersprüchlichen, ungelösten Gefühle und Gedanken im Selbst müssen zuerst ans Licht gebracht werden. Doch wie erkennen Sie die inneren Konflikte, und wie können Sie an deren Auflösung arbeiten?

Die Antwort liegt in Ihrem inneren, göttlichen Kern.

Was sind Ihre unbewußten Vorstellungen von Männern und Frauen? Was sind Ihre unbewußten Gefühle in bezug auf die Liebe und die Ehe? Mit der rechten Führung kann man das herausfinden. Wenn das Unbewußte bewußt wird, werden Sie vielleicht auf Gedanken wie diese stoßen:

»Wenn ich liebe, werde ich verletzt.«

»Wenn ich meine Gefühle zeige, werde ich abgelehnt.«

»Ehe ist Sklaverei.«

»Ich darf nicht glücklich sein.«

Diese und ähnliche »Bilder«, wie der GUIDE sie nennt, müssen an die Oberfläche kommen. »Du wirst deine persönlichen, verborgenen

16

Überzeugungen erst dann kennenlernen, wenn du sie mit einem Gefühl der plötzlichen Erleichterung entdeckst. Unbewußte oder halbbewußte Gefühle sind sich selbst verwirklichende Prophezeiungen: Gemäß deinem Glauben wird dir gegeben.« Wer weiß, was sich in Ihrem Unbewußten versteckt hält? Sind Ihre Beziehungen in der Vergangenheit bestimmten Mustern gefolgt, vielleicht unproduktiven oder sogar destruktiven Mustern, dann nehmen Sie sich vor, herauszufinden, weshalb sie entstanden und wie Sie den Zwang zur Wiedererschaffung dieser Muster beenden können.

Um Ihre tief verborgenen Vorstellungen über die Möglichkeit, Ihren Lebenspartner zu finden, oder über die Erneuerung Ihrer jetzigen Beziehung zu überprüfen, müssen Sie auf allen Ebenen Ihres Seins viel über sich selbst lernen.

Der GUIDE gibt uns praktische Anweisungen, wie wir uns selbst entdecken können und wie wir die Arbeit der Selbsttransformation leisten können – in Zusammenarbeit mit dem Partner oder ohne ihn oder sie, in einer Beziehung oder allein. Er lehrt uns, wie wir von dem Ort, an dem wir sind, zu dem kommen, an dem wir sein möchten. Er gibt uns nicht oberflächliche Übungen, sondern Methoden, die die Bereitschaft voraussetzen, sich selbst mit offenen Augen, ganz unsentimental und wahrheitsgetreu anzuschauen und einen spirituellen Weg zu gehen. Solch eine innere Verpflichtung bringt großen Gewinn: psychologisches und spirituelles Wachstum, Authentizität, Freude. All dies erzeugt die Fähigkeit, mit einem Partner eine Beziehung aufzubauen, der ebenso bereit ist, in eine Beziehung einzutreten und sich zu öffnen und auszutauschen.

Vielleicht haben Sie es schon versucht, den anderen an die erste Stelle zu setzen, bedingungslos zu lieben, geduldig zu sein, niemals zu drohen, immer ruhig und freundlich zu sein. Solch edle Vorsätze können nicht lange andauern, wenn sie die zahlreichen Schichten der ungelösten Konflikte überlagern, die Sie mit Ihrem Partner haben und, wichtiger noch, die in Ihrer eigenen Seele sind. Es gibt keinen anderen Weg: Man kann nicht transzendieren, was man nicht transformiert hat.

So ist es, daß Sie die Wurzeln Ihrer Probleme finden müssen, wenn Sie Ihr Eheleben verändern oder dem richtigen Mann, der richtigen Frau, begegnen wollen oder wenn Sie Ihre Beziehung ernsthaft verändern wollen. Erkennen Sie sich selbst, und nehmen Sie sich an, wie Sie jetzt sind, mitsamt Ihrem niederen Selbst, dann bauen Sie ein solides Fundament.

Der GUIDE gibt keine oberflächlichen Ratschläge, er fordert Sie nicht auf, Ihren Partner anzulächeln, wenn Sie vor Wut schäumen; er fordert Sie auch nicht auf, diese Wut in schmerzhafter und destruktiver Weise auszuleben. Vielmehr wird er Sie lehren, wie Sie alle Ihre Gefühle zulassen können, ohne sie dort abzuladen, wo sie nicht hingehören. Er wird Ihnen zu erstaunlicher Einsicht in das Wesen der männlichen und weiblichen Kräfte des Kosmos und in die spirituelle Bedeutung dieses besonderen Bestandteils unserer dualistischen Existenz, der Beziehung, verhelfen. Sie können sich ohne Gefahr auf die Reise in den Urwald Ihrer inneren Landschaft begeben, denn Sie werden durch Dornen und Gestrüpp zu dem Gottselbst geführt werden, das in Ihnen lebt und von dem alle ganz persönlichen Antworten auf natürliche und einfache Weise kommen werden. Sie werden erfahren, daß es in Ihrer Macht steht, eine positive Beziehung zu schaffen, die gutgeht und Glück und Freude bringt.

Öffnen Sie sich beim Lesen dieser Kapitel nicht nur in Ihrem Denken, sondern lassen Sie Ihr ganzes Wesen empfänglich werden. Vergegenwärtigen Sie sich jemanden, der aus großer Nähe zu Ihnen spricht und liebevoller und weiser ist, als Sie es je erlebt haben. Der Segen am Anfang und am Ende jeder Lesung ist von göttlicher Energie getragen. Lassen Sie ihn Ihre Seele durchdringen.

J.S.

TEIL I
Kosmische Prinzipien und psychologische Begriffe

»Wenn zwei unter euch eins werden auf Erden« – die Worte, die man oft bei der Eheschließung hört, weisen auf mehr als auf zwei Menschen, die ein gemeinsames Leben beginnen. Es ist eine kosmische Aussage. »Zwei« – Dualität – ist die grundlegende Bedingung unserer irdischen Existenz; »eins« ist der Zustand der Einheit, von dem wir uns abgeschnitten haben und nach dem wir uns zurücksehnen.

Da der Zustand der Dualität Abspaltung von der Einheit – vom Paradies – ist, enthält er Schmerz. Wir sehnen uns nach der Rückkehr in den verlorenen Zustand der Seligkeit. Die Pfadarbeit der Beziehung hat zum Ziel, das in uns zu transformieren, was unsere Getrenntheit und unsere Unfähigkeit, gute Beziehungen zu schaffen, verursacht. Sie hat zum Ziel, den ungehinderten Fluß der Liebe zuzulassen.

Jede geistige Lehre zeigt einen Weg von der Selbstentfremdung zur Selbstfindung und dadurch zur Gottfindung. Die Lehren in diesem Buch folgen alten, esoterischen Traditionen, sind jedoch zeitgenössisch in ihrem außerordentlichen Verständnis der menschlichen Psychologie. Einheit enthält alles, also auch die göttlichen Prinzipien, die unserer irdischen Dualität zugrunde liegen: die männlichen und weiblichen Energien, deren leibhafte Manifestationen wir Männer und Frauen sind. Die medial übermittelten Texte in der ersten Hälfte des Buches beschreiben diese kosmischen Prinzipien und erklären ihre Verbindung zur spirituellen Bedeutung und Psychologie der Geschlechterbeziehung.

Unser aller Ringen darum, einen Liebespartner zu finden, die Liebe lebendig zu erhalten und sie fortwährend zu vertiefen, erhält, von dieser größeren Perspektive aus gesehen, neue Bedeutung und Würde. Denn in

21

diesem Bestreben arbeiten wir nicht nur daran, die Ängste vor dem Verlust unserer Getrenntheit zu überwinden, um ein volleres und glücklicheres Leben für uns zu beanspruchen, sondern wir sind auch Mitschöpfer einer großen kosmischen Bewegung, der Evolution des Universums. Unsere Sehnsucht nach einer tieferen Vereinigung in der Liebe mit einem anderen Wesen ist so zwingend und mächtig, weil sie kosmische Bedeutung hat. Hier sehen wir das Bindeglied zwischen unserem individuellen, zeitgebundenen Leben und der größeren Realität, die uns umfängt.

Wenn Sie das Wirken der männlichen und weiblichen Prinzipien im Kosmos verstehen, werden Sie in ganz anderem Maße die Bedeutung Ihrer Sehnsucht nach einer tieferen Liebesverbindung mit einem anderen begreifen. Begeben Sie sich auf diese Reise der Vorstellungskraft in neue Räume, werden Sie ein kosmischer Reisender, und kommen Sie mit neuen Einsichten und neuer Hoffnung zurück.

1

Beziehung

Seid gegrüßt, meine liebsten Freunde. Ich heiße euch willkommen und segne euch.

»Was ist das Leben?« ist eine Frage, die viele stellen. Das Leben ist Beziehung, meine Freunde. Es gibt andere Antworten, die auch wahr sind. Doch mehr als alles andere ist das Leben Beziehung. Wenn ihr keine Beziehungen eingeht, lebt ihr nicht. Euer Leben, eure Beziehungen hängen von eurer Einstellung ab. Ihr könnt auf negative oder positive Weise Beziehungen herstellen. Doch sobald ihr eine Beziehung herstellt, lebt ihr. Deshalb ist einer, der negative Beziehungen schafft, lebendiger als ein anderer, der kaum welche hat. Destruktive Beziehungen führen zu einem Höhepunkt, der letztlich dazu dient, das Destruktive aufzulösen. Aber die fehlende Beziehung, meist unter der Maske falscher Gelassenheit, steht auf einem niedrigeren Entwicklungsstand.

Jede Beeinträchtigung der Psyche verhindert das Sichbeziehen auf andere. Fruchtbares Inbeziehungtreten existiert nur soweit, wie die Seele gesund und frei ist. Doch zunächst ist ein tieferes Verständnis dessen, was Beziehung ist, notwendig.

Der Plan der Evolution

Ihr dürft nicht vergessen, daß das Ziel des Evolutionsplans Vereinigung ist, das Zusammenbringen all der vereinzelten, individuellen Bewußtseinseinheiten, denn nur so kann Getrenntheit aufgegeben werden. Vereinigung mit einer abstrakten Idee, mit einem unerreichbaren Gott oder Vereinigung als zerebraler Prozeß ist nicht wirklich Vereinigung. Nur der direkte Kontakt eines einzelnen mit einem anderen stellt in der gesamten Persönlichkeit die Bedingungen her, die die Voraussetzung für wahre innere Vereinigung und Einheit sind. Daher manifestiert sich das Drängen nach Einheit als ungeheure Kraft, die Menschen aufeinanderzu bewegt und Getrenntheit schmerzlich und leer erscheinen läßt. Die Lebenskraft ist nicht nur vom Streben hin zu anderen durchdrungen, sondern auch von höchster Lust. Leben und Lust sind eins. Leben, Lust, Kontakt mit anderen, Einssein mit anderen sind das Ziel des kosmischen Plans.

Beziehungen zu allen Dingen und Wesen

Ihr seid es gewöhnt, das Wort »Beziehung« nur mit Menschen zu assoziieren. Doch in Wahrheit gilt dies Wort für alles, selbst für unbeseelte Dinge, für Begriffe und Ideen. Es gilt für Lebensumstände, für die Welt, euch selbst, eure Gedanken und Einstellungen. In dem Maße, in dem ihr euch bezieht, werdet ihr nicht enttäuscht sein, sondern ein Gefühl der Erfüllung spüren.

Die Skala der Möglichkeiten der Beziehungen ist sehr groß. Laßt uns mit der niedrigsten Form auf dieser Welt beginnen, den Mineralien. Da ein Mineral kein Bewußtsein hat, könnte man glauben, daß es keine Beziehung herstellt. Das ist nicht wahr. Es lebt, also tritt es in Beziehung, doch ist das Ausmaß seiner Beziehung auf das Ausmaß seiner Lebendigkeit begrenzt, oder richtiger, es ist ein Mineral, weil es keine Fähigkeit hat, mehr Beziehungen herzustellen. Das Mineral erschafft Beziehung und Verbindung, indem es sich wahrnehmen und benutzen läßt, also auf völlig passive Weise. Im Tier ist die Fähigkeit zur Beziehung viel dynamischer. Es reagiert aktiv auf andere Tiere, die Natur und den Menschen.

24

Die Fähigkeit zur Beziehung hängt vom Bewußtseinsgrad ab

Die Skala der menschlichen Fähigkeit, sich zu beziehen, ist viel größer, als ihr auch nur im entferntesten wahrnehmen könnt. Laßt uns mit den Menschen beginnen, die auf der niedrigsten Stufe stehen. Das ist der völlig Wahnsinnnige, der in Einzelhaft gesperrt werden muß, oder der Verbrecher, dem Wahnsinnigen nicht unähnlich. Sie sind beide ganz in sich zurückgezogen, sie leben in äußerer und innerer Isolation. Es ist ihnen kaum möglich, eine Verbindung mit anderen Menschen aufzubauen. Aber da sie leben, müssen sie irgendeinen Bezug herstellen. Also treten sie in Beziehung zu anderen Formen des Lebens, zu Dingen, zu ihrer Umgebung, selbst wenn dies in ganz negativer Weise geschieht, zum Essen, zu bestimmten Körperfunktionen, vielleicht sogar zu Ideen, zur Kunst oder Natur. Es könnte sehr nützlich sein, meine Freunde, wenn ihr von diesem Standpunkt aus über das Leben und die Menschen nachdenkt. Über dieses Thema zu meditieren wird sehr hilfreich sein und euer Verständnis in vielen Dingen erweitern, nicht zuletzt auch in Hinsicht auf euer eigenes Leben.

Nun werde ich um des Kontrastes willen sofort zu den Menschen übergehen, die in dieser Hinsicht am höchsten entwickelt sind. Ihre Fähigkeit, gute Beziehungen herzustellen, ist wunderbar. Sie haben enge Beziehungen zu anderen und sind ohne Angst vor dem Kontakt, ohne Schutzschicht gegen das Erfahren und Fühlen. Deshalb lieben sie. Sie erlauben es sich, zu lieben. Die Fähigkeit zu lieben ist letztlich immer der Wille und die Bereitschaft zum Lieben. Menschen, die in diese Kategorie gehören, lieben nicht nur auf abstrakte und allgemeine Weise; ihre Liebe ist auch persönlich und konkret, ohne Rücksicht auf das Risiko. Sie sind nicht notwendigerweise Heilige oder der Vollkommenheit nahe. Sie mögen ihre Fehler haben, zu Zeiten im Unrecht sein oder sich in negative Gefühle verwickeln. Doch im großen und ganzen lieben sie, stellen Beziehungen her und haben keine Angst vor engen Verbindungen. Sie haben sich von ihren Abwehrmechanismen befreit. Trotz gelegentlicher Enttäuschungen und Rückschläge führen solche Menschen ein Leben, das mit fruchtbaren, bedeutungsvollen Beziehungen gefüllt ist.

Was ist das Leben für einen durchschnittlichen Menschen? Es ist eine Kombination der vielfältigsten Möglichkeiten. Jemand kann in bestimmten Lebensbereichen relativ frei sein und gute Beziehungen schaffen, in anderen dagegen sehr blockiert sein. Nur tiefe, persönliche Einsicht wird dich befähigen, in dieser Hinsicht die Wahrheit über dich zu finden. Wenn eine Beziehung auf der Oberfläche gut erscheint, aber ohne Tiefe und innere Bedeutung ist, dann kann man sich so leicht täuschen und sagen: »Sieh doch, wieviel gute Freunde ich habe! Mit meinen Beziehungen ist alles in Ordnung, und doch bin ich unglücklich, einsam und unerfüllt.« Wenn es so mit dir steht, kann es nicht wahr sein, daß deine Beziehungen gut sind oder daß du ernsthaft bereit bist, eine Beziehung aufzubauen. Es ist nicht möglich, daß du einsam und unglücklich bist, wenn deine Beziehungen echt sind.

Wenn andererseits die Weise, in der du dich auf einen anderen beziehst, nur eine oberflächliche Funktion erfüllt, wird das angenehm und unterhaltsam sein, aber doch flach bleiben. Dein wahres Selbst wird nicht offenbar, und deshalb bist du unerfüllt. So hinderst du auch andere daran, eine Beziehung zu dir herzustellen, und gibst ihnen nicht, wonach sie suchen, ob sie es nun wissen oder nicht. Dies beruht auf deiner unbewußten Angst, dich zu enthüllen und den Freunden deine inneren Konflikte mitzuteilen. Solange, wie du nicht willens bist, diese Konflikte aufzulösen, kannst du keine bedeutungsvollen Beziehungen haben – und so mußt du unerfüllt bleiben.

Der durchschnittliche Mensch hat eine gewisse, aber nicht ausreichende Fähigkeit und Bereitschaft zum Engagement und zur Beziehung. Das Drama des wechselseitigen Austauschs und der Kommunikation findet auf einer oberflächlichen Ebene statt. Unbewußte Strömungen beeinflussen die in Beziehung Stehenden, und wenn die oberflächliche Beziehung eine nahe Beziehung ist, wird dies früher oder später Störungen hervorrufen. Wenn die oberflächliche Beziehung nicht zu einer nahen wird, passiert nichts, doch kann man sich auch nicht darüber hinwegtäuschen, daß sie keine echte Verbindung darstellt. Unbewußte zerstörerische Tendenzen können nur aufgelöst werden, wenn man sich ihnen stellt und sie versteht. Dies wird der Beziehung nicht schaden, da die Kommunikation

26

dann automatisch auf einer tieferen Ebene stattfindet und ein gegenseitiger Austausch eintritt.

Es ist euch oft nicht klar, was eine tiefe, bedeutungsvolle Beziehung ausmacht: Ist der wechselseitige Austausch von Ideen oder der von sexueller Lust das Kriterium? Selbst wenn beide vorhanden sind, wird die Kommunikation dadurch nicht notwendigerweise gut. Das einzige wahre Kriterium ist eure Authentizität, Offenheit und fehlende Abwehr, eure Bereitschaft zu fühlen, euch zu engagieren und euch und alles, was euch wichtig ist, offen und ehrlich einzubringen. Wie viele Menschen kennt ihr, denen ihr eure wirklichen Sorgen, Bedürfnisse, Ängste, Sehnsüchte und Wünsche mitteilen könnt? Sehr wenige, wenn überhaupt. In dem Maße, wie ihr das Bewußtsein eurer Gefühle zulaßt, werdet ihr mehr Freunde finden, denen ihr euch mitteilen könnt, und fähig werden, deren Leben wahrhaft zu verstehen.

Wenn ihr vor euch selbst zurückschreckt, wie könnt ihr dann bereit sein, anderen das zu sagen, was ihr euch selbst nicht zuzugeben wagt? So müßt ihr isoliert und unerfüllt leben. Deshalb ist es uns in unserer Arbeit der Selbsttransformation so wichtig, daß ihr lernt, euch selbst die Wahrheit einzugestehen. Erst dann könnt ihr statt der falschen echte Beziehungen schaffen und ein erfülltes Leben führen. Selbst eure Beziehungen zu anderen Bereichen des Lebens wie Kunst und Natur oder zur Welt der Ideen werden neue, sehr lebendige Formen annehmen, während ihr sie vorher vielleicht nur benutzt habt, um störende Gefühle zu vermeiden.

Echte Beziehung, echte Kommunikation kann mit dem kindischen Drang, allen alles zu erzählen, verwechselt werden. Vielleicht sprecht ihr eure Gefühle wahllos aus und gefährdet euch selbst, indem ihr törichte Freimütigkeit, unkluge Entblößung oder grausame »Ehrlichkeit« als Beweis für eure Offenheit und Bereitschaft, euch in der Beziehung zu engagieren, anseht. In Wirklichkeit verdeckt dies nur euren Rückzug, der sich auf einer viel verborgeneren Ebene und in subtileren Formen manifestiert. So ist euch der »Beweis« möglich, daß das Engagement sich nicht auszahlt.

Mit echtem Selbstverständnis und der daraus folgenden Befreiung aus dem selbstgebauten Gefängnis werden eure Selbstenthüllung und eure

27

Beziehungen nichts Verspanntes an sich haben. Intuitiv werdet ihr die richtigen Menschen und die richtigen Gelegenheiten in der richtigen Weise wählen. Gelegentliche falsche Einschätzungen werden euch nicht umwerfen oder in euer Versteck zurücktreiben. Doch kommt der organische Wachstumsprozeß und mit ihm die Freiheit nur allmählich und nur dann, wenn ihr den Weg der Selbsterkenntnis geht.

Psychiater erstellen oft Diagnosen aufgrund der Fähigkeit der Menschen, Beziehungen einzugehen und anhand der Tiefe und Bedeutungsfülle dieser Beziehungen. Es ist erwiesen, daß einige der schwer gestörten Menschen leichter Hilfe annehmen können als andere, deren Störungen weniger offensichtlich sind, weil diese sich selbst täuschen, indem sie den Anschein erwecken, es stünde nicht so schlecht mit ihnen, und sich weiterhin vor der inneren Wahrheit verstecken. Diese Ausflucht steht den Gestörteren nicht zur Verfügung. Sie gelangen an einen Punkt, wo sie sich entscheiden müssen, ob sie ihr Inneres ehrlich, ohne Selbsttäuschung, ansehen wollen oder nicht. Es kann auch sein, daß sie einen schweren Zusammenbruch erleben, der die Selbstkonfrontation hinausschiebt. Doch sind sie dem Moment der Entscheidung näher – auch wenn sie ihn vielleicht erst im nächsten Leben erreichen – als der weniger neurotische Mensch, der weiterhin die Selbstkonfrontation vermeidet.

Viele von euch, meine Freunde, haben keine klare Vorstellung von dem, was Beziehung und Liebe wirklich ist. Euer Interesse dreht sich vor allem um euch selbst. Wenn ihr auf andere zugeht, ist das nicht ein natürlicher, spontaner Prozeß, sondern künstlich und zwanghaft. Aber die natürliche Teilnahme und die Wärme für andere werden sich ergeben, wenn ihr auf diesem Weg unbeirrt weitergeht. So lange, wie ihr nicht zugeben könnt, daß ihr auch nur menschlich seid und Hilfe braucht, um eure Verletzlichkeit offen zu zeigen, wird es euch nicht möglich sein, wahre Beziehungen zu schaffen. So wird euer Leben zumindest in einigen Bereichen leer bleiben.

Und nun zu euren Fragen.

28

FRAGE: Ist es Ausdruck eines gesunden Beziehungsverhaltens, wenn die Beziehung sich ändert oder wenn man viele Beziehungen haben möchte? Was ist, wenn man Abwechslung und Vielfalt sucht?

ANTWORT: Dies ist eine der Fragen, die nicht einfach mit Ja oder Nein beantwortet werden können. Sowohl Veränderungen in der Beziehung als auch der Wunsch nach Abwechslung können auf gesunde oder ungesunde Motive weisen. Oft ist es eine Kombination. Hütet euch vor zu starker Vereinfachung. Eine sich verschlechternde Beziehung bedeutet nicht notwendigerweise Rückfall oder Stagnation. Es kann eine notwendige, vorübergehende Reaktion auf ungesunde Unterwerfung sein, auf das übermäßige Verlangen nach Zuneigung oder auf einen anderen einseitigen, neurotischen Zwang. Bevor eine gesunde Beziehung zwischen zwei Menschen, die durch verschiedene, wechselseitig sich beeinflussende seelische Verzerrungen aneinandergebunden sind, zustande kommt, kann solch ein äußeres oder inneres Unwetter dieselbe ausgleichende Funktion erfüllen wie ein Gewitter oder Erdbeben in der Natur.

Ob eine Beziehung überwiegend frei und gesund werden kann, hängt von beiden Beteiligten ab. Die Tatsache, daß eine Beziehung nach außen hin keine Komplikationen und Reibungen aufzuweisen scheint, ist nicht unbedingt ein Anzeichen für innere Gesundheit und Sinnfülle. Die einzige Antwort ist, genau zu prüfen, was die Partner bindet und was dies bedeutet. Man kann nicht verallgemeinern. Menschen, die in einer Beziehung – sei es Partnerschaft, Liebe oder Freundschaft – zusammenwachsen, müssen durch verschiedene Phasen hindurchgehen. Haben sie genug Einsicht in das eigene Selbst, nicht nur in das des anderen, dann wird die Beziehung auf sichererem Boden stehen und mehr Früchte tragen.

Die Suche nach Abwechslung

Was die Suche nach Abwechslung angeht – auch das hängt von der wahren Motivation ab. Wenn Abwechslung übereilt und zwanghaft gesucht wird und dies in Angst, Gier und Habsucht wurzelt, in der Unfähigkeit, sich

29

wirklich auf einen anderen zu beziehen, und dieser Mangel mit zahlreichen, oberflächlichen Bindungen ausgeglichen wird, oder wenn andere nur begehrt werden als Schutz gegen die Gefühle der Abhängigkeit und des Verlassenwerdens, die in den wenigen tieferen Beziehungen, die man hat, aufkommen, dann weist das selbstverständlich auf ungesunde Tendenzen. Aber wenn Abwechslung aus dem Gefühl geistiger Freiheit und wegen der reichen Verschiedenartigkeit der Menschen gesucht wird und nicht um eine Beziehung gegen die andere auszuspielen, dann ist das gesund. Oft existieren beide Motivationen gemeinsam. Doch selbst in dem ersten Fall kann Abwechslung als Reaktion auf einen vorherigen Zustand des Rückzuges vorübergehend notwendig sein. Dann mag die Suche nach Abwechslung ein Schritt hin zur Gesundheit sein. Eine negative Manifestation ist oft ein Anzeichen einer positiven Übergangsphase.

Manipulation

FRAGE: Wo ist das Element der Liebe zwischen zwei Menschen, die eine Beziehung wollen, aber viel Manipulation benutzen? Hebt die Liebe die Manipulation auf?

ANTWORT: Manipulation ist eine unbewußte Schutzmaßnahme. In dem Maße, wie jemand das Bedürfnis zu manipulieren hat, kann wahre Liebe nicht existieren. Diese beiden Elemente schließen sich gegenseitig aus. Wenn du es genau ansiehst, beruht das scheinbare Bedürfnis nach Manipulation auf egozentrischer Angst und einer Übervorsicht, sich dem Fühlen und Sein hinzugeben. Manipulation verhindert die Liebe, obschon ein gewisses Maß an wahrer Liebe auch dasein kann.

Wenn die Liebe größer ist als die Verzerrung, wird sie über die Verzerrung dominieren und die Beziehung wird weniger problematisch sein. Die Auflösung der Problemgebiete kann nur durch Verstehen erfolgen. Dann kann Liebe blühen. Aber dort, wo Dunkelheit, Verwirrung und eine Weigerung, der Wirklichkeit ins Auge zu sehen, existieren, kann Liebe nicht entstehen. Die Tatsache, daß du liebst, löst nicht von allein all die negativen Strömungen und Verzerrungen auf, die Konflikte und

30

Ängste, die unbewußten Abwehrmechanismen und Manipulationen. Es ist nicht ganz so einfach.

Wie weit du fähig bist, dich auf einen anderen zu beziehen, ist eigentlich ganz leicht festzustellen. Das tägliche Leben liefert dir viele Hinweise, du mußt sie nur verstehen. Wenn eine Beziehung problematisch ist, gibt es in beiden Partnern unbewußte Verzerrungen. Jeder schiebt dem anderen die Schuld zu oder ergeht sich in Selbstbeschuldigungen. Es braucht etwas Zeit und Verständnis, um einzusehen, daß ein Unrecht nicht das andere ungeschehen macht, daß alle Beteiligten für alle Probleme einer Beziehung verantwortlich sind. Solche Einsicht hat immer eine große befreiende Wirkung, einfach weil sie wahr ist. Die Wahrheit wird euch von Schuld befreien und es unnötig machen, andere anzuklagen, ihnen die Schuld zu geben und sie zu verurteilen.

FRAGE: Ist es manchmal nicht viel leichter, eine Beziehung zu jemandem herzustellen, der nicht so nahe ist? Man ist weniger kritisch.
ANTWORT: Ja natürlich. Das ist der Beweis, daß es sich um eine oberflächliche Beziehung handelt, nicht um eine echte. Eine echte Beziehung bedeutet Sicheinlassen, und das heißt nicht nur, die negativen Aspekte und Strömungen zu beachten. Sicheinlassen bedeutet, das ganze Sein aufs Spiel zu setzen. In einer Beziehung, in der beide Partner sich völlig aufeinander einlassen, müssen ganz sicher Reibungen auftreten, weil es in beiden so viele unerkannte und ungelöste Problemgebiete gibt. Deshalb kann auch jede Reibung, wenn sie in einer konstruktiven Haltung angegangen wird, zu einem Sprungbrett werden. Ich sage hier nicht, daß ihr nur solche tiefen Beziehungen haben sollt. Das wäre unmöglich und unrealistisch. Aber einige davon, und ganz verschiedene, sollten schon dasein, damit ihr das Gefühl eines dynamischen und fruchtbaren Lebens habt.

Schaden durch unbewußte Erwartungen

Um etwas genauer zu werden, möchte ich hinzufügen, daß unbewußte Erwartungen, Ansprüche und Forderungen sich zerstörerisch auf eine

31

Beziehung auswirken. Erwartungen sind nicht immer unbedingt »falsch«, doch sie schwelen untergründig und verursachen im Zusammenstoß mit den Forderungen des anderen Spannung für beide. Einige Forderungen sind wirklich unberechtigt und unvernünftig – und sie können als solche nur erkannt werden, wenn sie an die Oberfläche des Bewußtseins kommen. Doch selbst berechtigte Forderungen erzeugen Probleme, wenn sie euch nicht bewußt sind.

Ich schließe mit ganz besonderen Segensgrüßen für alle, die diese Worte hören oder lesen, für alle, die diese Arbeit jetzt oder in Zukunft auf sich nehmen, und für die, die sie schon begonnen haben. Ich lasse euch zurück mit meiner Liebe und Herzlichkeit und dem Versprechen, daß euch aktive Hilfe zuteil werden kann, sowie ihr nur euren Widerstand gegen Selbstwahrnehmung erkennt. Findet die Bereitschaft zur Erkenntnis der Rationalisierungen, die euch von Wahrheit und Wirklichkeit trennen und daran hindern, in ein sinnvolles Leben hineinzuwachsen. Mögt ihr erfahren, daß das Leben gütig ist und eure Depressionen gegenstandslos sind. Der Fluß des Lebens ist beständig; Ängste sind nur in eurer begrenzten Sicht notwendig. Je mehr ihr die Fesseln eurer selbstgeschaffenen Blindheit abwerft, desto mehr werdet ihr die Wahrheit dieser Worte erfahren. Seid gesegnet, seid in Gott!

32

2

Das männliche und das weibliche Prinzip im Schöpfungsprozeß

Seid gegrüßt, meine Freunde. Segen und Liebe werden euch entgegengebracht und in dem Maß wie ihr euch dafür öffnet, euer innerstes Wesen erreichen. Laßt sie in euch hinein, empfangt sie.

Ich möchte heute abend über einige grundlegende Bestandteile der universalen schöpferischen Kraft sprechen. Jeder Mensch besitzt diese Kraft und bringt sie zum Ausdruck. Zu euch selbst kommen heißt, überlegt, bewußt und entschlossen die schöpferische Kraft benutzen, die ihr im innersten Kern seid und ausstrahlt. Mit dieser Kraft erschafft ihr fortwährend eure Lebensumstände, jedoch tut ihr dies ohne Bewußtsein und Wissen. Was ihr denkt und fühlt, was ihr glaubt und euch vorstellen könnt, was ihr insgeheim erwünscht und befürchtet, wirkt formend und bestimmend auf die kreative Substanz und gibt der schöpferischen Kraft ihren Antrieb.

Welch ungeheurer Unterschied, wenn ihr nicht unwissend, sondern überlegt und bewußt euer Schicksal gestaltet! Gestaltet ihr unbewußt, dann führt ihr manche Erfahrungen auf ein dunkles Geschick zurück. Eure Erfahrungen scheinen nichts oder nur sehr wenig mit euch selbst zu tun zu haben, mit dem, was ihr gerade jetzt fühlt, wünscht und glaubt, oder mit dem, was ihr mit diesen Gedanken und Gefühlen macht. Doch selbstverwirklichte Menschen wissen sehr genau, wie sie ihr Leben erschaffen.

Es ist ein großer Augenblick, wenn man plötzlich einsieht, daß nicht ein feindliches Geschick, sondern das eigene Tun die Behinderungen und

33

das Unglück hervorriefen, und die verborgene Haltung sieht, welche das unwillkommene Geschick bewirkt hat. Wird die Verbindung zwischen Ursache und Wirkung gesehen, dann ist das eigene Schicksal nicht mehr einer blinden und böswilligen äußeren Macht unterworfen. In diesem Moment endet die Hilflosigkeit. In Wirklichkeit sind die Menschen niemals hilflos gegenüber einer äußeren Macht, doch sind sie hilflos gegenüber den eigenen, inneren Prozessen, bis sie sie erkennen und verändern.

Dies ist der Weg der Pfadarbeit. Wenn ihr die Wurzel der negativen Erfahrung in euch selbst entdeckt, werdet ihr fähig, die Erfahrung zu transformieren. Um ein positives Geschick bewußt zu schaffen, ist es wesentlich, daß ihr die schöpferische Kraft des Kosmos besser versteht und wißt, wie ihr sie in eurem eigenen Leben anwenden könnt.

Das Wirken der zwei elementaren Prinzipien

Der kreative Prozeß entsteht durch das Zusammenwirken zweier grundlegender Prinzipien: Das erste ist Aktivierung, das zweite das Nicht-im-Wege-Stehen, das Zulassen. Diese beiden kreativen Prinzipien existieren im gesamten Kosmos und manifestieren sich überall in eurem Leben. Sie regulieren alles, was geschieht, das Erwünschte und Unerwünschte, das Wichtige und das Unwichtige, vom kleinsten alltäglichen Geschehen bis hin zur Erschaffung eines Universums. Damit das Erschaffene konstruktiv, fruchtbar, voll Freude und Lust ist, müssen diese Prinzipien harmonisch zusammenarbeiten; sie müssen sich ergänzen. Auch wenn das Erschaffene destruktiv, schmerzlich, sinnlos oder unglücklich ist, sind die beiden Prinzipien am Werk, doch in diesem Fall in entstellter und mißverstandener Form. Statt sich zu ergänzen, behindern sie sich dann. Statt daß die beiden Aspekte ein geeintes Ganzes bilden, wird dann ein dualistischer, sich wechselseitig ausschließender Gegensatz aus ihnen. Wenn beide Pole der Dualität versöhnt sind, arbeiten zwei scheinbar entgegengesetzte Kräfte gemeinsam auf ein Ziel hin. Diese Dynamik von Dualität und Einheit existiert in der gesamten Schöpfung: Wo ein Wesen sich aus der eigenen Mitte entfernt hat und so in Unwissenheit

34

und Irrtum gerät, entsteht Dualität. Die irdische Sphäre, vor allem das menschliche Bewußtsein, ist in einem dualistischen Zustand, so daß alle wahrnehmbaren kreativen Funktionen in zwei Hälften gespalten sind. Der dualistische Zustand des menschlichen Bewußtseins wirkt sich auch auf den kreativen Prozeß aus.

Die zwei grundlegenden Prinzipien der Schöpfung, Aktivieren und Zulassen, sind universale Gesetze und in allem, was je geschaffen wurde, gegenwärtig. Es sind nicht mechanische Gesetze wie die Schwerkraft. Alle Gesetze, selbst die unpersönlichen, physikalischen Gesetze sind aus dem Bewußtsein und durch das Bewußtsein entstanden und wurden durch das Zusammenwirken der beiden grundlegenden Prinzipien erschaffen. Unmittelbare Schöpfung mit ihren spezifischen Gesetzen ist immer ein Ausdruck von Bewußtsein; es gibt nichts in dieser Schöpfung, das nicht das Ergebnis von Bewußtsein ist. Ob dieses Bewußtsein aus dem Kopf oder der Persönlichkeit eines einzelnen stammt oder der große universale Geist ist, der alles Lebendige durchdringt, macht keinen Unterschied. Das Prinzip ist das gleiche. Deine bewußte Haltung bringt zum Ausdruck, ob du aktivierst oder nicht, ob du zuläßt oder nicht. Die beiden Prinzipien und die Rolle, die sie spielen, bedürfen einer genauen Untersuchung.

Das männliche Prinzip

Aktivieren bedeutet, daß das Individuum bewußt auf diese Kräfte Anspruch erhebt, sie in Bewegung setzt, sich auf sie zu bewegt, sie verursacht, bestimmt oder vorsätzlich benutzt, indem es sie in Aktion versetzt und jede mögliche Behinderung aus dem Wege räumt. Mühe und Anstrengung gehören dazu und sind notwendig, um die kreativen Kräfte in Bewegung zu setzen. Es ist ein aktives Tun. Wir können es das männliche Prinzip der Schöpfung nennen.

Die Haltung des Zulassens heißt rezeptiv sein und warten. Es ist auch eine Bewegung, denn alles, was lebt, muß sich bewegen. Aber diese Form der Bewegung unterscheidet sich stark von der Bewegung des aktivierenden Prinzips. Das aktivierende Prinzip bewegt sich auf einen anderen Zustand zu. Die zulassende Haltung ist eine Bewegung in sich selbst; es ist eine pulsierende, unwillkürliche Bewegung, während die Bewegung der Aktivierung überlegt und selbstbestimmt ist. Worte reichen nicht aus, um diese Tatsachen zu erklären, und ihr müßt mit eurem inneren Ohr hinhören und eure Vorstellungskraft und tiefinnerlichen Fähigkeiten benutzen, um zu verstehen, wovon ich hier spreche.

Das weibliche Prinzip

Das mit der zulassenden Haltung verbundene Bewußtsein ist das des geduldigen, vertrauenden Wartens; es läßt den Reifeprozeß bis zur Fruchtbildung kommen und überläßt sich einer in Bewegung gesetzten Kraft. Man kann es das weibliche Prinzip in der Schöpfung nennen. Wie ich schon gesagt habe, existieren das männliche und das weibliche Prinzip in jedem Bestreben, jedem schöpferischen Akt. Die selbstbestimmte, freiwillige Handlung drückt Selbstbewußtsein und Wissen um die eigene göttliche Natur aus. Mit den schöpferischen Kräften mitzugehen, sich ihnen hinzugeben ist ein Ausdruck von großem Vertrauen in das Leben und das Sein, und nur ein Schritt ist dafür erforderlich: die Aktivierung ebender Kräfte, in die man vertraut. Alles, was im Kosmos eine harmonische Wirkungsweise hat, vom Größten bis hin zur kleinsten Erscheinung des täglichen Lebens, vereint diese beiden Aspekte von Leben und Bewußtsein. Nichts kann ohne die gemeinsame Arbeit dieser Prinzipien erschaffen werden. Keine Vereinigung der Geschlechter kann sich erfüllen, wenn diese Prinzipien nicht so funktionieren, wie es ihre Aufgabe ist. In dem Maße, wie diese Haltungen gesund sind und Vertrauen in das Selbst und das Leben beiden Aspekten erlaubt, sich zu manifestieren, ist die höchste Lust und Freude möglich.

Männer wie auch Frauen repräsentieren beide Prinzipien; nur die Anordnung, Betonung, der Grad, das Maß und die Beziehung zueinander sind unterschiedlich. Weder repräsentiert der gesunde, integrierte Mann ausschließlich das aktivierende Prinzip noch die gesunde, integrierte Frau ausschließlich das Prinzip des Zulassens. Männer und Frauen müssen

36

beide Aspekte zum Ausdruck bringen, aber der Schwerpunkt ist verschieden, wie auch die Gebiete, in denen die beiden kreativen Prinzipien in Erscheinung treten, verschieden sind.

Sobald ihr darüber nachdenkt, sobald ihr das Leben unter einem leicht veränderten Blickwinkel betrachtet, der es euch erlaubt, das Wirken beider Prinzipien zu sehen, werden eure Wahrnehmung und euer Verständnis des schöpferischen Akts wie auch der Weltereignisse klarer werden. Ob ihr ein Geschäft gründet, eine zwischenmenschliche Situation erschafft, das eigene Geschick oder ein Universum erzeugt, es hängt alles davon ab, wie gut ihr die männlichen und weiblichen Schöpfungsprinzipien versteht, wie harmonisch ihr sie zu benutzen wißt, in welchem Grade ihr euch ihrer bewußt seid und ihnen erlaubt, sich aus euch heraus zu entwickeln. Wenn die Schöpfungsprinzipien entstellt sind und auf falsche Weise benutzt werden, erzeugen sie Verwirrung und Disharmonie. Das Ergebnis ist Zerstörung.

Verzerrungen der männlichen und weiblichen Schöpfungskraft

Ein Mann kann es nicht wagen, ganz Mann zu sein und die schöpferische Kraft zielbewußt mit seinem Willen zu aktivieren, solange Feindseligkeit, Wut und Ärger in seinem Unbewußten sind. Denn dann existiert die Gefahr, daß das aktivierende Prinzip seine destruktiven Impulse ausdrückt. Viele Männer und Frauen in dieser Welt sind noch auf einer so unentwickelten Stufe, daß sie keine Skrupel haben, ihre destruktiven Impulse auszudrücken. Ihnen macht es gar nichts aus, das maskuline Prinzip zu aktivieren, obwohl es die gewaltsamsten und negativsten Handlungen hervorbringt. Erst wenn die Entwicklung fortschreitet und das Individuum nicht mehr das Verlangen hat, Gewalt und Zerstörung zum Ausdruck zu bringen, wird es sich vor dem eigenen aktiven Prinzip fürchten und es deshalb zurückhalten. Aus diesem Grund könnt ihr nicht ganz Mann oder Frau sein, solange ihr eure negativen Emotionen und Begierden nicht akzeptiert. Stellt ihr euch diesen Gefühlen, verlieren sie ihre Macht. Solange ihr nichts von ihrer Existenz wißt, werden sie euch beherrschen und euch zwingen, nach ihnen zu handeln, ohne daß ihr wißt, was ihr tut und weshalb. Aus Angst, das aktive Prinzip herauszulassen und seine negativen Samen zu säen, werdet ihr dann die negativen Emotionen rationalisieren oder ihre Zerstörungskraft gegen euch selbst richten.

Daher kommt es, daß die Menschen in einer vorübergehenden Phase der Evolution die Anwendung des aktiven Prinzips einschränken, weil alle Aktivierung auf Negativität beruhen würde. Dies erklärt auch, weshalb so viele wie gelähmt in Untätigkeit und Stagnation verweilen. Um das kreative Prinzip nicht zu mißbrauchen, halten sie sich vorübergehend zurück. Deshalb sind auch gesunde Aktivierung, Selbstbehauptung und Autonomie vorübergehend unterbunden und müssen auf Befreiung warten, bis die Persönlichkeit das Problem des eigenen destruktiven Wesens gelöst hat. Es kann sein, daß Menschen zahlreiche Manifestationen auf dieser Erde durchmachen müssen, in denen ihre aktivierenden Kräfte geschwächt sind, damit sie aufhören, die verzerrte Form des kreativen Aktivierungsprinzips zum Ausdruck zu bringen.

Ihr alle müßt mit eurer verborgenen Grausamkeit und Brutalität, mit Sadismus, Rachsucht und Boshaftigkeit in Berührung kommen, um zu lernen, daß ihr aus diesen zerstörerischen Emotionen wahrhaft herauswachsen könnt, indem ihr sie seht, versteht und akzeptiert. Nur dann könnt ihr wirklich davon überzeugt sein, daß das Destruktive nicht notwendig ist. Solange ihr der Destruktivität nicht offen begegnet, fehlt diese Überzeugung, und dann haltet ihr euch aus Angst vor Strafe oder anderen Konsequenzen zurück. Nur wenn ihr den Mut und die Ehrlichkeit habt, die schädlichen Emotionen und Begierden in euch selbst klar zu sehen und völlig zu akzeptieren, nur wenn ihr sie voll und ganz begreift und sie einschätzen könnt, werdet ihr, ohne auch nur im geringsten daran zu zweifeln, wissen, daß sie als Abwehrmaßnahmen überflüssig sind und überhaupt keinem Zweck dienen. In dem Maße, wie diese Emotionen überflüssig werden und ihr euch vor euren eigenen spontanen Gefühlen nicht mehr hüten müßt, werdet ihr genug Freiheit erlangen, um die größte Kraft des Universums in euch selbst zu aktivieren. Ihr werdet diese Kraft nicht länger fürchten, denn sie wird nicht mehr beschmutzt, entstellt und

38

mißbraucht sein. Dann könnt ihr auf eurem Geburtsrecht bestehen und eure eigenen kreativen Kräfte wachrufen.

Oft hat sich jemand von den destruktiven Entstellungen genügend befreit, um die inneren Kräfte gefahrlos zu benutzen, doch ist das alte Gewohnheitsmuster der Zurückhaltung so stark verwurzelt, daß er oder sie unnötigerweise und ohne das Wissen um die Zuverlässigkeit dieser Kraft auf die Anwendung des aktivierenden Prinzips verzichtet. Die noch existierende Destruktivität ist nicht mehr gefährlich, weil sie ausreichend bewußt geworden ist. Der Mensch ist so wachsam, daß er der Destruktivität nicht erlaubt, ihn zu beherrschen und negative Handlungen herbeizuführen. Er weiß aber noch nicht, daß er mit derselben Kraft, die mit den verbleibenden Aggressionen umgehen kann, sich auch die größten Kräfte des Universums, die im eigenen Selbst sind, zunutze machen kann. Wie ein Gott kann man sich der aktivierenden Kraft bedienen und Situationen nach eigener Wahl erschaffen.

Also müssen wir unterscheiden zwischen denen, die zu Recht ihre schöpferische Tätigkeit dämpfen, weil sie aus gutem Grund Angst vor den negativen Komponenten haben, und den anderen, die diese Kraft zurückhalten, weil sie ihr positives Potential einfach nicht erkennen. Sie sind wie einer, der lange Zeit geschlafen hat und beim Erwachen die Kraft all seiner Fähigkeiten und den Raum ihrer Entfaltung erst wieder entdecken muß.

Das maskuline Prinzip ist nach außen gerichtet und führt zum Handeln, das Konsequenzen hat. Das der treibenden Kraft folgende Handeln baut in aktiver Weise auf, beeinflußt, bewirkt und bestimmt. Wenn die Persönlichkeit sich vollends bewußt ist, daß sie die destruktiven Kräfte nicht länger braucht und deshalb nicht fürchtet, erfährt sie auch, daß sie erschaffen kann. An diesem Punkt entdecken die Menschen die inneren Kräfte und die Fähigkeit ihres Geistes, sie zu aktivieren.

Das feminine Prinzip der Rezeptivität und des Zulassens, durch das die aktivierenden Kräfte auf ihrem gesetzmäßigen Wege auf die Erfüllung hinarbeiten können, ist verzerrt, wenn das Individuum die Selbstverantwortung verweigert. Wenn Selbstaktivierung aufgegeben wird und man sich nicht mehr den selbstaktivierenden, inneren Kräften, sondern der

Autorität eines anderen übergibt, dann wird die Rolle des schöpferischen weiblichen Prinzips pervertiert. Ebenso ist es mit einer Frau, die ihre Autonomie dem Partner übergibt, weil sie zu ängstlich und träge ist, die Folgen ihrer eigenen Handlungen auf sich zu nehmen: Sie macht eine Travestie und Karikatur aus der Weiblichkeit. Ihre Hingabe ist nicht durch Liebe und Vertrauen in den anderen motiviert, ihr Ziel ist nicht, durch die Verbindung der beiden schöpferischen Prinzipien in dieser bestimmten Manifestation Ekstase zu erleben. Statt dessen übergibt sie sich ihm aus Angst vor dem Leben und aus der Weigerung heraus, ihre Verpflichtungen im Leben auf sich zu nehmen. Solch entstellte Hingabe kann keinem der Partner etwas nützen. Wenn eine Frau ein Parasit sein will und ihren Partner mit der Hauptlast ihrer Verantwortung beschweren möchte, betrügt sie das Leben, doch das Leben läßt sich nicht betrügen. Die Folge ist, daß ihre Angst vor dem Leben sich verstärkt, ebenso wie ihre Angst vor dem Mann, der angeblich ihre Autorität ist. Sie fürchtet ihre selbstgewählte Versklavung. So wird das feminine Prinzip oder die Weiblichkeit oft zu Unrecht mit Hilflosigkeit, Passivität und Unterlegenheit assoziiert, während das maskuline Prinzip oder die Männlichkeit oft zu Unrecht mit brutaler Gewalt und Überlegenheit in Zusammenhang gebracht wird.

In Wirklichkeit kann eine Frau nur wahrhaft Frau sein, wenn sie sich selbst bestimmt. Um es mit den Begriffen dieser Lesung zu sagen, eine Frau muß durch die Aktivierung des schöpferischen Prinzips sicher in ihrem Selbstsein verankert sein. Nur wenn sie die Verantwortung für ihre Fehler auf sich nimmt, sie willig akzeptiert und von ihnen lernt, kann sie stark und selbstverantwortlich sein. Dann ist sie ohne Angst vor der völligen Hingabe und dem Loslassen, dann kann sie den eigenen unwillkürlichen Kräften die Führung erlauben.

Umgekehrt kann ein Mann nicht wahrhaft Mann sein, wenn er nicht frei von Destruktivität ist, wenn er es nicht zulassen kann, daß das aktivierende Prinzip auf seine eigene Weise arbeitet. Mit anderen Worten, er muß dem femininen Prinzip Beachtung schenken, um das maskuline voll zu aktivieren, genauso wie die ganze Frau das maskuline Prinzip aktivieren muß, um sich dem weiblichen hinzugeben.

40

Harmonische Interaktion

Die Interaktion zwischen Mann und Frau drückt die beiden Seiten der schöpferischen Kraft in offensichtlicher Weise aus. Die Vereinigung der Geschlechter ist in dem Grade befriedigend, wie die beiden Kräfte innerhalb jedes Partners in Harmonie sind. Nur unter dieser Bedingung kann Harmonie zwischen beiden Partnern entstehen.

Genau wie die Angst des Mannes vor den aktivierenden Kräften gerechtfertigt ist, solange er ohne Bewußtsein seiner Destruktivität ist und diese deshalb nicht kontrollieren kann, genauso ist die Angst der Frau vor der Selbsthingabe gerechtfertigt, solange sie sich selbst aus den verschiedensten verzerrten Motiven hilflos macht. Ist sie nicht im Besitz der innewohnenden Kräfte, ist Hingabe schwächend und gefährlich. Da Männer und Frauen das maskuline wie auch das feminine Prinzip zum Ausdruck bringen, müssen sie beide ihre aktivierenden Kräfte von Gewalt und Feindseligkeit reinigen. Beide müssen lernen, die Ursache all ihrer Erfahrungen in sich selbst zu sehen, statt äußeren Faktoren die Schuld für ihr Leiden zu geben.

Wenn sie die innere Arbeit auf einem Pfad der Selbsttransformation auf sich nehmen, stoßen Männer und Frauen auf identische Muster des niederen Selbst. Sie treffen auf falsche Aggression, Feindseligkeit, Gewalt, Überaktivität, Ungeduld und die Weigerung, zu warten, bis die Kräfte zu ihrer gesetzmäßigen Verwirklichung kommen. Sie finden auch ihre falsche Empfänglichkeit und das falsche Loslassen, das heißt, die Verleugnung der Selbstverantwortlichkeit, die Trägheit und das Bestreben, in die Richtung des geringsten Widerstandes zu gehen. Eine Weise, Verantwortlichkeit zu umgehen, ist die Suche nach einer Autorität, die das übernimmt, wofür man eigentlich selbst einstehen muß. Männer wie Frauen haben also an der Lösung der gleichen Probleme zu arbeiten, doch ist ihre Interaktion eher komplementär als identisch.

Selbstverwirklichung ist nur möglich, wenn ihr im tiefsten Sinn ganz und gar Mann und Frau werdet. Menschliche Probleme haben immer hauptsächlich mit der Beziehung zwischen den Geschlechtern zu tun. Was auch immer eure anderen Probleme sein mögen, sie sind, zumindest indirekt, mit eurer Männlichkeit oder Weiblichkeit verbunden. Die Weise, wie ihr eure maskulinen und femininen schöpferischen Prinzipien ausdrückt und mit ihnen umgeht, durchdringt eure gesamte Persönlichkeit.

Die Rolle der beiden Prinzipien bei allem, was man tut

Nehmen wir als Beispiel ein Problem aus dem Arbeitsbereich. Wie kann deine Arbeit erfolgreich sein, wenn das aktivierende Prinzip fehlt oder geschwächt ist und du nicht mit genug gesunder Aggression nach außen gehst oder wenn du deine eigenen schöpferischen Fähigkeiten nicht aktivierst, sondern zurückhältst? Was ist, wenn du die Kräfte herausläßt, doch sie erweisen sich als feindlich und antisozial? In diesem Fall wirst du es nicht vermeiden können, mit deiner Umwelt in Schwierigkeiten zu geraten, selbst wenn du in deinem Beruf viel leistest. Fehlt der Geist der Liebe, wirst du durch deine Arbeit nicht zum Leben beitragen wollen. Deshalb kann sie nicht schöpferisch sein, und die tieferen, spirituellen Kräfte können sich nicht manifestieren. Wenn du dagegen das Leben bereichern möchtest, kannst du durch deine Tätigkeit auch dein Selbst sicher und ohne falsche Schuldgefühle wegen deiner gesunden Aggression bereichern. Die schöpferische Aktivierung wird beidem gerecht – sie bereichert das Selbst und andere auf jede mögliche Weise.

Und wie kann das, was aktiviert worden ist, zur Verwirklichung kommen, wenn du dem weiblichen schöpferischen Prinzip nicht erlaubst zu wirken, indem du zuläßt und im Vertrauen auf die in Bewegung gesetzten Kräfte auf die Erfüllung wartest? Dein eigenes intuitives Vermögen wird nur bewußt, wenn nach der Aktivierung der rezeptive Geist des Zulassens herrscht. Dann kannst du dich von der höchsten Weisheit leiten lassen, der Weisheit der schöpferischen Inspiration, die für jede erfolgreiche Arbeit unerläßlich ist. Sie besteht ebenfalls aus den beiden Aspekten: Die Inspiration muß vorsätzlich vom Verstand aktiviert werden und dann, ohne Störung durch den Verstand, die Freiheit erhalten, zu fließen und auf ihre eigene Weise ihren Lauf zu nehmen und sich zu manifestieren.

42

Die hier aufgezeichneten Gesetze gelten bei allem, was du tust. Ob du einfache Arbeiten ausführst oder als Künstler oder Wissenschaftler arbeitest, das Gesetz ist das gleiche, obwohl das Ausmaß, in dem die Prinzipien wirken, variieren kann. Einfache, ungelernte Arbeit kann auf mechanische Weise und dennoch einigermaßen effektiv ausgeführt werden. Sie kann aber auch ein schöpferischer Akt sein, wenn sie in diesem Geiste unternommen wird. Aber künstlerische, wissenschaftliche oder geistige Arbeit kann nur dann Erfolg haben, wenn sie diesen Schöpfungsgesetzen folgt.

Deine Arbeit muß scheitern, genau wie deine menschlichen Beziehungen und Partnerschaften scheitern müssen, wenn die männlichen und weiblichen Prinzipien nicht angemessen zusammenwirken und sich ergänzen. Selbstverständlich variiert der Schwerpunkt in der Beziehung der beiden Aspekte der Schöpfung in allen diesen Bereichen je nach Kontext und Zeit.

Wenn eines der beiden Prinzipien auf gesunde Weise wirkt, ist das andere auch in Ordnung. Es ist unmöglich, daß das eine gesund und das andere verzerrt ist. Folglich hat der Mann, für den die Selbstaktivierung in einem Bereich seines Lebens ein Problem darstellt, anderswo nicht die Fähigkeit, loszulassen, sich tragen zu lassen. Die Annahme, daß ein Mann, der nicht genügend aktiv und aggressiv ist, in seiner gesamten Persönlichkeit so sei, ist falsch. Er wird mit Sicherheit einen Bereich entdecken, in dem er überaktiv, übermännlich ist – genau dort, wo das weibliche Prinzip herrschen sollte. Die Verzerrung ist eine Kompensation für die Unteraktivität in dem Bereich, wo er seine männliche, aktivierende Kraft ausüben sollte, es aber nicht tut. Umgekehrt verbirgt der Mann, der eine übertriebene Form des männlichen Prinzips zum Ausdruck bringt, Bereiche, in denen er zu passiv ist und dem verzerrten weiblichen Prinzip Ausdruck gibt. Diese Beispiele sind ebenso auf Frauen anwendbar.

Der Ausgleich der beiden Prinzipien innerhalb des Individuums

Die Manifestation des männlichen und weiblichen Prinzips im Inneren des Individuums ist ein wesentlicher Bestandteil der Selbstverwirklichung.

In eurer Selbstarbeit müßt ihr wachsam sein und den beiden Prinzipien besondere Aufmerksamkeit schenken. Wahre Spiritualität wird im besten Sinne und auf allen Ebenen eures Seins vollere Männer und Frauen aus euch machen. Euer Wachstum wird diese Ebenen zwangsläufig in Einklang bringen. Die Weise und der Grad des gestörten Gleichgewichts sind von Fall zu Fall verschieden und müssen von jedem in der Selbsterforschung gefunden werden.

Wenn ihr zu wahrer Liebe fähig seid, werden diese Prinzipien vollkommenen Ausdruck in euch finden. Oder um es anders zu sagen: Weil ihr nicht mehr die eigene Zerstörungskraft fürchtet, sondern den universalen Kräften vertraut, das, was ihr entschlossen in Bewegung gesetzt habt, gesetzmäßig zu vollenden, werdet ihr bewußt die schöpferische Kraft in ihrem höchsten Potential aktivieren. Dann werdet ihr euch furchtlos einer Kraft hingeben können, die größer ist als euer eigensinniges Egoselbst und so zur Liebe fähig werden. Alles, was ihr dann in diesem Geiste tun werdet, wird kreativ sein und die beiden Aspekte des Schöpferischen vereinigen. Der Wunsch, das Leben zu bereichern, wird nicht durch Selbstverarmung gefährdet werden, im Gegenteil. Mit dem Ziel der Bereicherung für beide wird der liebende Mann in sich und im Partner eine erhabene Kraft aktivieren. Ihr Vertrauen in ihn wird berechtigt sein und so die Hingabe ihres Selbst an ihn als würdevolle Steigerung ihrer Individualität rechtfertigen. Die Aufgabe ihres bestimmenden Ich wird nicht zu der gefürchteten, sondern zu einer erwünschten Erfahrung werden; so wird seine Aktivierung für beide liebevoll bereichernd. Diese Art des Aktivierens ist völlig anders als die des Mannes, der ein falscher Herr und Meister ist. Dieser erniedrigt die Frau, um sich selbst zu erhöhen, und bewirkt, daß ihre Angst vor der Hingabe gerechtfertigt und vernünftig ist. Deshalb behindert er ihre Erfüllung als Frau.

Die Hingabe der liebenden Frau wird ihres Partners Meisterschaft in der Aktivierung steigern. Sie wird sein volles Selbstsein ermutigen, ohne mit seiner Aktivierung zu konkurrieren, denn diese ist nicht mehr bedrohlich. Ihre Rezeptivität sollte nicht mit der lähmenden Passivität verwechselt werden, die nichts als eine Verzerrung gesunder Weiblichkeit ist. In der pulsierenden Tätigkeit der Seele im rezeptiven Zustand des

44

Zulassens, im Zustand des Seins, in der Hingabe des Selbst ist eine lebendige Kraft, die zur Männlichkeit und Kraft des Partners beiträgt.

Wenn das Loslassen an einem bestimmten Punkt zu einer bewußten Entscheidung wird, das aktive Prinzip aufzugeben, weil man erkennt, daß andere Fähigkeiten in den Vordergrund treten müssen, wird ein ungeheurer Unterschied spürbar. Das aktivierende Prinzip des Werdens wirkt bewußt auf die Dinge ein; das Prinzip des Seins ist selbsterneuernd und unwillkürlich; seine Auswirkungen sind indirekt.

Die Pfadarbeit erfordert das Verschmelzen beider Aspekte. Ich möchte euch zeigen, wie das vor sich geht.

Kein Hindernis kann entfernt, kein Unglück beseitigt werden, wenn Mann und Frau nicht die aktivierende Kraft anwenden. Es ist notwendig, daß ihr diese Kraft bewußt einschaltet, indem ihr das Vermögen und das Recht beansprucht, glückliche Menschen zu werden. Auch dürft ihr nicht vor der Mühe zurückscheuen, in euch selbst die Ursache des Unglücks zu finden. Mit anderen Worten, ihr müßt darauf hinarbeiten, die inneren Irrtümer zu korrigieren und zugleich eine höhere Weisheit und Macht tief im Inneren anzurufen, um der Bemühung Sinn zu geben. Das Denken bringt den Willen in Gang, bestimmt die Schritte und wendet sich an die höhere innere Einsicht. Dies sind wahrhaft aktive Tätigkeiten, jede auf ihre Weise. Aber nach diesen Schritten ist es notwendig, daß das rezeptive Prinzip zum Wirken kommt, denn wenn diese Kräfte aktiviert worden sind, muß man sie zur Verwirklichung kommen lassen. Der Mensch, der dies nicht erwarten kann, sondern sofortige Ergebnisse fordert und sie allein seiner Aktivierung zuschreibt, verletzt das weibliche Prinzip dieser spezifischen Unternehmung. Daher wird sie nicht gelingen oder nur in dem Maße, wie die beiden schöpferischen Aspekte wirken konnten. Ein in die Erde gesäter Samen kann nicht sofort wieder ausgegraben werden. Er braucht Zeit, in der Erde zu wachsen, bis die ersten Triebe zum Vorschein kommen. Die Gesetze des Ackerbaus demonstrieren auf wunderbare Weise die Ganzheit der zwei Schöpfungsaspekte. Die Pfadarbeit ist solch ein bewußter Akt der Schöpfung, der beide Prinzipien gleichermaßen anwendet.

Seid gesegnet, meine Freunde, ein jeder von euch. Mögt ihr neue Kraft und neue Anregung in diesen Worten finden, mögen sie erneut

Türen öffnen und euch dort helfen, wo ihr nicht mehr weiter wißt. Vielleicht bewirken meine Worte ein Echo in euren Herzen, das etwas in Bewegung setzt und in euch den Wunsch hervorbringt, die Suche tief in eurem Inneren zu aktivieren. Wenn ihr die Behinderungen anseht, akzeptiert, versteht und beseitigt, können sich eure höchsten schöpferischen Kräfte entfalten. Seid gesegnet, bringt die Größe und die Schönheit zum Ausdruck, die euer Wesen ist: Gott!

3

Die Kräfte von Liebe, Eros und Sex

Grüße und Segenswünsche für euch alle hier, meine liebsten Freunde. Gesegnet sei diese Stunde.

Heute abend möchte ich drei besondere Kräfte des Kosmos besprechen: die Kraft der Liebe, die zwischen den Geschlechtern wirkt, die Kraft des Eros und die der Sexualität. Alle drei sind völlig unterschiedliche Prinzipien oder Kräfte, die sich auf jeder Ebene, von der höchsten bis zur niedrigsten, anders ausdrücken. Die Menschheit hat diese drei Prinzipien schon immer miteinander verwechselt. Kaum jemand versteht, daß dies drei verschiedene Kräfte sind und was sie unterscheidet. Die Verwirrung ist so groß, daß es nützlich sein wird, die Begriffe aufzuklären.

Die spirituelle Bedeutung der erotischen Kraft

Die erotische Kraft ist eine der stärksten Kräfte, die es gibt; sie hat ungeheure Schubkraft und Einfluß. Sie sollte als Brücke zwischen Sex und Liebe dienen, tut es jedoch selten. Bei einem spirituell hochentwickelten Menschen hebt der Eros das Geschöpf aus der erotischen Erfahrung, die selbst nur von kurzer Dauer ist, in den permanenten Zustand reiner Liebe. Gleichwohl trägt selbst seine starke Schubkraft die Seele nur so weit und nicht weiter. Er wird sich auflösen, wenn das Individuum nicht durch die Pflege all der Qualitäten und Erfordernisse, die für wahre Liebe nötig sind, zu lieben lernt. Nur wenn die Liebe erlernt worden ist, kann der Funke der erotischen Kraft am Leben bleiben. Allein, ohne die Liebe, brennt die erotische Kraft aus. Genau das ist natürlich das Problem bei der Ehe. Da die meisten Menschen zu reiner Liebe nicht fähig sind, ist es ihnen auch nicht möglich, eine ideale Ehe zu führen.

Der Eros scheint in vieler Hinsicht der Liebe ähnlich. Er bringt Impulse zum Vorschein, die der Mensch ansonsten nicht haben würde, Impulse der Selbstlosigkeit und Zuneigung, deren er vorher nicht fähig gewesen wäre. Deswegen wird der Eros so oft mit Liebe verwechselt. Aber ebenso häufig wird er auch mit der Sexualität verwechselt, die sich wie der Eros als starker Drang erweist.

Jetzt, meine Freunde, möchte ich euch die spirituelle Bedeutung und den Sinn der erotischen Kraft erklären, insbesondere was die Menschheit betrifft. Ohne den Eros würden viele Menschen nie das große Gefühl und die Schönheit der echten Liebe erfahren. Sie würden sie nie zu schmecken bekommen, und die Sehnsucht nach Liebe bliebe tief in ihrer Seele versteckt. Ihre Angst vor der Liebe bliebe stärker als ihr Verlangen.

Eros ist die Erfahrung, die den unentwickelten Geist in die größte Nähe zur Liebe bringt. Er erhebt die Seele über die Trägheit, die bloße Zufriedenheit und das Dahinvegetieren. Er veranlaßt die Seele, aufzuwallen und aus sich herauszugehen. Wenn diese Kraft selbst die unentwickeltste Person überkommt, wird sie fähig, über sich hinauszuwachsen. Selbst ein Krimineller wird zeitweilig, wenigstens gegenüber einem anderen Menschen, ein Wohlwollen verspüren, wie er es vorher nie gekannt hat. Der allerselbstsüchtigste Mensch wird, solange dieses Gefühl andauert, selbstlose Impulse haben. Faule Menschen werden aus ihrer Trägheit gerissen. Der Gewohnheitsmensch wird natürlich und ohne Mühe seine festen Gewohnheiten ablegen. Die erotische Kraft löst den Menschen aus seiner Abgetrenntheit, sei es auch nur für kurze Zeit. Der Eros gibt der Seele einen Vorgeschmack auf die Einheit und lehrt die angstvolle Psyche, sich danach zu sehnen. Je stärker man den Eros erfährt, desto weniger Zufriedenheit wird die Seele in der Scheinsicherheit des Abgetrenntseins finden. Selbst ein ansonsten gänzlich ichbezogener Mensch kann während der erotischen Erfahrung zu einem Opfer fähig sein. Ihr

48

seht also, meine Freunde, der Eros befähigt die Menschen, Dinge zu tun, zu denen sie sonst nicht neigen würden, Dinge, die eng mit der Liebe verbunden sind. Es ist leicht einzusehen, warum Eros so oft mit Liebe verwechselt wird.

Der Unterschied zwischen Eros und Liebe

Wie unterscheidet sich also der Eros von der Liebe? Liebe ist ein dauerhafter Zustand der Seele, Eros nicht. Liebe kann es nur geben, wenn für sie durch Entwicklung und Läuterung ein Fundament vorbereitet wird. Liebe kommt und geht nicht zufällig, Eros wohl. Er schlägt mit plötzlicher Kraft zu und ergreift den Menschen oft unversehens, ja selbst, wenn dieser sich mit seinem Willen gegen die Erfahrung wehrt. Nur wenn die Seele zu lieben bereit ist und die Grundlage dafür aufgebaut hat, wird Eros die Brücke zur Liebe zwischen Mann und Frau werden.

Nun könnt ihr verstehen, wie wichtig die erotische Kraft ist. Ohne den Anstoß dieser Kraft, der die Menschen aus den alten Gleisen herausbewegt, wären viele von ihnen nie bereit, sich auf eine bewußtere Suche nach dem Abbruch der trennenden Mauern zu begeben. Die erotische Erfahrung pflanzt den Keim in die Seele und bewirkt die Sehnsucht nach Einheit, die das große Ziel im Plan der Erlösung ist. Solange die Seele abgetrennt ist, müssen Einsamkeit und Elend ihr Los sein. Die erotische Erfahrung befähigt den Menschen, sich nach Vereinigung mit wenigstens einem anderen Wesen zu sehnen.

In den Höhen der Geistwelt besteht Einheit unter allen Wesen – und so auch mit Gott. In der irdischen Sphäre ist der Eros eine vorwärtstreibende Kraft, selbst wenn seine wahre Bedeutung nicht verstanden wird, selbst wenn er, wie es oft geschieht, mißbraucht und nur um seiner selbst willen genossen wird, solange wie er eben andauert. Wird er nicht zur Pflege der Liebe in der Seele gebraucht, erschöpft er sich. Trotzdem werden seine Wirkungen unabänderlich in der Seele verbleiben.

Die Angst vor dem Eros und die Angst vor der Liebe

In gewissen Lebensphasen überkommt der Eros die Menschen plötzlich, selbst diejenigen, die das scheinbare Risiko fürchten, sich aus ihrer Abgetrenntheit herauszuwagen. Menschen, die vor ihren Gefühlen und dem Leben als solchem Angst haben, tun oft unbewußt und aus Unkenntnis alles, was in ihrer Macht steht, um die große Erfahrung der Einheit zu vermeiden. Obwohl viele Menschen diese Angst haben, sind es in der Tat nur wenige, die nicht wenigstens ein kurzes Sichöffnen der Seele erfahren haben, so daß Eros sie berühren konnte. Für die angsterfüllte Seele, die sich dieser Erfahrung widersetzt, ist es ein gutes Heilmittel, ungeachtet der Tatsache, daß Kummer und Verlust aufgrund anderer psychologischer Faktoren die Folge sein können.

Gleichwohl gibt es auch überemotionale Menschen, die wohl andere Lebensängste kennen mögen, aber vor dieser Erfahrung keine Angst haben. Ja mehr noch, der Reiz dieser Erfahrung ist ihnen eine große Versuchung, und sie jagen ihr begierig nach. Sie suchen sich ein Objekt nach dem anderen, emotional zu unwissend, den tiefen Sinn des Eros zu verstehen. Sie sind nicht willig, die reine Liebe zu erlernen, und benutzen den Eros zu ihrem Vergnügen. Wenn das Vergnügen schal wird, jagen sie anderswo weiter danach. Das ist Mißbrauch, der nicht ohne böse Folgen bleiben kann. Ein solcher Mensch wird den Mißbrauch wiedergutmachen müssen – selbst wenn er in Unwissenheit geschah.

Bezahlen muß auch der überängstliche Feigling, der das Leben zu betrügen sucht, indem er sich vor dem Eros versteckt und so seiner Seele ein Mittel vorenthält, das, wenn richtig genutzt, heilsam ist. Die meisten Menschen dieser Kategorie haben irgendwo in ihrer Seele eine verletzliche Stelle, durch die Eros eintreten kann.

Es gibt auch einige wenige, die eine so feste Mauer aus Furcht und Stolz um ihre Seele gebaut haben, daß sie diese Lebenserfahrung ganz meiden und sich um ihre eigene Entwicklung betrügen. Diese Furcht mag aus unglücklichen Erfahrungen mit dem Eros in einem früheren Leben rühren oder vielleicht auch daher, daß ihre Seele die Schönheit des Eros gierig mißbrauchte, ohne sie in Liebe umzuwandeln. Es kann sein, daß solche Menschen sich entschieden haben, vorsichtiger zu sein. Ist diese Entscheidung zu rigide und hart, fallen sie ins entgegengesetzte Extrem. Für die nächste Inkarnation werden dann Umstände gewählt, die ein Gleichgewicht herstellen, bis die Seele einen harmonischen Zustand erreicht, in dem es keine Extreme mehr gibt. Dieses Ausbalancieren in zukünftigen Inkarnationen gilt immer für alle Persönlichkeitsaspekte. Um dieser Harmonie wenigstens in einem gewissen Grade näher zu kommen, muß ein angemessenes Gleichgewicht zwischen Vernunft, Gefühl und Willen hergestellt werden.

Die erotische Erfahrung vermischt sich oft mit dem Sexualtrieb, doch dies muß nicht immer so sein. Alle drei Kräfte, Liebe, Eros und Sex, erscheinen oft völlig getrennt, doch mischen sich manchmal zwei wie etwa Eros und Sex oder Eros und Liebe in dem Maße, in dem die Seele zur Liebe fähig ist, oder Sex und etwas, das wie Liebe aussieht. Nur im Idealfall mischen sich alle drei auf harmonische Weise.

Die Sexualität

Die sexuelle Kraft ist die schöpferische Kraft auf jeder Ebene des Daseins. In den höchsten Sphären erzeugt sie geistiges Leben, geistige Vorstellungen, Ideen und Prinzipien. In den niederen erzeugt sie, rein und unvergeistigt, das Leben, wie es sich in dieser Sphäre verkörpert. Sie schafft die äußere Schale, das Vehikel des Wesens, dem es bestimmt ist, in dieser Sphäre zu leben.

Die reine sexuelle Kraft ist zutiefst selbstsüchtig. Sex ohne Eros und Liebe wird als »tierisch« bezeichnet. Reinen Sex als Fortpflanzungstrieb gibt es bei allen lebenden Geschöpfen: Tieren, Pflanzen, selbst bei Mineralien. Eros beginnt auf der Entwicklungsstufe, auf der sich die Seele als Mensch inkarniert. Die reine Liebe ist in den höheren spirituellen Bereichen zu finden. Ich behaupte nicht, daß es Eros und Sex in Wesen höherer Entwicklung nicht mehr gäbe, sondern vielmehr, daß sich alle drei harmonisch verbinden, geläutert und immer weniger selbstsüchtig sind. Ich sage auch nicht, daß der Mensch nicht versuchen sollte, eine harmonische Mischung aller drei Kräfte zu erreichen.

51

In seltenen Fällen und für eine begrenzte Zeit existiert Eros allein, ohne Sex und Liebe. Dies nennt man üblicherweise platonische Liebe. Aber über kurz oder lang werden sich in einem hinlänglich gesunden Menschen Eros und Sex verbinden. Statt unterdrückt zu werden, wird die sexuelle Kraft von der erotischen aufgenommen, und beide fließen in einem Strom. Je mehr diese drei Kräfte getrennt bleiben, desto ungesunder ist die Persönlichkeit.

Eine weitere häufige Verbindung, besonders in langen Beziehungen, ist das Miteinander echter Liebe mit Sex ohne Eros. Obwohl die Liebe nicht vollkommen sein kann, wenn sich nicht alle drei Kräfte mischen, gibt es hier ein gewisses Maß an Zuneigung, Gemeinschaft, Zärtlichkeit, gegenseitigem Respekt und eine Sexbeziehung, die grob sexuell ist ohne den erotischen Funken, der schon vor einiger Zeit erloschen ist. Fehlt der Eros, muß die sexuelle Beziehung schließlich leiden. Das ist das Problem bei den meisten Ehen, meine Freunde. Es gibt kaum einen Menschen, den nicht die Frage verwirrt, was man denn in einer Beziehung tun könne, um den Funken zu erhalten, der zu erlöschen scheint, je mehr sich Gewohnheit und Vertrautheit einstellen. Ihr mögt diese Frage nie im Zusammenhang mit diesen drei verschiedenen Kräften gestellt haben, jedoch wißt und spürt ihr, daß etwas, das am Anfang der Ehe gegenwärtig war, verlorenging. Dieser Funke ist Eros. Ihr befindet euch in einem Teufelskreis und glaubt, daß die Ehe ein hoffnungsloses Unterfangen ist. Nein, meine Freunde, das ist sie nicht, auch wenn ihr zur Zeit das Ideal noch nicht erlangen könnt.

Die ideale Liebespartnerschaft

In der idealen Liebespartnerschaft zwischen zwei Menschen müssen alle drei Kräfte vorhanden sein. Mit der Liebe scheint ihr kaum Schwierigkeiten zu haben, denn in den meisten Fällen würde man nicht heiraten, wäre nicht wenigstens die Bereitschaft zur Liebe gegeben. Ich werde an diesem Punkt keine Extremfälle erörtern, in denen das nicht zutrifft, sondern mich auf eine Beziehung konzentrieren, in der eine reife Wahl statt-

52

gefunden hat und die Partner dennoch nicht die Fallstricke der Gewohnheit vermeiden können, weil der flüchtige Eros verschwunden ist. Beim Sex ist es ganz genauso. Die sexuelle Kraft lebt in den meisten gesunden Menschen und wird nur allmählich schwächer – besonders bei Frauen –, nachdem der Eros vergangen ist. Männer mögen den Eros dann woanders suchen. Bleibt der Eros nicht lebendig, muß die sexuelle Beziehung leiden.

Wie bewahrt man den Eros? Das ist die große Frage, meine Lieben. Eros kann nur erhalten werden, wenn er als Brücke zu wahrer Liebespartnerschaft im höchsten Sinne benutzt wird. Wie geschieht das?

Die Suche nach der anderen Seele

Suchen wir zuerst einmal nach dem Hauptelement der erotischen Kraft. Wenn ihr es genau untersucht, werdet ihr sehen, daß es das Abenteuer ist, die Suche nach der Erkenntnis der anderen Seele. Dieser Wunsch lebt in jedem geschaffenen Geist. Die ihm innewohnende Lebenskraft wird ihn schließlich aus seiner Abgetrenntheit herausführen. Eros stärkt die Neugier, das andere Wesen kennenzulernen. Solange es etwas Neues in der anderen Seele zu finden gibt und solange ihr euch einander offenbart, wird der Eros leben. Sobald ihr glaubt, ihr hättet alles, was zu finden ist, gefunden und alles offenbart, was zu offenbaren ist, wird der Eros euch verlassen. So einfach ist es mit ihm. Aber euer großer Irrtum setzt dort ein, wo ihr glaubt, es gäbe für jede Seele, die eure und die eines anderen, eine Grenze der Offenbarung. Wenn ein gewisser Punkt in der für gewöhnlich recht oberflächlichen gegenseitigen Offenlegung erreicht ist, scheint es euch, das sei alles, mehr wäre da nicht, und ihr begnügt euch mit einem beschaulichen Leben ohne weitere Suche.

Die starke Einwirkung des Eros hat euch so weit getragen. Aber danach ist es von eurem Willen, weiter die unbegrenzten Tiefen im anderen zu suchen und freiwillig eure innere Suche zu offenbaren und mitzuteilen, abhängig, ob ihr den Eros als Brücke zur Liebe nutzt. Das wiederum hängt immer davon ab, ob ihr lieben lernen wollt. Nur so werdet ihr eurer Liebe den Funken des Eros erhalten. Nur so werdet ihr weiterhin den anderen

53

finden und euch finden lassen. Es gibt dafür keine Grenze, denn die Seele ist endlos und ewig: Ein ganzes Leben würde nicht reichen, sie kennenzulernen.

Es kann niemals dazu kommen, daß ihr die andere Seele völlig kennt oder selbst völlig erkannt seid. Die Seele ist lebendig, und nichts, was lebt, ist statisch. Sie hat die Fähigkeit, immer noch tiefere Schichten zu offenbaren. Auch befindet sich die Seele in ständiger Veränderung und Bewegung wie alles Geistige seiner Natur gemäß. Geist bedeutet Leben, und Leben bedeutet Wandlung. Da die Seele Geist ist, kann sie nie völlig erkannt werden. Wären die Menschen weise, würden sie dies erkennen und aus der Ehe das wunderbare Abenteuer machen, das sie ihrer Bestimmung nach ist, statt sich einfach nur so weit tragen zu lassen, wie der erste Schwung des Eros reicht. Ihr solltet diesen machtvollen Schwung als Antrieb benutzen und dann durch ihn das Verlangen finden, euch aus eigener Kraft weiterzubewegen. Dann werdet ihr den Eros zur wahren ehelichen Liebe bringen.

Die Fallstricke der Ehe

Die Ehe ist den Menschen von Gott bestimmt. Ihr göttlicher Sinn ist nicht allein die Fortpflanzung. Das ist nur einer ihrer Aspekte. Das spirituelle Konzept der Ehe ist, daß sie die Seele befähigt, sich zu offenbaren und ständig die andere zu suchen, um ewig neue Facetten des anderen Wesens zu entdecken. Je mehr das geschieht, desto glücklicher wird die Ehe sein, desto beständiger und sicherer ist sie gegründet und desto weniger in Gefahr, unglücklich zu enden. Das ist die Erfüllung ihres geistigen Zweckes.

So funktioniert die Ehe gleichwohl in der Praxis kaum. Ihr erreicht einen gewissen Zustand der Vertrautheit und Gewohnheit und glaubt, ihr kennt den anderen. Es kommt euch nicht einmal in den Sinn, daß der andere euch überhaupt nicht kennt. Er oder sie mag gewisse Seiten eures Wesens kennen, aber das ist alles. Die Suche nach dem anderen Wesen wie auch die nach Selbstoffenbarung erfordert innere Aktivität und

Wachsamkeit. Da die Menschen aber oft zu innerer Inaktivität neigen – während als Überkompensation um so stärker äußere Aktivität auftreten kann –, geben sie der Verlockung nach und sinken in einen Zustand der Ruhe, indem sie der Selbsttäuschung nachgehen, daß sie einander völlig kennen. Das ist die Falle. Es ist der Anfang des Endes oder bestenfalls ein Kompromiß, der nagende, unerfüllte Sehnsucht zurückläßt. An diesem Punkt wird die Beziehung statisch. Sie ist nicht länger lebendig, selbst wenn sie einige sehr angenehme Seiten hat. Gewohnheit ist eine große Verführerin, die schwerfällig und träge werden läßt, so daß man sich nicht mehr bemühen und arbeiten oder wachsam zu sein braucht.

Es kann sein, daß zwei Menschen eine scheinbar befriedigende Beziehung aufbauen und mit den Jahren sich zwei Möglichkeiten gegenübersehen: Die erste ist, daß allmählich der eine oder auch beide Partner offen und bewußt Unzufriedenheit verspüren. Die Seele braucht Vorwärtsdrängen, Finden und Gefundenwerden, um Trennendes aufzulösen, gleich wie sehr die andere Seite der Persönlichkeit auch die Einheit fürchtet und zur Trägheit neigt. Diese Unzufriedenheit ist entweder bewußt – obwohl in den meisten Fällen ihr wahrer Grund unbekannt bleibt – oder unbewußt. In jedem Falle ist die Unzufriedenheit stärker als die Versuchung, die von der Bequemlichkeit, der Trägheit und Schwerfälligkeit ausgeht. Dann zerbricht die Ehe, und einer oder beide Partner geben sich der Illusion hin, daß es mit einem neuen Partner anders würde, besonders wenn Eros wieder seinen Pfeil abgeschossen hat. Solange dieses Prinzip nicht verstanden ist, kann jemand von einer Partnerschaft zur anderen gehen, und sein Gefühl bleibt nur immer so lange lebendig, wie Eros am Werke ist.

Die zweite Möglichkeit ist, daß die Versuchung überwiegt, einen Scheinfrieden beizubehalten. Dann können die Partner zusammenbleiben und sicherlich gemeinsam etwas erfüllen, aber ein großes, unerfülltes Bedürfnis wird immer in ihren Seelen bleiben. Da die Männer ihrer Natur nach stärker das aktive und abenteuerlustige Prinzip verkörpern, neigen sie zur Polygamie und tendieren deshalb auch mehr als Frauen zur Untreue. So könnt ihr auch das Motiv des Mannes für seine Neigung zur Untreue verstehen. Frauen neigen mehr zur Passivität, weil sie in größerem Maße das empfängliche Prinzip in sich tragen und daher eher zu

Kompromissen fähig sind. Aus diesem Grunde neigen sie zur Monogamie. Natürlich gibt es bei beiden Geschlechtern Ausnahmen. Untreue ist oft für den aktiven Partner genauso verwirrend wie für das »Opfer«. Beide verstehen sich selbst nicht. Der untreue Teil kann genauso darunter leiden wie derjenige, dessen Vertrauen verraten wurde.

Wo der Kompromiß gewählt wird, stagnieren beide Partner, wenigstens in einem sehr wichtigen Aspekt ihrer seelischen Entwicklung. Sie finden Zuflucht in der steten Annehmlichkeit ihrer Beziehung. Vielleicht glauben sie sogar, daß sie glücklich sind, und das kann in gewisser Hinsicht auch so sein. Die Vorteile der Freundschaft, Gemeinsamkeit, des gegenseitigen Respekts und ein angenehmes gemeinsames Leben mit einer gut eingefahrenen Routine wiegen die Unrast der Seele auf, und die Partner mögen genug Disziplin besitzen, um einander treu zu bleiben. Jedoch fehlt ein wichtiges Element ihrer Beziehung: einander soviel wie möglich von Seele zu Seele zu offenbaren.

Echte Ehe

Nur wenn zwei Menschen das tun, können sie sich gemeinsam läutern und sich so gegenseitig helfen. Zwei entwickelte Seelen können einander zur Erfüllung verhelfen, indem sie sich einander offenbaren, indem sie die Tiefen der anderen Seele ergründen. Auf diese Weise wird, was in jeder Seele ist, im bewußten Denken zum Vorschein kommen, und die Läuterung findet statt. Dann wird der Lebensfunke bewahrt, und die Beziehung kann niemals stagnieren oder in einer Sackgasse enden. Euch, die ihr diesen Pfad geht und den verschiedenen Schritten dieser Lehre folgt, wird es leichter fallen, die Fallstricke und Gefahren der Ehe zu überwinden und den Schaden, der unabsichtlich entstand, wiedergutzumachen.

So, liebe Freunde, erhaltet ihr nicht nur den Eros, diese pulsierende Lebenskraft, sondern ihr wandelt ihn auch in wahre Liebe um. Nur in der echten Partnerschaft von Liebe und Eros könnt ihr in eurem Gefährten neue Wesensschichten, die ihr bisher nicht wahrgenommen habt, entdecken. Und auch ihr selbst werdet geläutert, wenn ihr euren Stolz ablegt

56

und euch so offenbart, wie ihr wirklich seid. Eure Beziehung wird immer neu sein, selbst wenn ihr glaubt, euch bereits gut zu kennen. Alle Masken müssen fallen, nicht nur die an der Oberfläche, sondern auch die tieferen, deren ihr euch vielleicht nicht bewußt seid. Dann wird eure Liebe lebendig bleiben. Sie wird nie statisch sein, nie stillstehen. Ihr werdet nie anderswo suchen müssen. Es gibt so viel zu sehen und zu entdecken in diesem Land der anderen Seele, die ihr gewählt habt und die ihr auch weiterhin achtet, aber in der jetzt der Lebensfunken, der euch zusammenbrachte, scheinbar fehlt. Ihr braucht nie Angst zu haben, die Liebe des Geliebten zu verlieren. Diese Angst ist nur berechtigt, wenn ihr es unterlaßt, gemeinsam die Reise der Selbstoffenbarung zu wagen. Dies, meine Freunde, ist der wahre Sinn der Ehe, und dies ist der einzige Weg, auf dem sie die glorreiche Erfahrung werden kann, die sie ihrer Bestimmung nach ist.

Getrenntheit

Denkt tief darüber nach, ob ihr Angst habt, die vier Wände eurer Isolation zu verlassen. Einige meiner Freunde wissen nicht, daß es ein nahezu bewußter Wunsch ist, in der Abgetrenntheit zu bleiben. Bei vielen von euch sieht es doch so aus: Ihr wollt die Ehe, weil ein Teil von euch sich danach sehnt – und auch weil ihr nicht allein sein wollt. Recht oberflächliche und nichtige Gründe können benutzt werden, um dieses tiefe Verlangen der Seele zu erklären. Aber neben der Sehnsucht und neben den oberflächlichen und selbstsüchtigen Beweggründen eures unerfüllten Wunsches nach Partnerschaft muß es in euch auch einen Mangel an Bereitschaft geben, diese abenteuerliche Reise der Selbstoffenbarung zu wagen. Ein integraler Bestandteil des Lebens wartet darauf, von euch erfüllt zu werden, wenn nicht in diesem Leben, dann in zukünftigen.

Wenn ihr allein lebt, könnt ihr vielleicht mit diesem Wissen, mit dieser Wahrheit den Schaden wiedergutmachen, den ihr eurer Seele durch die falschen Vorstellungen zufügt, die ihr in eurem Unterbewußtsein hegt. Vielleicht entdeckt ihr eure Angst vor der großen abenteuerlichen

Reise mit einem anderen und versteht dadurch euer Alleinsein. Dieses Verständnis wird sicher hilfreich sein und vielleicht sogar eure Gefühle so weit verändern, daß sich auch euer äußeres Leben verändern kann. Es hängt von euch ab. Wer nicht bereit ist, dieses große Abenteuer zu wagen, kann keinen Erfolg in dem größten Unternehmen haben, das die Menschheit kennt – der Ehe.

Partnerwahl

Nur wenn ihr der Liebe, dem Leben und dem anderen mit solcher Bereitschaft begegnet, werdet ihr imstande sein, dem geliebten Menschen das größte Geschenk zu machen: euer wahres Selbst. Dann wird es auch naturgemäß geschehen, daß ihr das gleiche Geschenk von dem Geliebten wiedererhaltet. Aber dafür muß eine gewisse emotionale und spirituelle Reife vorhanden sein. Habt ihr diese Reife, werdet ihr intuitiv den richtigen Partner wählen, einen, der im wesentlichen dieselbe Reife und Bereitschaft besitzt, sich auf diese Reise zu begeben. Die Wahl eines Partners, der nicht dazu bereit ist, rührt aus eurer verborgenen Angst, selbst diese Reise zu unternehmen. Ihr zieht magnetisch Menschen und Situationen an, die euren unbewußten Wünschen und Ängsten entsprechen. Ihr wißt das.

Die Menschheit als Ganzes ist von dem Ideal der Verbindung zweier Menschen in ihrem wahren Selbst weit entfernt, aber das ändert nichts an dem Ideal. In der Zwischenzeit müßt ihr lernen, das Beste daraus zu machen. Und wenn ihr so glücklich seid, diesen Pfad zu gehen, könnt ihr, wo ihr auch steht, viel lernen, und sei es nur zu verstehen, warum ihr das Glück, nach dem sich ein Teil eurer Seele sehnt, nicht verwirklichen könnt. Allein diese Entdeckung bedeutet viel und wird euch in diesem oder in zukünftigen Leben befähigen, der Verwirklichung eurer Sehsucht näherzukommen. Was auch eure Lage sein mag, ob ihr einen Partner habt oder allein seid, durchforscht euer Herz, und es wird euch Antwort auf euren Konflikt geben. Diese Antwort muß aus euch kommen, und wahrscheinlich wird sie sich auf eure Angst, Abneigung und Unkenntnis der Tatsachen beziehen. Sucht, und ihr werdet wissen. Versteht, daß Gottes Absicht in der Liebespartnerschaft die völlige – nicht nur die teilweise – gegenseitige Offenbarung von Seele zu Seele ist.

Körperliche Offenbarung fällt vielen leicht. Bis zu einem gewissen Grade tauscht ihr eure Gefühle aus – für gewöhnlich so weit, wie euch Eros trägt. Aber dann schließt ihr die Tür, und in diesem Augenblick beginnen eure Schwierigkeiten.

Es gibt viele, die nichts enthüllen wollen. Sie möchten allein und abseits bleiben. Sie scheuen die Erfahrung, sich zu offenbaren und die Seele eines anderen Menschen zu entdecken, und sie vermeiden sie, so gut sie es können.

Eros als Brücke

Meine Lieben, ich wiederhole: Begreift, wie wichtig das erotische Prinzip für eure Welt ist. Es hilft vielen, die unvorbereitet und der Liebeserfahrung abgeneigt sind. Es handelt sich um das, was ihr »Verliebtheit« oder »Romanze« nennt. Durch den Eros erhält der Mensch einen Geschmack von der idealen Liebe. Wie ich zuvor sagte, benutzen viele dieses Glücksgefühl unachtsam und begierig, ohne je die Schwelle zur wahren Liebe zu überschreiten. Wahre Liebe fordert im spirituellen Sinne viel mehr vom Menschen. Stellt er sich dieser Forderung nicht, verwirkt er das Ziel, nach dem seine Seele sich verzehrt. Das Extrem der Jagd nach dem Liebesabenteuer ist ebenso falsch wie das andere, in dem nicht einmal die große Kraft des Eros die fest verschlossene Tür öffnen kann. Aber wenn die Tür nicht zu fest verriegelt ist, kommt Eros in bestimmten Lebensphasen zu euch. Ob ihr ihn dann als Brücke zur Liebe nutzt, hängt von euch ab, eurer Entwicklung, eurer Bereitschaft, eurem Mut, eurer Demut und eurer Fähigkeit, euch zu offenbaren.

Gibt es Fragen im Zusammenhang mit diesem Thema, meine lieben Freunde?

FRAGE: Wenn du von Offenbarung von Seele zu Seele sprichst, meinst du damit, daß dies auf höherer Ebene auch die Art ist, wie sich die Seele Gott offenbart?

ANTWORT: Es ist dasselbe. Aber ehe ihr euch wirklich Gott offenbaren könnt, müßt ihr lernen, euch einem anderen geliebten Menschen zu offenbaren. Und wenn ihr das tut, offenbart ihr euch auch Gott. Viele Menschen fangen damit an, sich ihrem persönlichen Gott zu offenbaren. Tatsächlich aber ist eine solche Offenbarung tief in ihrem Herzen nur eine Ausflucht, weil sie abstrakt und vage ist. Niemand sonst kann sehen oder hören, was sie offenbaren. Sie sind immer noch allein. Aber sie müssen nicht das tun, was so risikoreich scheint, soviel Demut erfordert und deshalb so demütigend zu sein droht. Wenn ihr euch einem anderen Menschen gegenüber offenbart, erreicht ihr vieles, was mit der Offenbarung gegenüber Gott nicht erreicht werden kann. Gott kennt euch und braucht eure Offenbarung nicht.

Wenn ihr die andere Seele findet und ihr begegnet, erfüllt ihr eure Bestimmung. Findet ihr eine andere Seele, findet ihr auch einen Teil Gottes, und offenbart ihr eure eigene Seele, offenbart ihr einen Teil Gottes und gebt einem anderen Menschen etwas Göttliches. Wenn Eros zu euch kommt, wird er euch hoch genug erheben, so daß ihr spürt und wißt, was in euch sich nach dieser Erfahrung sehnt, was euer wahres Selbst ist, das sich danach sehnt, sich zu offenbaren. Ohne Eros seid ihr euch nur der trägen äußeren Schichten bewußt.

Weicht dem Eros nicht aus, wenn er zu euch kommt. Wenn ihr das spirituelle Konzept dahinter versteht, werdet ihr ihn weise nutzen. Gott wird dann imstande sein, euch zu führen, und euch befähigen, einem anderen Wesen und euch selbst auf dem Weg zu wahrer Liebe zu helfen. Läuterung ist hierbei ein wesentliches Element. Obwohl die Läuterungsarbeit in einer tiefen Beziehung sich anders ausdrückt als in der Arbeit auf diesem Pfad, verhilft sie euch zu einer Läuterung derselben Art.

FRAGE: Ist es einer Seele möglich, so reich zu sein, daß sie sich mehr als einer Seele offenbaren kann?

ANTWORT: Mein lieber Freund, sagst du das im Scherz?

FRAGE: Nein. Ich frage, ob Polygamie im Rahmen des spirituellen Gesetzes liegt.

ANTWORT: Nein, gewiß nicht. Und sollte jemand glauben, sie läge im Rahmen spiritueller Entwicklung, ist das eine Täuschung. Der Mensch sucht den richtigen Partner. Entweder ist der polygame Mensch zu unreif, den richtigen Partner zu finden, oder er hat den richtigen gefunden und läßt sich nun einfach vom Schwung des Eros tragen, ohne diese Kraft je zur Liebe zu erheben, die vom Willen gesteuert wird. Der Schritt über diese Schwelle erfordert Überwindung und Arbeit, wie ich es beschrieben habe.

In solchen Fällen ist der Mensch mit der abenteuerlustigen Persönlichkeit ständig auf der Suche. Jedesmal findet er einen anderen Teil eines Wesens, offenbart sich selbst aber nur bis zu einem gewissen Punkt oder zeigt vielleicht auch jedesmal einen anderen Teil seiner Persönlichkeit. Gelangt er jedoch an seinen Kern, verschließt sich die Tür. Eros verschwindet dann, und die Suche beginnt erneut. Immer wieder begegnet er Enttäuschung, die nur zu verstehen ist, wenn man diese Wahrheiten verstanden hat.

Der reine Sexualtrieb hat auch teil an der Sehnsucht nach dieser großen Erfahrung, aber die sexuelle Befriedigung leidet, wenn die Beziehung nicht auf der Ebene, die ich euch hier zeige, gehalten wird. Sie ist dann zwangsläufig von kurzer Dauer. Sich vielen zu offenbaren, ist nicht Reichtum. Man bietet entweder immer wieder neuen Partnern dieselben Waren an, oder, wie ich schon sagte, man offenbart verschiedene Facetten der eigenen Persönlichkeit. Je größer die Zahl der Partner, denen ihr euch zu offenbaren sucht, desto weniger gebt ihr jedem. Dies ist zwangsläufig so, es kann nicht anders sein.

FRAGE: Manche Menschen glauben, sie könnten Sex und Eros und den Wunsch nach einem Partner verdrängen und sich völlig der Liebe zur Menschheit hingeben. Glaubst du, daß es möglich ist, daß Mann oder Frau diesem Teil des Lebens abschwören kann?

ANTWORT: Es ist möglich, aber mit Sicherheit weder gesund noch ehrlich. Vielleicht ein Mensch unter zehn Millionen hat eine solche Aufgabe. Es ist möglich. Es kann das Karma einer Seele sein, die bereits weit entwickelt

61

ist, echte Partnerschaft erfahren hat und mit einer besonderen Mission hier ist. Es kann auch sein, daß bestimmte karmische Schulden abgezahlt werden müssen. In den meisten Fällen – und hier kann ich sicher verallgemeinern – ist die Vermeidung der Partnerschaft ungesund. Sie ist eine Flucht. Der wahre Grund ist Angst vor der Liebe, vor der Lebenserfahrung, doch der ängstliche Verzicht wird zum Opfer erklärt. Jedem, der mit solch einem Problem zu mir käme, würde ich sagen: »Prüfe dich. Geh unter die Oberfläche der bewußten Gründe und Erklärungen für dein Verhalten. Versuche herauszufinden, ob du Liebe und Enttäuschung fürchtest. Ist es nicht angenehmer, nur für dich zu leben und keine Schwierigkeiten zu haben? Ist es nicht dieses, was du tief in dir fühlst und mit anderen Gründen verdecken willst? Die große humanitäre Arbeit, die du tun willst, dient sicher einem guten Zweck, aber glaubst du wirklich, das eine schließe das andere aus? Ist es nicht viel wahrscheinlicher, daß die große Aufgabe, der du dich verschrieben hast, besser zu erfüllen ist, wenn du auch die persönliche Liebe erfährst?«

Würden all diese Fragen ehrlich beantwortet, müßte der Mensch sehen, daß er auf der Flucht ist. Persönliche Liebe und Erfüllung ist in den meisten Fällen die Bestimmung für Mann und Frau, denn soviel mehr kann in der persönlichen Liebe gelernt werden als auf jede andere Weise. Eine dauerhafte, feste Beziehung in einer Ehe aufzubauen ist der größte Sieg, den ein Mensch erringen kann, denn es ist eines der schwierigsten Dinge, die es gibt, wie in eurer Welt gut zu sehen ist. Diese Lebenserfahrung bringt die Seele Gott näher als alle halbherzigen guten Taten.

FRAGE: Ich möchte noch eine Frage in Verbindung mit meiner vorherigen stellen: Das Zölibat ist angeblich eine höchst spirituelle Entwicklungsform verschiedener religiöser Richtungen. Andererseits ist bei einigen Religionen, etwa den Mormonen, auch die Polygamie anerkannt. Ich verstehe, was du sagst, aber wie rechtfertigst du dieses Verhalten von Menschen, von denen man annimmt, daß sie nach Einheit mit Gott suchen?
ANTWORT: In jeder Religion gibt es menschlichen Irrtum. Von Religion zu Religion sind es allerdings verschiedene Irrtümer. Hier haben wir zwei

62

Extreme. Wenn in verschiedenen Religionen extreme Dogmen oder Regeln entstehen, handelt es sich immer um eine Rationalisierung und eine Ausflucht, auf die die individuelle Seele ständig zurückgreift. Es ist der Versuch, die gegensätzlichen Ströme in der ängstlichen oder der gierigen Seele dann mit guten Motiven zu erklären.

Es gibt den allgemeinen Glauben, daß alles, was Sexualität betrifft, Sünde sei. Der Sexualtrieb tritt bereits im Kind auf. Je unreifer das Geschöpf ist, desto mehr ist die Sexualität von der Liebe getrennt und deshalb um so selbstsüchtiger. Was ohne Liebe ist, ist »sündig«, wenn man dieses Wort benutzen will. Nichts, was mit Liebe verbunden ist, ist falsch – oder Sünde.

Beim heranwachsenden Kind, das von Natur unreif ist, wird sich der Sexualtrieb zuerst in egoistischer Form zeigen. Nur wenn die ganze Persönlichkeit wächst und harmonisch reift, wird die Sexualität mit der Liebe zusammenwachsen. Aus Unwissenheit hat die Menschheit lange geglaubt, daß Sex als solcher Sünde sei. Deshalb wurde er verborgen gehalten, und dieser Teil der Persönlichkeit konnte nicht wachsen. Nichts, was im verborgenen bleibt, kann wachsen. Ihr wißt das. Deshalb ist bei vielen Erwachsenen der Sex kindlich geblieben und von der Liebe getrennt. Und das hat die Menschheit dazu verleitet, zu glauben, daß Sexualität Sünde sei und ein wirklich spiritueller Mensch sich ihrer enthalten müsse. Auf diese Weise entstand einer der oft erwähnten Teufelskreise.

Wegen dieses Glaubens konnte der Trieb nicht wachsen und mit der Liebeskraft verschmelzen. Folglich ist Sex in der Tat oft egoistisch und lieblos, roh und tierisch. Wenn die Menschen erkennen würden – und das geschieht immer mehr –, daß der Sexualtrieb so natürlich und gottgegeben ist wie jede andere universelle Kraft und als solche nicht sündhafter, durchbrächen sie diesen Teufelskreis, und mehr Menschen ließen ihren Sexualtrieb heranreifen und mit der Liebe eins werden – und natürlich auch mit dem Eros.

Wie viele Menschen gibt es doch, für die Sexualität völlig abgetrennt von der Liebe existiert! Nicht nur leiden sie unter schlechtem Gewissen, wenn ihre Sexualität hervordrängt, sondern sie sind auch unfähig, mit den sexuellen Gefühlen für die geliebte Person umzugehen. Aufgrund der verzerrten Bedingungen und des eben erwähnten Teufelskreises kam die Menschheit zu dem Glauben, daß man Gott nicht finden kann, wenn man dem sexuellen Drang nachgibt. Das ist ganz und gar falsch. Ihr könnt nicht abtöten, was lebt. Ihr könnt es nur verstecken, und dann zeigt es sich in Weisen, die viel schmerzhafter sein können. Nur in allerseltensten Fällen wird der Sexualtrieb tatsächlich konstruktiv sublimiert und zeigt seine schöpferische Kraft in anderen Bereichen. Wirkliche Sublimation kann es nicht geben, wenn sie sich auf Angst gründet und als Ausflucht benutzt wird. Beantwortet das deine Frage?

FRAGE: Vollkommen, danke. Wie paßt die Freundschaft zwischen zwei Menschen in dieses Bild?
ANTWORT: Freundschaft ist brüderliche Liebe. Solche Freundschaft kann es auch zwischen Mann und Frau geben. Der Eros mag sich dazwischendrängen, aber Vernunft und Wille können dennoch dem Lauf der Gefühle die Richtung angeben. Umsicht und ein gesundes Gleichgewicht zwischen Vernunft, Gefühl und Willen sind notwendig, um die Gefühle davor zu bewahren, in unangemessene Bahnen einzumünden.

FRAGE: Ist Scheidung gegen das spirituelle Gesetz?
ANTWORT: Nicht unbedingt. Es gibt dafür keine festgelegten Regeln. In manchen Fällen ist Scheidung eine bequeme Lösung, eine Ausflucht. In anderen Fällen ist Scheidung vernünftig, weil die Entscheidung zur Heirat aus Unreife rührte und es beiden Partnern am Wunsch mangelt, die Verantwortung zur Ehe in ihrem wahren Sinn zu erfüllen. Wenn nur einer oder keiner dazu bereit ist, ist Scheidung besser, als zusammenzubleiben und eine Farce aus der Ehe zu machen. Wenn nicht beide bereit sind, diese Reise gemeinsam zu unternehmen, ist es besser, sich sauber voneinander zu trennen, als daß einer die Entwicklung des anderen behindert. Das kommt natürlich vor. Es ist besser, einen Irrtum zu beenden, als unbegrenzt ohne ein wirksames Heilmittel darin zu verbleiben.

Die Verallgemeinerung, Scheidung sei immer falsch, ist genauso irrig wie die Annahme, sie sei immer richtig. Gleichwohl sollte man die Ehe

64

nicht leichten Herzens aufgeben. Selbst wenn sie ein Fehler war und nicht funktioniert, sollte man versuchen, die Gründe zu finden. Soweit beide Partner nur irgendwie dazu bereit sind, sollten sie ihr Bestes tun, die im Wege stehenden Hindernisse herauszufinden und zu überwinden. Man sollte sicherlich sein Bestes tun, selbst wenn die Ehe nicht die ideale Erfahrung ist, von der ich heute abend sprach. Nur wenige Menschen sind bereit und reif genug für sie. Ihr könnt euch darauf vorbereiten, indem ihr das Beste aus den Fehlern eurer Vergangenheit macht und aus ihnen lernt.

Meine lieben Freunde, denkt sorgfältig über das nach, was ich euch gesagt habe. Meine Worte enthalten viel Nahrung zum Nachdenken für euch, die ihr hier zusammengekommen seid, wie auch für jene, die meine Worte lesen werden. Es gibt keinen einzigen, der nicht etwas daraus lernen könnte.

Meine Lieben, empfangt unseren Segen noch einmal. Möge die wunderbare Stärke, die euch von der Welt des Lichts und der Wahrheit zuteil wird, eure Herzen erfüllen. Geht in Frieden und seid glücklich, meine Lieben. Lebt mit Gott!

4

Die spirituelle Bedeutung
der Beziehung

Seid gegrüßt, meine geliebten Freunde. Segen für jeden unter euch. Gesegnet sei euer Leben, jeder Atemzug, jeder Gedanke und jedes Gefühl.

Diese Lesung handelt von Beziehungen und deren außerordentlicher Bedeutung für das individuelle Wachstum und den Prozeß der Vereinigung. Zuerst möchte ich darauf hinweisen, daß auf der menschlichen Ebene der Manifestation individuelle Bewußtseinseinheiten existieren, die manchmal harmonieren, sehr oft aber auch miteinander im Konflikt stehen und Reibungen und Krisen hervorrufen. Jenseits dieser Ebene der Manifestation existieren jedoch keine anderen bruchstückhaften Bewußtseinseinheiten. Oberhalb der menschlichen Ebene gibt es nur ein Bewußtsein, durch das jedes einzelne geschaffene Wesen verschieden ausgedrückt wird. Wenn man zu sich selbst kommt, erfährt man diese Wahrheit, ohne jedoch das Gefühl der Individualität zu verlieren. Dies könnt ihr sehr genau spüren, wenn ihr euch mit euren inneren Mißklängen auseinandersetzt, meine Freunde. Denn in bezug auf sie gilt genau das gleiche Prinzip.

Ungleiche Entwicklung von Teilen des Bewußtseins

Im jetzigen Zustand ist ein Teil eures innersten Wesens entwickelt und beherrscht euer Denken, Fühlen, Wollen und Handeln. Andere Teile, die sich auf einem niedrigeren Entwicklungsstand befinden, beherrschen

66

ebenso euer Denken, Fühlen, Wollen und Handeln. So seht ihr euch innerlich geteilt, und dies erzeugt Spannung, Schmerz und Angst wie auch innere und äußere Schwierigkeiten.

Einige Aspekte eurer Persönlichkeit sind wahrhaftig, andere befinden sich in Irrtum und Verzerrung. Die sich daraus ergebende Verwirrung verursacht schwere Störungen. Für gewöhnlich schiebt ihr den einen Teil beiseite und identifiziert euch mit dem anderen. Jedoch kann die Leugnung eines eurer Teile keine Vereinigung herbeiführen. Ganz im Gegenteil, sie erweitert den Riß. Vielmehr muß man die abweichende, konfliktträchtige Seite zum Vorschein bringen und sich ihr in ihrer ganzen Ambivalenz stellen. Nur dann findet ihr die höchste Realität eures geeinten Selbst. Wie ihr wißt, verwirklichen sich Einheit und Frieden in dem Maße, wie ihr die Natur des inneren Konfliktes erkennt, akzeptiert und versteht.

Für die Einheit oder Uneinigkeit zwischen äußerlich getrennten und unterschiedlichen Individuen gilt genau dasselbe Gesetz. Auch sie sind jenseits der Ebene der Erscheinungen eins. Die Uneinigkeit wird nicht von tatsächlichen Unterschieden zwischen Bewußtseinseinheiten verursacht, sondern – genauso wie beim Individuum selbst – durch solche in der Entwicklung des sich offenbarenden universalen Bewußtseins.

Auch wenn das Prinzip der Vereinigung in und zwischen Individuen dasselbe ist, kann es nicht auf einen anderen Menschen angewendet werden, sofern es nicht zuvor auf das eigene innere Selbst angewendet wurde. Nähert ihr euch dieser Wahrheit gemäß den auseinandertreibenden Teilen eures Selbst nicht und tretet ihr eurer Ambivalenz nicht mutig entgegen, akzeptiert und versteht ihr sie nicht, kann der Vorgang der Vereinigung mit einem anderen Menschen nicht in die Praxis umgesetzt werden. Diese Tatsache ist sehr wichtig und erklärt das Gewicht, das diese Pfadarbeit darauf legt, sich zuerst dem eigenen Selbst zu nähern. Nur dann lassen sich auch die Beziehungen auf eine sinnvolle und wirkungsvolle Weise pflegen.

Elemente der Uneinigkeit und der Vereinigung

Beziehungen stellen die größte Herausforderung an den Menschen dar, denn nur in der Beziehung zu anderen werden noch in der Psyche existierende ungelöste Probleme beeinflußt und aktiviert. Viele Menschen ziehen sich vor der Interaktion mit anderen zurück, so daß sie sich die Illusion erhalten können, die Probleme gingen von der anderen Person aus, da sie Störungen nur in deren Gegenwart empfinden und nicht, wenn sie allein sind.

Je weniger der Kontakt gepflegt wird, desto heftiger wird das Verlangen danach. Dies ist eine andere Art von Schmerz, der der Einsamkeit und Enttäuschung. Kontakt aber macht es schwer, für längere Zeit die Illusion aufrechtzuerhalten, daß das innere Selbst fehlerlos und harmonisch ist. Es wäre schon geistige Verwirrung, den beständigen Anspruch zu erheben, die eigenen Probleme in Beziehungen seien nur von anderen, nicht aber von einem selbst verursacht. Aus diesem Grunde sind Beziehungen zugleich Erfüllung, Herausforderung und Maßstab für die eigene innere Verfassung. Die Reibung, die in der Beziehung zu anderen entsteht, kann ein scharfes Instrument der Läuterung und Selbsterkenntnis sein, wenn man gewillt ist, es zu benutzen.

Zieht man sich von dieser Herausforderung zurück und verzichtet auf die Erfüllung des intimen Kontaktbedürfnisses, werden viele inneren Probleme nie ans Licht gebracht. Die Illusion inneren Friedens und innerer Einheit, die aus der Vermeidung des Kontaktes rührt, hat sogar zu der Vorstellung geführt, daß spirituelles Wachstum durch Abgeschiedenheit gefördert würde. Nichts könnte der Wahrheit ferner sein. Diese Aussage darf nicht mit der Feststellung verwechselt werden, daß Perioden der Zurückgezogenheit für die innere Konzentration und Selbstkonfrontation notwendig sind. Aber sie sollten immer mit Perioden des Kontakts abwechseln – und je intimer ein solcher Kontakt ist, desto mehr ist er Ausdruck spiritueller Reife.

Kontakt mit anderen und der Mangel daran kann in verschiedenen Abstufungen beobachtet werden. Es gibt viele Gradunterschiede zwischen den krassen Extremen völliger äußerer und innerer Isolation einerseits und tiefster, intimster Bezogenheit andererseits. Manche haben eine

68

gewisse oberflächliche Fähigkeit der Kontaktpflege erlangt, halten sich aber von einer sinnvolleren, offenen, unverhüllten wechselseitigen Offenbarung zurück. Der durchschnittliche heutige Mensch bewegt sich irgendwo zwischen diesen beiden Extremen.

Erfüllung als Maßstab persönlicher Entwicklung

Es ist möglich, das persönliche Erleben von Erfüllung an der Tiefe der Verbundenheit und des intimen Kontakts, an der Stärke der Gefühle, die man sich gestattet, und der Bereitschaft, zu geben und zu empfangen, zu messen. Enttäuschung deutet auf ein Fehlen von Kontakt, was wiederum ein klarer Hinweis darauf ist, daß das Selbst sich von der Herausforderung der Beziehung zurückzieht und dadurch persönliche Erfüllung, Lust, Liebe und Freude aufopfert. Wenn Teilen für euch heißt, nur euren Bedingungen gemäß zu empfangen, und ihr tatsächlich insgeheim nicht zum Teilen bereit seid, müssen eure Sehnsüchte unerfüllt bleiben. Die Menschen wären gut beraten, ihre unerfüllten Sehnsüchte aus diesem Blickwinkel zu betrachten, statt, wie üblich, sich der Annahme hinzugeben, daß man kein Glück habe und vom Leben unfair behandelt werde.

Zufriedenheit und Erfüllung in der Beziehung ist ein oft vernachlässigter Maßstab für die eigene Entwicklung. Das Verhältnis zu anderen ist ein Spiegel des eigenen Zustandes und daher eine direkte Hilfe für die Selbstläuterung. Umgekehrt können Beziehungen nur durch völlige Ehrlichkeit sich selbst gegenüber und durch Selbstkonfrontation aufrechterhalten werden. Nur dann können sich Gefühle erweitern, kann in langfristigen Beziehungen der Kontakt erblühen. Ihr seht also, meine Freunde, daß Beziehungen einen außerordentlich wichtigen Aspekt menschlichen Wachstums darstellen.

Die Stärke und Bedeutung von Beziehungen stellt jene oft vor ernste Probleme, die sich noch mitten im Kampf mit ihren inneren Konflikten befinden. Das unerfüllte Verlangen wird unerträglich schmerzhaft, wenn aufgrund von Kontaktschwierigkeiten die Isolation gewählt wird. Dieses Problem kann nur gelöst werden, wenn ihr euch ernsthaft darauf einlaßt, ohne die Abwehr durch vernichtende Schuldgefühle und Selbstanklage die Ursache für den Konflikt in euch selbst zu suchen. Die Abwehr beseitigt natürlich jede Möglichkeit, wirklich an den Kern des Konfliktes zu gelangen. Die Suche danach wie auch die innere Bereitschaft zur Veränderung müssen gepflegt werden, um dem schmerzlichen Dilemma zu entgehen, in dem die beiden verfügbaren Alternativen – Isolation und Kontakt – gleich unerträglich sind.

Es ist wichtig, sich daran zu erinnern, daß Rückzug sehr subtil und äußerlich kaum bemerkbar sein kann und sich nur in einer gewissen Zurückgenommenheit und in übertriebenem Selbstschutz ausdrückt. Äußere Geselligkeit deutet nicht notwendigerweise auf eine Fähigkeit und Bereitschaft zu innerer Nähe hin. Für viele ist Nähe zu belastend. An der Oberfläche scheint sich dies darauf zu beziehen, wie schwierig andere Menschen sind, aber tatsächlich liegt die Schwierigkeit in einem selbst, völlig ungeachtet der Unzulänglichkeiten der anderen.

Wer ist verantwortlich für die Beziehung?

Wenn Menschen, deren spirituelle Entwicklung sich auf verschiedenen Ebenen bewegt, eine enge Beziehung miteinander haben, ist immer der höher entwickelte verantwortlich für die Beziehung. Insbesondere trägt er Verantwortung dafür, die Interaktion, die alle Reibung, allen Mißklang zwischen den Parteien erzeugt, in ihren Tiefen zu erforschen.

Der weniger entwickelte Mensch ist dazu nicht so gut imstande, da er sich noch in dem Zustand befindet, wo man anderen die Schuld zuweist und davon abhängig ist, daß der andere alles »richtig« macht, um Unannehmlichkeiten und Enttäuschung zu vermeiden. Auch ist der weniger entwickelte Mensch dem grundlegenden Irrtum der Dualität verhaftet. Aus dieser Perspektive wird jede Reibung immer in dem Sinne betrachtet, daß »nur einer von uns recht hat«. Ein Problem im anderen scheint einen selbst automatisch freizusprechen, obwohl die eigene negative Verstrickung unendlich viel gewichtiger sein kann als die des anderen.

70

Der spirituell entwickeltere Mensch ist zu realistischer, nichtdualistischer Wahrnehmung imstande. Er wird wohl sehen, daß einer der beiden ein tieferes Problem hat, was aber der Wichtigkeit des möglicherweise geringeren Problems des anderen nichts nimmt. Der entwickeltere wird immer bereit und fähig sein, nach seinem eigenen Anteil zu suchen, wenn er negativ betroffen ist, selbst wenn der andere offenkundig im Unrecht ist. Ein Mensch, der spirituell und emotional unreif und unfertig ist, wird die Hauptlast der Schuld immer dem anderen zuschieben. Das gilt für jede Beziehung: zwischen Lebensgefährten, Eltern und Kindern, Freunden oder Geschäftspartnern.

Die Neigung, euch von anderen emotional abhängig zu machen, deren Überwindung ein wichtiger Teil des Wachstumsprozesses ist, rührt größtenteils aus dem Wunsch, euch von der Verantwortung zu befreien oder den Schwierigkeiten zu entziehen, wenn es um den Aufbau und die Aufrechterhaltung einer Beziehung geht. Es scheint viel einfacher zu sein, den größten Teil der Last anderen zuzuschieben. Aber was für ein Preis ist dafür zu bezahlen! Dies macht euch in der Tat hilflos und verursacht Isolierung oder nicht endenden Schmerz und Spannungen mit anderen. Nur wenn ihr anfangt, wirklich Selbstverantwortung zu übernehmen, indem ihr euer eigenes Problem in der Beziehung betrachtet und zur Veränderung bereit seid, entsteht Freiheit und werden Beziehungen erfreulich und fruchtbar.

Wenn die höher entwickelte Person sich weigert, die angemessene spirituelle Verpflichtung auf sich zu nehmen, Verantwortung für die Beziehung zu akzeptieren und im eigenen Inneren nach dem Kern des Streits Ausschau zu halten, wird sie niemals wirklich das Wechselspiel verstehen, in dem ihr Problem das des anderen beeinflußt. Die Beziehung muß sich dann verschlechtern, die Verwirrung steigert sich, und beide sind immer weniger imstande, mit sich und dem anderen umzugehen. Wenn andererseits die spirituell höher entwickelte Person die Verantwortung annimmt, wird sie dem anderen auf subtile Weise helfen. Kann sie der Versuchung widerstehen, sich ständig auf die offensichtlichen Fehler des anderen zu stürzen, und schaut sie statt dessen nach innen, wird sie ihre eigene Entwicklung beträchtlich voranbringen und Frieden und Freude verbreiten. Das Gift der Spannung wird so alsbald ausgetrieben. Auch wird es möglich, andere Partner für einen wirklichen gegenseitigen Wachstumsprozeß zu finden.

Verbinden sich zwei gleiche miteinander, tragen beide volle Verantwortung für die Beziehung. Das ist in der Tat ein wunderschönes Unterfangen, ein zutiefst befriedigender Zustand der Wechselseitigkeit. Der leichteste Bruch in einer Stimmung wird in seiner Bedeutung erkannt und so der Wachstumsprozeß aufrechterhalten. Beide werden erkennen, daß sie diesen Bruch mitgeschaffen haben, ob es sich nun um tatsächliche Spannung oder momentane Gefühlserstarrung handelt. Die innere Realität des Wechselspiels wird immer bedeutsamer. Dies wird weitgehend Schaden von der Beziehung abwenden.

Ich muß hier betonen, daß ich, wenn ich von der Verantwortung für den weniger entwickelten Partner rede, damit nicht meine, ein Mensch könne je die Last der Schwierigkeiten anderer tragen. Das ist nicht möglich. Vielmehr meine ich damit, daß die Schwierigkeiten in der Interaktion für gewöhnlich von dem, dessen spirituelle Entwicklung auf einem niedrigeren Stand ist, nicht in die Tiefe hinein erforscht werden. Er wird andere für sein Unglück und seine Mißstimmung in einer bestimmten Wechselwirkung verantwortlich machen und ist nicht imstande oder bereit, die Situation in ihrer Gesamtheit zu sehen. So ist er nicht in der Lage, die Disharmonie zu beseitigen. Nur diejenigen, die Verantwortung dafür übernehmen, die innere Störung und die wechselseitige Wirkung herauszufinden, können das. Daher ist die spirituell weniger entwickelte Person immer von der spirituell entwickelteren abhängig.

Eine Beziehung zwischen Individuen, in der die Destruktivität des weniger entwickelten Teils Wachstum, Harmonie und gute Gefühle unmöglich macht oder in der der Kontakt übermäßig negativ ist, sollte aufgelöst werden. In der Regel sollte der höher entwickelte Mensch die Initiative übernehmen. Tut er das nicht, deutet dies auf eine unerkannte Schwäche oder Angst hin, die untersucht werden muß. Wenn eine Beziehung auf dieser Grundlage aufgelöst wird, nämlich daß sie eher zerstörerisch und schmerzlich ist als konstruktiv und harmonisch, sollte dies dann

72

geschehen, wenn die inneren Probleme und gemeinsamen Interaktionen von demjenigen, der die Initiative zur Lösung der Verbindung übernimmt, völlig erkannt sind. Dies wird ihn oder sie davor bewahren, eine neue Beziehung mit ähnlichen zugrundeliegenden Abläufen und Interaktionen einzugehen. Das heißt auch, daß die Entscheidung zur Lösung der Verbindung nicht das Ergebnis von Groll, Angst oder Flucht ist, sondern aufgrund von Wachstum geschieht.

Zerstörerische Wechselwirkungen

Es ist keinesfalls leicht, die zugrundeliegenden Interaktionen und die gegenseitigen Beeinflussungen in einer Beziehung zu erforschen und die Schwierigkeiten beider Beteiligten aufzudecken und zu akzeptieren. Doch nichts könnte schöner und lohnender sein. Jeder, der den Zustand der Erleuchtung erreicht, wo das möglich ist, wird keine Interaktion mehr fürchten. Schwierigkeiten und Ängste treten in genau dem Maße auf, wie ihr eure eigenen Beziehungsprobleme auf andere übertragt und noch immer andere verantwortlich macht für alles, was nicht nach eurem Geschmack ist. Das kann viele subtile Formen annehmen. Vielleicht konzentriert ihr euch ständig auf die Fehler anderer, weil eine solche Konzentration euch auf den ersten Blick gerechtfertigt erscheint. Vielleicht betont ihr auf hintergründige Weise zu sehr eine Seite der Interaktion oder schließt eine andere aus. Solche Verzerrungen weisen auf Projektion und Leugnung der Selbstverantwortung für die Beziehungsschwierigkeiten hin. Die Leugnung nährt Abhängigkeit davon, daß der Partner vollkommen ist, was wiederum Furcht und Feindseligkeit erzeugt, weil man sich im Stich gelassen fühlt, sofern der andere nicht dem perfekten Bild gerecht wird, das man von ihm hat.

Liebe Freunde, was der andere auch falsch macht, wenn es euch beunruhigt, muß es etwas in euch sein, das ihr übersehet. Wenn ich sage, beunruhigt, meine ich das in einem bestimmten Sinne. Ich spreche nicht von klarem, deutlichem Ärger, der sich schuldfrei ausdrückt und keine Spur von innerer Verwirrung oder Schmerz hinterläßt. Ich meine die Art Störung, die aus Konflikt rührt und weiteren Konflikt erzeugt. Die Menschen neigen dazu, zu sagen: »Das hast du mir angetan.« Das Spiel, andere schuldig zu sprechen, ist so weit verbreitet, daß ihr es kaum bemerkt. Ein Mensch beschuldigt den anderen, ein Land das andere, eine Gruppe die andere. Das ist ein ständiger Vorgang auf der gegenwärtigen Entwicklungsstufe der Menschheit. Es ist in der Tat einer der schädlichsten und trügerischsten Prozesse, die man sich vorstellen kann.

Die Menschen erleben dies als lustvoll, obwohl das sich ergebende Leid und die unlösbaren Konflikte, die folgen, der armseligen, flüchtigen Lust außerordentlich unangemessen sind. Wer dieses Spiel spielt, schädigt tatsächlich sich und andere, und ich empfehle sehr, daß ihr euch der blinden Verstrickung in dieses Schuldverlagerungsspiel bewußt werdet.

Aber was ist nun mit dem »Opfer«? Wie wird man damit fertig? Als Opfer ist euer erstes Problem, daß ihr nicht einmal wißt, was geschieht. Meist erfolgt die Anklage in einer subtilen, emotionalen, nicht klar formulierten Weise. Der stumme, verdeckte Vorwurf wird ohne Worte in eure Richtung gesandt. Er wird auf vielfältige Weise indirekt ausgedrückt. Offensichtlich ist die erste Notwendigkeit präzise, artikulierte Bewußtheit, denn sonst werdet ihr ebenso zerstörerisch und in fälschlicher Selbstverteidigung reagieren. Dann erkennt keiner mehr wirklich die verwickelten Schichten von Aktion, Reaktion und Interaktion, bis die Fäden sich so verwirren, daß es unmöglich scheint, sie aufzulösen. Manch eine Beziehung ist wegen einer solchen unbewußten Interaktion ins Stocken geraten.

Derartige Äußerungen von Vorwürfen verbreiten Gift, Angst und zumindest ebensoviel Schuld, wie man zu projizieren versucht. Die Empfänger der Vorwürfe und Schuldzuweisungen reagieren auf vielerlei Weise, entsprechend ihren eigenen Problemen und ungelösten Konflikten. Solange die Reaktion blind ist und die Schuldprojektion unbewußt, muß auch die Gegenreaktion neurotisch und zerstörerisch sein. Nur bewußte Wahrnehmung kann dies verhindern. Nur dann werdet ihr imstande sein, die euch aufgeladene Last zu verweigern. Nur dann könnt ihr artikulieren und benennen.

Wie man zu Erfüllung und Lust kommt

In einer erblühenden Beziehung muß man sich hüten vor dieser Falle, die um so schwerer zu entdecken ist, als Schuldzuweisungen so weit verbreitet sind. Auch sollten die Empfänger im anderen wie auch in sich selbst danach Ausschau halten. Und damit meine ich nicht die direkte Auseinandersetzung über den Fehler eines anderen. Ich meine den subtilen Vorwurf für das persönliche Unglück. Das ist es, was in Frage gestellt werden muß.

Der einzige Weg, wie man vermeiden kann, ein Opfer von Vorwürfen und Schuldzuweisungen zu werden, besteht darin, es selbst zu vermeiden. In dem Maße, wie ihr euch dieser hintergründig-negativen Haltung hingebt – und das kann auf andere Weise geschehen als bei demjenigen, der es euch antut –, werdet ihr euch nicht bewußt sein, daß es euch angetan wird, und ihr werdet deshalb zum Opfer des anderen. Die bloße Bewußtheit macht den Unterschied aus – ob ihr eure Wahrnehmung in Worten ausdrückt und den anderen damit konfrontiert oder nicht. Nur indem ihr eure eigenen problematischen Reaktionen und Verzerrungen, eure Negativität und Destruktivität ohne Abwehr erforscht und annehmt, könnt ihr die Schuldzuweisungen von anderen unschädlich machen. Nur dann werdet ihr nicht in ein Labyrinth aus Falschheit und Verwirrung gezogen, in dem Unsicherheit, Abwehrhaltung und Schwäche euch dazu bringen, euch entweder zurückzuziehen oder übermäßig aggressiv zu werden. Nur dann werdet ihr nicht mehr Selbstbehauptung mit Feindseligkeit oder flexiblen Kompromiß mit ungesunder Unterwerfung verwechseln.

Das sind die Kriterien, die die Fähigkeit zur Meisterung von Beziehungen bestimmen. Je tiefer diese neuen Einstellungen verstanden und gelebt werden, desto intimer, erfüllender und schöner wird das menschliche Zusammenspiel.

Wie könnt ihr für eure Rechte einstehen und euch Erfüllung und Lust aus dem Universum holen? Wie könnt ihr ohne Angst lieben, es sei denn, ihr geht die Beziehung zu anderen in der Weise an, die ich hier aufgezeigt habe? Läutert ihr euch nicht, indem ihr dies lernt, wird die Intimität immer mit Bedrohung verbunden bleiben. Es ist die Drohung, daß der

75

eine oder beide von der Peitsche der Schuldzuweisung Gebrauch machen. Liebevolle, teilende und tiefe, befriedigende Nähe zu anderen könnte eine rein positive Kraft ohne irgendeine Bedrohung sein, wenn diese Fallstricke angeschaut, entdeckt und aufgelöst würden. Es ist von äußerster Wichtigkeit, danach in euch Ausschau zu halten, meine Freunde.

Die herausforderndste, schönste, spirituell wichtigste und wachstumsförderndste Beziehung ist die zwischen Mann und Frau. Die Kraft, die zwei Menschen in Liebe und Anziehung zusammenbringt, und die darin enthaltene Lust sind ein kleiner Teil der kosmischen Realität. Es ist, als ob jedes geschaffene Wesen unbewußt um die Glückseligkeit dieses Zustandes wüßte und ihn auf die wirksamste Weise, die der Menschheit offensteht, zu verwirklichen sucht – in der Liebe und Glückseligkeit zwischen Mann und Frau. Die Kraft, die sie zueinanderzieht, ist die reinste spirituelle Energie, die eine Ahnung vom reinsten spirituellen Zustand aufleuchten läßt.

Wenn Mann und Frau in einer dauerhaften und verantwortungsvollen Beziehung zusammenbleiben, hängt das Aufrechterhalten und das Steigern des Glücks davon ab, wie die beiden sich zueinander verhalten. Sind sie sich der unmittelbaren Beziehung zwischen dauerhafter Lust und innerem Wachstum bewußt? Benutzen sie die unvermeidlich auftretenden Schwierigkeiten als Maßstab für ihre eigenen inneren Schwierigkeiten? Verständigen sie sich in einer zutiefst wahrhaftigen, selbstoffenbarenden Weise, indem sie ihre inneren Probleme miteinander teilen und einander helfen? Die Antworten auf diese Fragen entscheiden darüber, ob die Beziehung scheitert, sich auflöst, stagniert oder erblüht.

Wenn ihr die Welt betrachtet, werdet ihr zweifellos sehen, daß sehr wenige Menschen auf solch offene Weise wachsen und sich offenbaren. Ebenso wenige erkennen, daß miteinander und durch einander zu wachsen die Beständigkeit der Gefühle, der Lust, der dauerhaften Liebe und des Respektes bestimmt. Deshalb überrascht es nicht, daß lange andauernde Beziehungen gefühlsmäßig meist mehr oder weniger tot sind.

In der Beziehung auftauchende Schwierigkeiten sind immer Signale dafür, daß etwas vernachlässigt wurde. Sie sind eine laute Botschaft für die, die sie hören können. Je eher sie beachtet werden, desto mehr spiri-

76

tuelle Energie wird freigesetzt, so daß sich der Glückszustand zusammen mit dem inneren Wesen beider Partner ausweiten kann. Es gibt in der Beziehung zwischen Mann und Frau einen Mechanismus, einem sehr fein abgestimmten Instrument vergleichbar, das die feinsten, untergründigsten Schwingungen im Zustand der Beziehung und der beteiligten Individuen anzeigt. Das erkennen selbst die bewußtesten und aufgeklärtesten Menschen nicht zur Genüge, auch wenn sie ansonsten mit spirituellen und psychologischen Wahrheiten vertraut sind. Jeden Tag, jede Stunde sind der innere Zustand und die eigenen Gefühle Zeugnis für den eigenen Wachstumsstand. In dem Maße, wie das beachtet wird, werden das Miteinander der Gefühle und das freie Fließen im eigenen Selbst und zum anderen hin erblühen und gedeihen.

Die vollkommen reife und spirituell wertvolle Beziehung muß immer zutiefst mit persönlichem Wachstum verknüpft sein. In dem Augenblick, wo eine Beziehung als für das innere Wachstum belanglos erfahren wird, gleichsam sich selbst überlassen bleibt, wird sie ins Stocken geraten. Nur wenn beide Partner ihren höchsten angeborenen Möglichkeiten entsprechend wachsen, kann die Beziehung fortwährend dynamischer und lebendiger werden. Diese Arbeit muß individuell und gemeinsam getan werden. Geht man so an die Beziehung heran, wird sie auf Fels gebaut sein, nicht auf Sand. Unter solchen Umständen wird Angst keinen Platz finden. Die Gefühle werden sich ausweiten, und die Sicherheit im Selbst und dem anderen gegenüber wird wachsen. In jedem Augenblick wird der Partner dem anderen als Spiegel für den eigenen inneren Zustand und deshalb auch für die Beziehung dienen.

Wo Spannung und Kälte existieren, ist dies ein Zeichen, daß etwas schiefgegangen ist. Eine Wechselwirkung zwischen den beiden Menschen ist nicht klar und muß angesehen werden. Ist sie verstanden und ans Licht gebracht, wird das Wachstum mit höchster Geschwindigkeit voranschreiten, und in der Dimension der Gefühle werden Glück, tiefe Erfahrung und Verzückung immer tiefer und schöner, und das Leben wird mehr Bedeutung gewinnen.

Umgekehrt deutet die Furcht vor der Intimität auf Erstarrung und die Leugnung der eigenen Beteiligung an den Schwierigkeiten in der

Beziehung. Jeder, der diese Prinzipien ignoriert oder für sie nur Lippenbekenntnisse abgibt, ist emotional nicht bereit, die Verantwortung für sein inneres Leid zu übernehmen, sowohl innerhalb einer Beziehung als auch für sich allein.

Ihr seht also, meine Freunde, es ist äußerst wichtig zu erkennen, daß Glückseligkeit und Schönheit, ewige spirituelle Realitäten, allen zugänglich sind, die den Schlüssel zu den Problemen der menschlichen Beziehung wie auch zur Einsamkeit in ihrem eigenen Herzen suchen. Echtes Wachstum ist ebenso eine spirituelle Realität wie tiefe Erfüllung, pulsierende Lebendigkeit und glückliches, freudiges Sichverbinden. Wenn ihr innerlich bereit seid, euch mit einem anderen Menschen auf solche Weise zu verbinden, werdet ihr den richtigen Partner finden, mit dem diese Art des Teilens möglich ist. Das Teilen wird euch nicht mehr ängstigen, euch nicht länger mit bewußten oder unbewußten Ängsten bedrängen, wenn ihr diesen überaus wichtigen Schlüssel benutzt. Ihr werdet euch niemals hilflos oder wie ein Opfer fühlen, wenn dieser bedeutsame Übergang in eurem Leben stattgefunden hat und ihr nicht mehr andere für etwas verantwortlich macht, was ihr erfahrt oder nicht erfahrt. Auf diese Weise werden Wachstum und erfülltes, gutes Leben ein und dasselbe.

Nehmt alle diese neuen Gedanken mit euch, nehmt die innere Energie, die durch euren guten Willen aufgewacht ist, mit euch. Mögen diese Worte der Anfang einer neuen inneren Art und Weise sein, dem Leben zu begegnen und endlich die Entscheidung zu treffen: »Ich will mein gutes Gefühl auf die Probe stellen. Ich will die Ursache in mir suchen, statt im anderen, so daß ich frei werde, zu lieben.« Diese Art der Meditation wird in der Tat Früchte tragen. Wenn ihr einen Keim, einen kleinen Teil dieser Lesung mitnehmt, war sie wirklich fruchtbar. Seid gesegnet, ihr alle, meine lieben Freunde, damit ihr die Götter werdet, die ihr euren Möglichkeiten nach seid.

78

5

Gegenseitigkeit: ein kosmisches Prinzip und Gesetz

Seid gegrüßt, meine Freunde. Segen und Liebe sei mit jedem von euch. Das Thema der heutigen Lesung ist Gegenseitigkeit. Ich werde den Stoff in drei Teile einteilen: Gegenseitigkeit als kosmisches Prinzip und Gesetz; die Manifestation dieses Gesetzes im Leben der Menschen; das Wesen und die Herkunft der Störungen, die das Gleichgewicht der Gegenseitigkeit aufheben.

Schöpfung erfolgt nur, wenn Gegenseitigkeit existiert. Gegenseitigkeit bedeutet, daß zwei scheinbar oder oberflächlich verschiedene Individuen oder Teilaspekte sich aufeinanderzu bewegen mit dem Ziel der Vereinigung und der Formung eines umfassenden Ganzen. Sie öffnen sich einander, kooperieren und beeinflussen sich, um eine neue göttliche Manifestation zu erschaffen. Neue Weisen des Selbstausdrucks können nur dann entstehen, wenn das Selbst in etwas jenseits seiner selbst aufgeht. Gegenseitigkeit ist die Bewegung, die die Kluft zwischen Dualität und Einheit überbrückt. Wo Trennung ist, muß, um die Trennung aufzuheben, Gegenseitigkeit entstehen.

Nichts kann erschaffen werden, ohne daß Gegenseitigkeit existiert, sei es eine neue Galaxie, ein Kunstwerk oder eine gute Beziehung zwischen den Menschen. Dies gilt selbst für die Erschaffung des einfachsten Gegenstandes. Zuerst muß die Idee des Gegenstandes im Geist geformt werden. Ohne die schöpferische Inspiration und Vorstellungskraft, durch die der Geist sich über die existierende Wahrnehmung dessen, was ist, erhebt, kann nicht einmal ein Plan entworfen werden. Der kreative Aspekt muß dann mit einem zweiten Aspekt der Gegenseitigkeit kooperieren, mit der Ausführung, die Arbeit, Anstrengung, Beharrlichkeit und Selbstdisziplin erfordert. Der erste Aspekt, schöpferisches Denken und Inspiration, kann die Schöpfung nur mit Hilfe des zweiten Aspekts, der Ausführung, vollenden.

Mangelnde schöpferische Kraft beruht auf zwei Gründen: Entweder sind die Menschen nicht bereit, die notwendige Selbstdisziplin aufzubringen, um ihre schöpferischen Ideen auszuführen, oder sie sind emotional und spirituell zu verkrampft, um ihre eigenen kreativen Kanäle zu öffnen. Wenn sie darangehen, die inneren Konflikte aufzulösen und gesünder und ausgewogener werden, finden sie ihre persönlichen, kreativen Betätigungsfelder, die ihnen tiefste Befriedigung geben.

Gegenseitigkeit als Brücke

Auf dem Gebiet der menschlichen Beziehungen ist das gestörte Gleichgewicht der beiden Schöpfungsaspekte besonders auffallend. Die Bewegung, die zwei Menschen in einer ersten Anziehung und Liebe zusammenbringt, ist kreativ, spontan und mühelos. Doch die Verbindung bleibt selten erhalten. Meist wird die mühevolle Arbeit, die verborgenen, inneren Differenzen aufzuarbeiten, vernachlässigt. Es herrscht die kindliche Vorstellung, man sei selbst zu hilflos, um den Lauf einer Beziehung zu bestimmen. Gewöhnlich wird die Beziehung als separate Gegebenheit angesehen, die ihren eigenen günstigen oder ungünstigen Lauf nimmt.

Gegenseitigkeit ist die Brücke, die zur Vereinigung führt. Im harmonischen Wechselspiel von Geben und Empfangen, gegenseitiger Zusammenarbeit, positiver Öffnung fließen zwei expansive Bewegungen nach außen und aufeinander zu. Zwei »Ja-Strömungen« – Manifestationen einer positiven Tendenz – bewegen sich aufeinander zu. Die Fähigkeit, Lust anzunehmen, zu ertragen und wachzuhalten, kann nur allmählich gelernt werden; es ist eins der am schwierigsten zu erreichenden Ziele.

Diese Fähigkeit hängt direkt von der spirituellen und emotionalen Ganzheit des Menschen ab. Folglich hängt Gegenseitigkeit von der Fähigkeit ab, ja zu sagen, wenn ein Ja angeboten wird.

Dies bringt uns zum zweiten Teil dieser Lesung.

Die drei Stadien der Gegenseitigkeit

Es gibt drei Stadien der Gegenseitigkeit.

Der von Angst und falschen Vorstellungen erfüllte Mensch ist am wenigsten entwickelt und kann sich nur wenig erweitern. Da Erweiterung und Gegenseitigkeit voneinander abhängig sind, ist Gegenseitigkeit unmöglich in dem Maße, wie Erweiterung verweigert wird. Alle Menschen, wie ihr wohl wißt, haben zu einem gewissen Grade Angst, sich zu öffnen. Vielleicht glaubt ihr nicht, daß eine solche Angst in euch ist. Und wenn ihr es doch ahnt, kann es sein, daß ihr sie wegerklärt, weil ihr euch zu sehr schämt, die Angst zuzugeben. Ihr mögt annehmen, daß mit euch mehr als mit anderen etwas nicht in Ordnung ist, daß da etwas ist, das kein wertvoller Mensch mit euch teilt. Deshalb darf niemand vermuten, daß ihr diesen Makel tragt. Aber wenn ihr mit der inneren Arbeit fortfahrt, lernt ihr, die Universalität des Problems in euch zuzugeben, es zu akzeptieren und angemessen zu verstehen; ihr lernt, daß ihr euch die Angst vor Öffnung und Erweiterung eingestehen könnt. Manchmal seid ihr euch dieser Angst recht bewußt, und dann seht ihr, wie ihr eure Energie, eure Gefühle und vitalen Kräfte zurückhaltet, weil ihr euch durch eine derartige Kontrolle sicherer glaubt. In dem Grade, wie ihr dies tut, werdet ihr Schwierigkeiten mit der Gegenseitigkeit haben.

Menschen mit der geringsten Entwicklung und der stärksten Entfremdung von der inneren Wahrheit sind zu keiner Erweiterung und daher auch zu keiner Gegenseitigkeit bereit. Doch dies heißt nicht, daß ihre Sehnsucht danach aufgehört hat: Die Sehnsucht ist immer da. Einige schaffen es, ihre Sehnsucht nach Erweiterung und Gegenseitigkeit ganze Inkarnationen hindurch zu unterdrücken, ohne zu erkennen, wieviel in ihrem Leben fehlt. Sie geben sich mit der Scheinsicherheit der

Getrenntheit und des Alleinseins zufrieden, da dies weniger bedrohlich ist, oder zumindest scheint es ihnen so.

Mit voranschreitender Entwicklung wird die Sehnsucht stärker und bewußter, wobei es viele Abstufungen und Alternativen gibt. Um der Klarheit willen vereinfache ich: Menschen auf der zweiten Stufe sind bereit, sich zu öffnen, doch haben sie noch Angst, wenn sich eine konkrete Gelegenheit zur Gegenseitigkeit ergibt. Die einzige Weise, wie die Menschen auf dieser Stufe das Glücksgefühl und die Lust der Erweiterung erleben können, ist in der Fantasie.

Dies führt häufig zu einer starken Fluktuation von Erfahrungen. Auf dieser Stufe sind die Menschen davon überzeugt, daß die Stärke ihrer Sehnsucht beweist, wie bereit sie zu echter Gegenseitigkeit sind. Schließlich erleben sie sie so wunderbar in ihren Fantasien! Daß dies bisher noch nicht in der Wirklichkeit geschehen ist, schreiben sie mangelndem Glück zu. Sonst hätten sie schon den richtigen Partner gefunden, mit dem sie die Fantasien verwirklicht hätten. Wenn ein Partner endlich erscheint, ist die alte Angst noch lebendig. Die Seelenbewegungen werden enger und kleiner, und die Fantasie kann nicht verwirklicht werden. Dies wird meist mit allen möglichen äußeren Umständen wegerklärt, was durchaus nicht unwahr sein muß. Es mag sein, daß der Partner tatsächlich zu viele Blockierungen hat, um bei der Verwirklichung des Traums mitzuhelfen. Aber deutet nicht genau diese Tatsache darauf hin, daß eine tiefere Kraft in der Psyche am Werk ist, die darauf zielt, genau den Partner anzuziehen, mit dem Kontraktion und Rückzug gerechtfertigt erscheinen? Denn das wahre Selbst weiß immer, wie es um den Menschen steht. Fehlt die Bereitschaft, die tieferen Probleme in Wahrheit anzugehen, werden Vorwände und Ausreden für die Erhaltung des Ich notwendig. Aber die Fehlschläge in der Beziehung weisen immer darauf hin, daß das Selbst noch nicht soweit ist, wahre Gegenseitigkeit auszuüben.

Viele Menschen erleben immer wieder Perioden von Alleinsein und heftiger Sehnsucht, die mit Perioden einer gewissen vorübergehenden Erfüllung abwechseln, in der äußere oder innere Behinderungen die volle Gegenseitigkeit unterbinden. Die daraus folgende Enttäuschung wird den unbewußten Ängsten noch mehr Berechtigung geben, was den Entschluß stärkt, sich nicht zu öffnen und vom Strom des Lebens tragen zu lassen. Das Leid und die Verwirrung der in diesem Stadium gefangenen Menschen sind oft sehr stark. Aber Leid und Verwirrung werden letztlich zur intensiveren Arbeit mit dem Selbst führen und zu der Verpflichtung, den inneren Ursprung der Fluktuationen zu finden.

Selten wird die Bedeutung dieses Stadiums verstanden. Leid und Verwirrung existieren, weil die wahre Bedeutung der Fluktuation nicht erkannt ist. Wenn ein seelisch und emotional wachsender Mensch einsieht, daß ihm die Zeiten des Alleinseins die Gelegenheit geben, sich in vergleichsweiser Sicherheit zu öffnen und eine gewisse Erfüllung zu erfahren, ohne daß er die notwendigen Risiken auf sich nehmen muß, dann hat er einen wesentlichen Schritt zur Selbstverwirklichung getan. Das gleiche gilt, wenn man die eigentliche Bedeutung der Schwierigkeiten erkennt, die man im Auf und Ab der Beziehung erlebt. Die abwechselnden Perioden des Alleinseins und des Inbeziehungtretens haben ihre eigenen eingebauten Sicherheitsventile: Jede erhält das Selbst in seinem isolierten Zustand, ermöglicht dem Individuum aber zugleich, sich so weit herauszuwagen, wie es bereit ist, aus der Isolation herauszutreten.

Jedoch wird jeder an einem bestimmten Punkt auf dem Wege der individuellen Entwicklung erkennen, wie schmerzhaft diese Fluktuation ist, und das führt zu der inneren Verpflichtung, offen zu sein für Gegenseitigkeit und Erfüllung, für Wechselspiel und Erweiterung, Zusammenarbeit und positive Lust. Immer erfordert dies, die negative Lust an der Scheinsicherheit aufzugeben. Dann wird die Seele fähig zu lernen, zu experimentieren, Gegenseitigkeit, Liebe und Lust zu wagen und sich ungefährdet im Zustand der Offenheit zu bewegen.

Im dritten Stadium werden die Menschen fähig, Gegenseitigkeit in der Wirklichkeit aufrechtzuerhalten – nicht nur in der Fantasie oder in Sehnsucht. Selbstverständlich sind nicht alle beständigen Beziehungen auf dieser Welt von wahrer Gegenseitigkeit erfüllt. In der Tat sind es nur sehr, sehr wenige. Die meisten Beziehungen sind unter anderen Voraussetzungen entstanden, oder die Gegenseitigkeit war die anfängliche Motivation und wurde aufgegeben, als sie nicht länger aufrechterhalten werden konnte, und durch andere Bindungen ersetzt.

Dies sind im wesentlichen die drei Stadien, die die Menschheit in bezug auf Gegenseitigkeit durchläuft. Natürlich können diese Stadien nicht immer in solch exakten Begriffen unterschieden werden. Oft überlagern sie sich, sie fluktuieren und wechseln sich ab; auf jeder der verschiedenen Persönlichkeitsebenen existieren und gelten viele Abstufungen. Was für eine bestimmte Person auf einer Ebene wahr sein mag, braucht auf einer anderen Ebene nicht zu stimmen.

Was verhindert Gegenseitigkeit zwischen den Menschen?

Nun kommen wir zu dem dritten und vielleicht wichtigsten Teil dieser Lesung. Was sind die Hindernisse, die die Gegenseitigkeit zwischen zwei Menschen erschweren? Meist, und zum Teil auch recht zutreffend, wird dies mit ihren Problemen erklärt. Doch ist das nicht ausreichend.

Gegenseitigkeit kann nur soweit existieren, wie der einzelne seine verborgenen destruktiven Seiten erkennt und mit ihnen in Kontakt kommt. Umgekehrt kann Gegenseitigkeit nicht existieren, wenn es einen Zwiespalt zwischen dem bewußten Streben nach Liebe, ethischem Verhalten und dem Guten und dem unbewußten Hang zur Zerstörung gibt. Ich möchte betonen, daß Gegenseitigkeit fehlt, weil die negativen Aspekte ungenügend in das Bewußtsein gedrungen sind, nicht, weil sie noch vorhanden sind. Diese Unterscheidung ist äußerst wichtig. Üblicherweise gehen die Menschen dieses Problem in genau umgekehrter Weise an. Sie glauben, sie müßten zuerst das bestehende Böse vernichten, weil sie sonst das Glücksgefühl, das mit der Gegenseitigkeit kommt, nicht verdienten. Das innere Böse ist zu beängstigend, als daß sie es zugeben könnten, und so wird mit voranschreitendem Leben der Zwiespalt zwischen der bewußten Wahrnehmung des Selbst und der unbewußten Verleugnung des Selbst immer größer.

Wenn du deinem eigenen Unbewußten entfremdet bist, mußt du das ausagieren, was in dir ist, wie du tief im Inneren weißt. Du agierst es mit einem anderen aus und beeinflußt das Unbewußte und Verborgene des anderen Menschen. Wird der Schlüssel, den ich euch hier gebe, nicht

84

benutzt, müssen Beziehungen zum Stocken kommen oder schal werden, und wahre Gegenseitigkeit kann sich nicht entfalten. Deshalb ist es für euch von entscheidender Bedeutung, daß ihr zunehmenden Kontakt mit den destruktiven Anteilen eures Wesens herstellt. Wie schwierig scheint es euch doch, die Kluft zwischen dem bewußten Guten und dem unbewußten Bösen zu überbrücken! Wie sehr sich jeder abmüht! Wie viele Leute sind versucht, überhaupt nicht mehr weiter zu streben, weil es ihnen zu schmerzhaft und schwierig erscheint, die bisher unannehmbaren Teile ihrer selbst anzunehmen. Aber das Leben kann nicht wahrhaft gelebt werden, wenn dies nicht geschieht.

Die Spaltung zwischen deinem bewußten Selbst und deinem wahren Selbst, das die unbewußten Anteile enthält, muß als Spaltung zwischen dir und anderen wiedererscheinen, es sei denn, du bist dir ihrer voll bewußt. Das Bewußtwerden des wahren Selbst ist der Anfang zur Heilung deiner Entzweiung – Bewußtsein vermindert die Spaltung. Das Bewußtsein wird schließlich zur Annahme des bisher Verleugneten führen. Wenn es keine Gegenseitigkeit zwischen dir und allen Teilen deiner selbst gibt, weil deine Maßstäbe, deine Forderungen und Erwartungen an dich selbst unrealistisch sind, ist es völlig undenkbar, daß es je zwischen dir und anderen Gegenseitigkeit geben kann.

Gegenseitigkeit innerhalb deiner selbst fehlt, wenn du das Böse in dir ablehnst. Indem du das Böse ablehnst, ignorierst und leugnest du die vitale, ursprünglich kreative Energie, die in allem Bösen enthalten ist. Um ganz zu werden, muß dir diese Energie verfügbar werden. Die Energie kann nur transformiert werden, wenn du dir ihrer verkehrten, verzerrten Form bewußt bist. Doch wie kannst du sie zurückverwandeln, wenn du die gegenwärtige Form ablehnst? So bleibst du innerlich gespalten. Und wenn die Spaltung nicht bewußt ist, spiegelt sie sich in deinen Beziehungen wider – oder in dem Mangel an Beziehungen. Ganz gleich wie schlecht und unannehmbar, wie unerwünscht und zerstörerisch eine bestimmte Eigenschaft sein mag, die Energie und Substanz, aus der sie besteht, ist eine vitale Kraft, ohne die du nicht voll funktionieren kannst. Nur als ein ganzer Mensch kannst du Lust aufrechterhalten, nur als ein vollbewußter Mensch kannst du ganz sein. Nur dann ist es möglich, daß du die expandierende Bewegung nicht blockierst, daß du dich in den Kosmos eines anderen Geschöpfes hinüberströmen läßt, während du offen dafür bleibst, die nach außen fließenden Energieströmungen und Seelenbewegungen des anderen zu empfangen.

Schlüssel für die innere Arbeit

Deine Uneinigkeit mit dir selbst kann keine Einheit mit anderen erbringen. Das zu erwarten, wäre sehr töricht. Es ist jedoch nicht so, daß du zunächst auf die völlige Vereinigung warten mußt. Wenn du deine bestehenden Beziehungen als Richtmaß benutzt, mit dem du abschätzt, wo deine innere Spaltung ist und wie es mit deiner Bereitschaft steht, das Negative in dir anzunehmen, wirst du in größere Selbstannahme hineinwachsen. Zugleich mit deiner Selbstannahme wird deine Fähigkeit wachsen, in Gegenseitigkeit einzutreten. Als Folge werden sich deine Beziehungen verbessern und größere Bedeutung erhalten. Die Annahme all dessen, was du in dir zurückgewiesen hast, weil du dich weigertest, es ins Bewußtsein aufzunehmen, wird sofort größere Annahme und Verständnis in den Menschen bewirken, mit denen du umgehst. Dann wird Gegenseitigkeit möglich.

Wenn du andererseits das Böse in dir nicht annehmen kannst und etwa denkst: »Ich muß völlig in Ordnung sein, bevor es mir möglich ist, mich zu akzeptieren, zu lieben und zu schätzen, und bevor ich mir vertrauen kann«, dann wirst du dem anderen mit der gleichen Haltung begegnen. Kommst du zu der Einsicht, daß er oder sie alles andere als fehlerfrei ist, lehnst du die andere Person genauso ab wie dich selbst. Der Unterschied ist, daß du es die meiste Zeit fertigbringst, nicht zu wissen, was du mit dir selbst machst. Das ist sehr schade. Es gelingt dir, die Ablehnung deines eigenen, unvollkommenen Selbst und die des anderen nicht als das zu sehen, was sie ist, und schöne Erklärungen dafür zu finden. Dies erzeugt eine Spaltung in dir, die Gegenseitigkeit und Glück unmöglich macht.

Jeder kann meine Worte als praktischen und unmittelbaren Schlüssel zur inneren Arbeit benutzen. Schau dir deine Beziehungen zu deiner

86

Familie, deinen Partnern, deinen Freunden, Kollegen und Geschäftsfreunden an. Prüfe genau in jeder Lebenssituation, die dich mit anderen verbindet, ob dich etwas an ihnen stört oder beunruhigt. Wie weit bist du wirklich offen für die Realität des anderen? Antwortest du ehrlich auf diese Frage und erkennst du, daß du nicht offen bist, dann kannst du diesen Schlüssel benutzen. Natürlich ist es leicht, all dem auszuweichen, indem du dich mit Erklärungen, Rechtfertigungen, Rationalisierungen beschäftigst – ja auch mit heftigen Selbstvorwürfen, die sehr leicht mit Selbstannahme verwechselt werden, doch genausoweit davon entfernt sind wie offene Selbstverleugnung. Du wirst erfahren, daß auf den tieferen Gefühlsebenen deine Bereitschaft, andere anzunehmen, wie sie sind, oft sehr gering ist. In dem Maße, wie du allmählich deine Intoleranz, deinen Hang zum Kritisieren entdeckst, erkennst du auch, daß du genau das gleiche mit dir selbst machst.

Hast du flache, unbefriedigende Beziehungen, denen Tiefe, Freude und Intimität fehlen, in denen du dich nur oberflächlich öffnest – vielleicht zeigst du nur dein idealisiertes Selbstbild, das du für den einzig akzeptablen Teil deiner selbst hältst –, dann wird dir auch dies als gutes Richtmaß für den inneren Zustand dienen. Du gehst kein Risiko ein, weil du nicht fähig bist, dich selbst anzunehmen. Deshalb ist es dir unmöglich zu glauben, daß dein wahres, echtes Selbst jemals akzeptiert werden könnte. Auch kannst du andere nicht dort akzeptieren, wo sie in ihrem gegenwärtigen Entwicklungsstadium sind. All dies schließt Gegenseitigkeit aus.

Die sich öffnende und empfangende Bewegung, das entspannte Glücksgefühl, in ein anderes Energiefeld hineinzufließen und die Ausstrahlungen des anderen Energiefeldes aufzunehmen – diese Seligkeit ist unerträglich und erscheint als Gefahr, wenn du dich selber haßt. Wenn du dich nach jeder vorübergehenden Öffnung zusammenziehst, dann mußt du erkennen, daß dies nicht geschieht, weil du ein böser Mensch bist und das Glück nicht verdienst, sondern weil du die Totalität der Kräfte und Energien, wie sie jetzt in dir sind, nicht akzeptieren kannst. Deshalb bleibst du in den Kontraktionen eingeschlossen und kannst sie nicht in Expansionen umwandeln.

87

Das Prinzip der Gegenseitigkeit muß also erst auf das Verhältnis zwischen dir und deinem inneren Selbst angewandt werden. Nur dann kann es auf dein Verhältnis mit anderen ausgeweitet werden. Doch möchte ich vom Gesichtspunkt eines höheren Bewußtseins sagen, daß alle Getrenntheit, die in deiner Wirklichkeit so wirklich erscheint, genausosehr Illusion ist wie die Getrenntheit zwischen dir und deinem Selbst. Es ist ein Kunstprodukt, das entsteht, weil etwas verleugnet wird. Indem du deine Augen und dein Bewußtsein vor der ganzen Person verschließt, die du zum gegenwärtigen Zeitpunkt nun einmal bist, erschaffst du scheinbar zwei Selbste: das annehmbare und das unannehmbare. Doch in Wirklichkeit gibt es nicht zwei Wesen: Sie sind beide du, ob du es zugibst oder nicht. Bist du zwei verschiedene Menschen? Natürlich nicht. Die gleiche Illusion herrscht in bezug auf alle scheinbar getrennten Wesen. Auch hier ist die Trennung eine willkürliche, künstliche Konstruktion des Geistes. In Wirklichkeit gibt es diese Trennung nicht. Auf dieser Stufe mag es für euch nicht einfach sein, dies zu fühlen, doch ist es eine Tatsache, daß die Menschen in einer allgemeinen Illusion der Getrenntheit leben, die die Wurzel von Leid und Kampf ist. In Wirklichkeit ist alles eins, und jedes Geschöpf ist mit allem anderen im Kosmos verbunden. Dies ist nicht nur eine Redewendung. Ein Bewußtsein durchdringt den Kosmos und alles darinnen. Ihr könnt diese Einheit nur erfahren, wenn kein Teil eurer selbst ausgeschlossen, verleugnet und abgetrennt ist.

Gibt es Fragen zu diesem Thema?

Energiefluß und Gegenseitigkeit

FRAGE: Kannst du vom energetischen Standpunkt über die Aspekte der Gegenseitigkeit auf der körperlichen, mentalen und spirituellen Ebene sprechen?

ANTWORT: Vom energetischen Standpunkt ist die expandierende Bewegung eine nach außen dringende, fließende Bewegung. Wenn zwei getrennte Menschen sich füreinander in Gegenseitigkeit öffnen und fähig sind, einen offenen Fluß ohne Kontraktion zu akzeptieren, durch-

88

dringt die Energie des einen das Energiefeld des anderen und umgekehrt. Es ist ein beständiger Zusammenfluß und Austausch. Anders ist es mit den Menschen, die getrennt bleiben, sich zusammenziehen und sich nicht in Gegenseitigkeit öffnen können. Solche Menschen bleiben verschlossen, jeder ist wie eine Insel, und nur wenig oder gar keine Energie wird ausgetauscht. Und die Blockierung des Energieaustausches verzögert den großen Evolutionsplan.

Kann sich jemand nur öffnen, wenn keine wirkliche Chance für Gegenseitigkeit besteht, oder muß einem Ja-Strom mit einem Nein-Strom begegnet werden, weil Gegenseitigkeit noch zu angsterregend ist, dann fließt Energie nach außen, wird jedoch von dem geschlossenen Energiefeld des anderen abgefangen und zurückgeworfen. Dieses Energiefeld ist wie eine Mauer, die den auf sie zukommenden Strom abwehrt. So können die beiden Strömungen nie eins werden. Dieses Phänomen ist im alltäglichen Leben leicht zu beobachten. Entweder verlieben sich die Menschen immer gerade dann, wenn ihre Liebe keine Erwiderung findet, oder sie nehmen aus scheinbar unergründlichen Motiven ihre Liebe zurück, wenn ihr Partner tiefe Gefühle entwickelt. Das gleiche Prinzip sieht man in existierenden Beziehungen: Wenn der eine offen ist, ist der andere verschlossen und umgekehrt. Nur stetige Entwicklung und Wachstum ändern dies, so daß beide es lernen, füreinander offen zu sein.

Auf den spirituellen und emotionalen Ebenen der Entwicklung entspricht die niedrigste Stufe einem akuten Angstzustand. Die Angst, das Selbst in seinem gegenwärtigen Stadium zu akzeptieren, ist im wesentlichen die gleiche Angst, die vor wahrer Gegenseitigkeit und Glückseligkeit weglaufen möchte. Mit der Angst entsteht auch immer Haß mit all seinen Sekundär-erscheinungen.

Die mentalen Ebenen werden von diesem Vermeidungsprozeß beeinflußt, indem jemand fertige Erklärungen für das sucht, was nur durch die Annahme des Selbst, so wie es jetzt ist, verstanden werden kann. Der Verstand wird so geschäftig, daß er sich nicht auf die höheren Stimmen im Selbst, auf die größeren Wahrheiten des Kosmos, einstimmen kann. Auf diese Weise wird noch mehr Trennung erzeugt. Mentaler Lärm bewirkt weitere Abgetrenntheit von den Gefühlen und von dem, was der

Ursprung des jetzigen Zustandes ist. Solch ein Mensch ist durch seine eigene Entscheidung gezwungen, in einem ständigen Zustand der Enttäuschung und fehlenden Erfüllung zu leben. Natürlich hat dies körperliche Blockierungen zur Folge.

Auch auf der zweiten Stufe, wo abwechselndes Sichöffnen und Zusammenziehen stattfindet, ist die mentale Aktivität verwirrt. Das Suchen und Herumtasten kann keine wahren Antworten hervorbringen, solange nicht das Selbst mit seinen schlechtesten Seiten akzeptiert worden ist. Mentale Verwirrung erzeugt mehr Enttäuschung und Wut. Die falschen Interpretationen, die erklären sollen, weshalb die Gegenseitigkeit immer noch fehlt, erhöhen nur die Frustration und damit die Wut und den Haß. Auf der emotionalen Ebene wechseln sich Sehnsucht und Enttäuschung mit der Erfüllung in der Fantasie ab. Dies weist auf ein gewisses Maß des Offenseins und Fließens hin, doch ohne wahre Gegenseitigkeit, unterbrochen durch Rückzug und Kontraktion. Das letztere bringt wiederum Wut, Haß, Enttäuschung und Vorwürfe mit sich.

Wenn Selbstannahme Gegenseitigkeit möglich macht und Energie ausgetauscht wird, fließen die kosmischen Bewegungen gleichmäßig. Wo die gesunde Abwechslung von expansiven, kontrahierenden und statischen Prinzipien überwiegt, befinden sich die Menschen in Harmonie mit dem ewigen Rhythmus des Kosmos.

Seid gesegnet, meine Liebsten. Möge diese Lesung auch wieder wie ein kleines Licht sein, das in euer Inneres scheint, euch Hoffnung und Kraft gibt, den Weg von einer neuen Seite beleuchtet und euch stärker dahin führt, euch selbst genauso anzunehmen, wie ihr jetzt seid. Schwelgt nicht in euren Fehlern, entschuldigt nichts, seht die Dinge nur so, wie sie sind. Akzeptiert das Unvollkommene ganz, ohne es zu verschönern oder zu übertreiben und dann vor Scham und Angst zu vergehen. All diese Entstellungen müssen verschwinden, denn sie sind schlimmere Fallstricke als die Anteile, deretwegen ihr euch haßt. Macht euch diese Haltung zu eigen, wendet sie auf euch an, und ihr werdet euer Glück und die Wahrheit finden, die euch mit euch selbst und dem Kosmos verbinden.

90

TEIL II

Die Entdeckung und Überwindung der Hindernisse für eine erfüllende Beziehung

Die Lesungen in diesem Teil des Buches behandeln die herrschenden Denkweisen, kindlichen Erwartungen, gegensätzlichen Gefühle und negativen Muster, die uns voneinander trennen. Weshalb ist es so schwierig, die Vereinigung mit einem anderen Menschen herzustellen? Obwohl das Wort »unbewußt« in diesen Zeiten oft benutzt wird, können die meisten von uns nicht ganz erfassen, was es heißt, ein großes Reservoir von Gefühlen und Gedanken zu haben, dessen Inhalt uns gewöhnlich nicht zur Verfügung steht. Dies wäre unwichtig, wenn das unzugängliche Material nicht unsere Weltanschauung, unser Verhalten und unser gesamtes Leben beeinflußte. Doch genau das tut es – und wie! Deshalb ist es von größter Bedeutung, daß wir den unbewußten Inhalten erlauben, an die Oberfläche zu kommen, und die Geheimnisse der Seele lernen, die wir sogar vor uns selbst verborgen halten.

Der GUIDE beschreibt zunächst das zu erforschende innere Gebiet; dann gibt er uns genaue Anweisungen, wie wir darangehen können, die Inhalte des Unbewußten zu befreien und der Prüfung zugänglich zu machen. Wenn wir wissen, was vorhanden ist, fallen die inneren Mauern zusammen, und wir können mit der Arbeit der Selbsttransformation beginnen.

Es ist, als führte uns der GUIDE auf einen hohen Berggipfel, um uns an seiner Sicht des menschlichen Lebens teilnehmen zu lassen. Er zeigt uns die verschiedenen Regionen unserer Seele, die, in denen Gesundheit und Ganzheit herrschen, und die, die Fehler und Mängel aufweisen; er zeigt uns die spirituellen und emotionalen Sümpfe, in denen die Keime unserer unerfüllten Beziehungen entstehen.

Wir lernen zu unserem Erstaunen, wie selten wir wissen, was wir wirklich fühlen, wünschen, denken oder brauchen. Kindliche, halbgeformte Vermutungen, verwirrte Gefühle, unberechtigte Ängste und Schuldgefühle, Muster der Selbstbestrafung, all das kommt zum Vorschein, wenn wir endlich bereit sind, zu erfahren, wer wir sind und wie es um uns als Liebespartner und Freunde steht. Die meisten unserer Probleme haben die gleichen Wurzeln, da wir alle Menschen sind, und zu Beginn dieser Suche nach unseren besonderen inneren Verwirrungen und Verwicklungen ist dieses Wissen tröstlich.

Die Heilung unserer Seelen ist die erste Aufgabe, doch heißt das nicht, daß wir auf völlige innere Harmonie warten müssen, bevor wir in eine Beziehung eintreten können. Das Leben will gelebt werden – aber mit ständig wachsendem Bewußtsein. Im gleichen Maße werden unsere Beziehungen sich verbessern.

Es gibt verschiedene Wege, entscheidende unbewußte Inhalte aus dem Verborgenen herauszulocken. Einer davon ist die genaue, vorurteilsfreie Selbstbeobachtung. Der GUIDE ist unübertroffen in der Art und Weise, wie er die Wahrheitssuchenden in das Labyrinth ihrer kindlichen Welt führt, auf daß sie dort den eigenen Ungeheuern begegnen und sie zähmen. Dadurch werden wir ständig bereiter, unsere Arme und Herzen zu öffnen.

Die innere Reise ist auch der Weg heim zum Gottselbst. Es kann das größte Abenteuer eures Lebens sein und euch von der Isolation zur Liebe ohne Angst führen. Seid ihr bereit, die Reise zu beginnen?

6

Der Wunsch nach Unglück und die Angst vor der Liebe

Seid gegrüßt, meine liebsten Freunde. Ich segne euch und diese Stunde.

Der Wunsch, glücklich zu sein, ist in jedem lebendigen Wesen vorhanden. Jedoch hängt die Auffassung vom Glück von der Entwicklung des Individuums ab. Für das Kind besteht Glücklichsein darin, jedes Verlangen sofort und genauso, wie es das will, erfüllt zu sehen. Ein Überrest dieser kindlichen Erwartung bleibt in den Menschen ihr ganzes weiteres Leben erhalten. Diese verzerrte Auffassung erzeugt schließlich eine Kettenreaktion, mit der ein anderes Verlangen in der menschlichen Seele entsteht, und dies ist, so seltsam es klingen mag, der Wunsch, unglücklich zu sein.

Die vollentwickelte, reife Vorstellung vom Glück in seiner höchsten Entfaltung könnte man so ausdrücken: »Ich bin von äußeren Umständen unabhängig, was auch immer diese sein mögen. Ich kann in allen Lebenslagen glücklich sein, denn ich weiß, daß selbst die unvorteilhaften, unangenehmen Ereignisse einen Sinn haben. Sie werden mich etwas lehren und mich der Freiheit und dem Glück näherbringen.«

Die unentwickelte, unreife Vorstellung vom Glück könnte man so formulieren: »Ich kann nur glücklich sein, wenn ich bekomme, was ich will, wie und wann ich es will. Sonst bin ich unglücklich.« In dieser Aussage ist die Forderung nach absoluter Anerkennung, Bewunderung und Liebe von allen Menschen enthalten. Sobald jemand sich weigert, diesen Anforderungen zu entsprechen, fällt die Welt der unreifen Person zusammen, als sei ihr das Glück auf immer entrissen worden. Dies ist natürlich nicht die rationale Überzeugung eines erwachsenen Menschen, doch gilt es für seine Emotionen.

Dem unentwickelten Wesen erscheint alles als schwarz oder weiß, es gibt nichts dazwischen. Wenn die Dinge den eigenen Wünschen gemäß ablaufen, strahlt die Welt. Doch wenn das kleinste bißchen dem eigenen Willen zuwiderläuft, sieht die Welt dunkel aus. Dem hungrigen Säugling erscheinen die Minuten wie eine Ewigkeit, nicht nur, weil er keinen Zeitbegriff hat, sondern auch, weil er nicht weiß, daß der Hunger bald zu Ende sein wird. So schreit er in völliger Verzweiflung, in Wut und Elend. Dieser in der Kindheit so offen ausgedrückte Teil der Persönlichkeit bleibt in der Psyche des erwachsenen Menschen verborgen, um dort – verdeckt von rationalem Verhalten – weiterhin ähnliche Reaktionen zu bewirken.

Das kleine Kind spürt sehr bald, daß es unmöglich ist, so, wie es das möchte, glücklich zu sein. Es fühlt sich von einer grausamen Welt abhängig, die ihm verweigert, was es – wie es glaubt – braucht und sicher haben könnte, wenn die Welt weniger grausam wäre.

Der Wunsch nach Allmacht

Wenn ihr es logisch durchdenkt, werdet ihr sehen, daß die primitive und verkehrte Auffassung des kleinen Kindes vom Glück letztlich auf das Verlangen hinausläuft, allmächtige Herrschaft auszuüben und eine Sonderstellung einzunehmen, in der ihm die Umwelt absoluten Gehorsam schuldet. Das Kind fordert von allen die Erfüllung seiner Wünsche. Wenn der Wunsch nicht befriedigt werden kann – und das kann er nie –, ist die Enttäuschung absolut.

Natürlich erinnert sich der Mensch nicht an diese frühen Gefühle; es gibt keine Erinnerung an die ersten Jahre des Lebens. Doch Tatsache ist, daß die primitiven Reaktionen weiterhin ohne Ausnahme in allen Menschen bestehenbleiben. Du kannst sie auf verschiedene Weise in dir selbst auffinden, zum Beispiel, indem du an vergangene Reaktionen zurückdenkst oder die gegenwärtigen beobachtest und sie dann analysierst.

96

Entdecke zunächst den Säugling in dir mit seinen Wünschen und Reaktionen. Wende deine Aufmerksamkeit auf diesen besonderen Bestandteil deiner Persönlichkeit. Ohne das Kleinkind in dir erfahren zu haben, kannst du bestimmte innere Konflikte nicht verstehen.

Je mehr das Kind heranwächst und in dieser Welt leben lernt, desto stärker erfährt es, daß ihm die begehrte allmächtige Herrschaft nicht nur verweigert wird, sondern daß das Verlangen selbst mißbilligt wird. So lernt es, das Verlangen zu verstecken, bis es in Vergessenheit versinkt. Die Repression erzeugt zwei grundlegende Reaktionen. Die eine ist: »Wenn ich so perfekt bin, wie die Umwelt es von mir will, erhalte ich vielleicht genug Anerkennung, so daß ich dadurch mein Ziel erreiche.« Hier beginnt also das Streben nach Perfektion. Obwohl wir sicher alle darin übereinstimmen, daß alle Wesen nach Vollkommenheit streben sollten, ist es selbstverständlich, meine Freunde, daß diese Art des Strebens falsch ist. Es wird durch das Motiv falsch: Hier strebt der Mensch nicht nach Vollkommenheit, um besser zu lieben und mehr zu geben, sondern um aus egoistischen Gründen durch die sofortige Perfektion die erwünschte Allmacht zu erreichen. Das ist natürlich völlig unmöglich.

Daher gibt es eine doppelte Enttäuschung: Das erste Ziel – allmächtige Herrschaft, um glücklich zu sein – wird nicht verwirklicht; aber auch der zweite Wunsch – die Perfektion, um den ersten Wunsch zu befriedigen – wird nicht erfüllt. Dieser zweite Fehlschlag bewirkt starke Gefühle von Unzulänglichkeit, Unterlegenheit, Verlust und Schuld. Das Kind weiß ja noch nicht, daß niemand fähig ist, solche Perfektion zu erreichen. In seinem Versagen fühlt es sich allein und anders als alle anderen und muß diese beschämende Tatsache verheimlichen. Selbst der Erwachsene, der es bewußt besser weiß, wird unbewußt noch argumentieren: »Könnte ich vollkommen sein, hätte ich, was ich will. Aber ich bin nicht perfekt, und deshalb tauge ich nichts.«

Verweigerung der Selbstverantwortung

Zugleich ist da noch eine andere Reaktion. Man kann und will nicht die ganze Schuld für das eigene Versagen auf sich nehmen und macht deshalb seine Umwelt dafür verantwortlich. Die innere Beweisführung verläuft auf diese Weise: »Wenn sie mir erlaubten, auf meine Weise glücklich zu sein, das heißt, wenn sie mich liebten und ganz und gar akzeptierten und täten, was ich will, dann könnte ich perfekt sein. Dann wäre das Hindernis beseitigt, das jetzt zwischen mir und dem, was ich will, steht. Deshalb ist es ›ihre‹ Schuld. Ich versage nur, weil sie mir ständig meine Wünsche verwehren.« Hieraus entsteht ein zweifacher Teufelskreis, der in die eine Richtung so geht: »Ich muß perfekt sein, damit ich geliebt werden und glücklich sein kann«, und in die andere Richtung so: »Wenn ich die Herrschergewalt hätte, die ich brauche, um glücklich zu sein, wäre es für mich nicht schwierig, perfekt zu sein.« Weder das eine noch das andere Ziel ist erreichbar. Dafür gibt der Mensch zum einen der Welt die Schuld und zum anderen sich selbst.

Die falsche Auffassung vom Glücklichsein ist notwendigerweise mit der falschen Auffassung von Liebe verbunden. Das kleine Kind in dir glaubt, daß die Erfüllung eines jeden Wunsches – genau wie das Glück – ein Beweis ist, daß man geliebt wird. Deshalb brauchst du, um dich geliebt zu fühlen, »Sklaven«, die jeden deiner Wünsche erfüllen: »Wenn man mich liebt, muß man mir untertan sein. Dann habe ich jemanden, der mir dient.« Glaubst du dies – wie das kleine Kind in jedem Menschen es tut –, ergibt sich daraus, daß du Angst vor der Liebe haben mußt, denn wenn du liebst, wirst du zwangsläufig zum Sklaven werden. Beobachte deine Reaktionen ganz ehrlich; du wirst solche Gefühle in dir finden, obwohl du bisher vielleicht nie den Mut hattest, sie zuzugeben. Versuche, dich an Gelegenheiten zu erinnern und zu erkennen, wann du einen Menschen haben wolltest, der dir untertan war und dir diente, und nicht einen, den du liebtest.

Erkennst du deine eigenen unbewußten, kindlichen Verkehrungen der Liebe, wirst du fähig, die kindlichen Forderungen im anderen Menschen zu spüren. Und entdeckst und erfährst du die unfairen Forderungen

98

des Kindes in dir, wirst du damit vernünftig umgehen können. Dann wirst du klar einsehen, daß Lieben nicht heißt, Würde, Selbstbestimmung oder Freiheit aufzugeben, und deshalb wirst du die Liebe nicht fürchten. Jetzt hemmst du deine Liebesfähigkeit in der verwirrten Auffassung, daß wahre Liebe Unterwürfigkeit bedeute, und du mißtraust anderen, weil deine Forderung, geliebt und bedient zu werden, unmäßig ist.

Solange du unreif bist, akzeptierst du die Wirklichkeit nicht, denn die Wirklichkeit ist nicht immer perfekt und angenehm: Nicht alle deine Wünsche werden jederzeit erfüllt. Nur wenn du wächst und lernst, alles was im täglichen Leben und in deinen Emotionen existiert, anzusehen und zu akzeptieren, wirst du deine Angst vor dem Lieben verlieren. Wachsend und reifend wirst du erkennen, daß du nur hoffen kannst, die höchste Erfüllung in der Liebe zu finden, wenn du auf den untersten Leiterstufen anfängst. Vielleicht ist eine von diesen die Fähigkeit, anderen Menschen zu erlauben, über dich zu denken, wie sie wollen. Kannst du diese »innere Erlaubnis« auf echte Weise geben, wirst du dahin gelangen, daß du andere wahrhaft magst und respektierst, selbst wenn sie sich deinem Willen nicht völlig unterwerfen. In einem solchen allmählichen Prozeß des Wachsens und Reifens wirst du schließlich den Konflikt überwinden, in dem deine Seele sich nach der Erfahrung großer, allumfassender Liebe sehnt, sich zugleich aber auch in ihrer Angst davor versteckt.

Die wahre Auffassung von der Liebe

Damit dies geschieht, mußt du die wahre Auffassung von der Liebe kennen. Die Liebe ist die größte Kraft im Kosmos. Jede geistige Lehre oder Philosophie, jede Religion, selbst die moderne Psychologie verkündet diese Wahrheit. Mit ihr bist du stark und sicher; ohne sie bist du arm, isoliert, einsam und voller Angst. Die wahre Auffassung von Liebe schließt ein, daß du liebst, gleich ob die andere Person dich liebt. Solche Liebe ist bedingungslos. Aber wenn du noch nicht so weit bist, ist es zwecklos, dich zu zwingen. Der Zwang und die Unfähigkeit, damit etwas zu erreichen, würden nur das Gefühl des Scheiterns und der Schuld verstärken. Dies wiederum bewirkt selbstzerstörerische Tendenzen. Mehr noch, der Wunsch nach der idealen, selbstlosen Liebe kann leicht durch das krankhafte Verlangen nach Leiden verzerrt werden. Wenn du also momentan nicht geliebt wirst und es unmöglich findest, zu lieben, stelle es nur einfach fest, ohne Schuldgefühle. Das ist der erste Schritt zur Wandlung.

Der Wunsch nach Unglück

Wie führt all dies nun zum Wunsch, unglücklich zu sein? Wie ich sagte, wird es dem Individuum immer unmöglicher, mit diesen in der Kindheit geprägten falschen Auffassungen glücklich zu werden. Statt den richtigen Weg zu finden, indem man die falschen Auffassungen durch die richtigen ersetzt, versucht man, das Leben in die falschen Begriffe zu zwingen. Wenn sich dies als unmöglich erweist, wird ein anderer Ausweg gesucht, der die Lösung zu sein scheint, doch auf lange Sicht noch schädlicher ist. Die Logik des Unbewußten geht so: »Das Glücklichsein ist mir verweigert, Unglücklichsein ist unvermeidlich und gegen meinen Willen mir aufgezwungen. Dann mache ich doch das beste daraus, ich mache aus einem Minus ein Plus. Da ich nicht vermeiden kann, unglücklich zu sein, will ich es zumindest genießen. Auch will ich diese Demütigung, das hilflose Opfer des Elends zu sein, das mir gegen meinen Willen aufgezwungen wird, erträglich machen. Wenn ich das Elend selbst hervorrufe, bin ich nicht ganz so hilflos.«

Oberflächlich gesehen, mag dies wie eine schlaue Lösung erscheinen, doch ist es das natürlich nie. Manche Aspekte des Unglücklichseins können auf krankhafte Weise genossen werden, aber da sind immer andere, die äußerst schmerzhaft sind und keineswegs genossen werden können. Davon weiß der Mensch jedoch zunächst nichts; er ist nicht darauf gefaßt, und wenn es geschieht, sieht er die Verbindung mit dem hier beschriebenen Prozeß nicht. Der gesamte Prozeß ist ja unbewußt, und die ungenießbaren Seiten des Elends werden nie mit dem Gedanken verknüpft, daß man das Elend selbst hervorgerufen hat. Nur wenn du im Laufe der Arbeit an dir selbst diese emotionalen Reaktionen aufspürst, findest du die Muster und erkennst, wie du ständig, in subtilen, verbor-

100

genen Weisen, Menschen provozierst und Situationen herbeiführst, so daß du unglückliche Ereignisse, Ungerechtigkeiten, Verletzungen und Kränkungen sammeln kannst. Hast du erst einmal entdeckt, wie du all dies provozierst, kannst du herausfinden, was du in gewisser Weise daran genießt – auch wenn du mit deinem bewußten Denken vieles daran verabscheust. Vielleicht findest du Gefallen an der Provokation selbst oder an dem nachfolgenden Selbstmitleid. All dies ist selten offensichtlich, obwohl es manchmal anderen, nicht dir, klar ins Auge fällt. Meist ist es so subtil, daß es deiner Aufmerksamkeit völlig entgeht – es sei denn, du möchtest es wirklich sehen.

Der falsche Ausweg beruht auf der folgenden kindlichen Beweisführung: »Da es nur Schwarz und Weiß gibt und mir Weiß verweigert wird, laß mich das ganz Schwarze genießen.« Dieser innere Prozeß setzt die gesamte Kettenreaktion in erneute Bewegung. Weil der Wunsch nach Unglück unbewußt ist, führen die Verletzungen, die du das Elend provozierend erlitten hast, zu weiteren Unzulänglichkeitsgefühlen, und die Welt erscheint noch grausamer und unfairer.

Oft wird gesagt, daß Selbstzerstörung, das heißt der Wunsch nach Unglück, das Resultat von tiefverwurzelten Schuldgefühlen ist. Das ist nur zum Teil wahr. Es ist genaugenommen umgekehrt. Die wahre Schuld und Scham ergibt sich aus der Provokation des Unglücks und dem Anhäufen von Elend. Das ist die Mutter aller Schuldgefühle.

Bist du bereit, all dies in dir selbst anzusehen und die Gefühle wirklich zu erfahren, wird sich dein Leben allmählich in vieler Hinsicht ändern. Wenn du jedesmal erneut die Art und Weise erkennst, in der du das Unglück hervorrufst, wirst du aufhören, es zu tun. Du wirst einsehen, daß es nicht mehr nötig ist. Mit einem reiferen Blick auf das Leben wird der Wunsch zu herrschen verschwinden. In dem Maße, wie du lernst, das falsche Verlangen freiwillig aufzugeben, wirst du die Provokation des Unglücks und Elends aufgeben. Dann wird eins der Hindernisse zu einer erfüllenden Beziehung, in der du nicht nur glücklich, sondern auch liebend und geliebt sein kannst, beseitigt sein.

Möge göttliches Licht, göttliche Kraft, Wahrheit und Liebe durch euch alle fließen und eure Bürden erleichtern. Seid in Frieden, seid in Gott.

7

Der berechtigte Wunsch, geliebt zu werden

Seid gegrüßt, meine liebsten Freunde. Gesegnet seid ihr alle. Gesegnet ist die Stunde. Mögt ihr dort Führung finden, wo ihr es am meisten braucht.

Auf dem Pfad der Selbstsuche lernt man nicht nur, mit Schwierigkeiten besser umzugehen, sondern auch mit glücklichen Zeiten. Der Mensch, der noch in Dunkelheit und Unwissenheit über die Tatsachen der menschlichen Existenz und die Bedeutung des Lebens ist, kann die günstigen Ereignisse nicht besser durchstehen als die ungünstigen. Das Erleben beider bedarf der Weisheit, der Reife und des spirituellen Wissens, das den wahren Ansporn zur Erkenntnis des Selbst gibt und das glückliche Gelingen der Suche möglich macht.

Der Wunsch, geliebt zu werden, ist in jeder menschlichen Seele. Dieser Wunsch ist nicht nur legitim und gesund, er ist auch in seiner eigenen Weise kreativ oder führt zur Kreativität. Der Mangel an Liebe kann zur Lähmung der seelischen Schaffenskraft führen. Um die Sehnsucht der Seele, geliebt zu werden, zu erfüllen, wählen Menschen oft einen falschen Weg, zum Teil, weil die Sehnsucht unbewußt ist. So wirkt sie sich in Fehlschlägen aus und erzeugt Enttäuschung, es sei denn, sie wird im Licht der Vernunft und Realität geprüft. Warum ist diese Sehnsucht so oft unbewußt? Wir wollen die Ursache aufdecken.

Der Wunsch des Kindes nach Liebe ist grenzenlos, doch wird ihm bald klar, daß solch ein Wunsch nach exklusiver, grenzenloser Liebe falsch ist; daher fühlt es sich schuldig. Es ist wahr, daß der Wunsch nach exklu-

102

siver, grenzenloser Liebe unrealistisch und unreif ist. Aber weil er unerfüllt bleibt, kommt das Kind zu dem falschen Schluß, daß der Wunsch nach Liebe selbst schlecht ist. Die rechte Schlußfolgerung wäre: »Die Art Liebe, die ich bisher wollte, kann ich nicht haben. Aber ich habe das Recht, geliebt zu werden. Das kann geschehen, wenn ich meinerseits lerne, in der richtigen, reifen Weise zu lieben.«

Beschämung durch Sehnsucht

Das erste Mißverständnis ist demnach, daß die Sehnsucht nach der Liebe etwas Beschämendes ist. Die Sehnsucht wird begraben, und weil sie begraben ist, kommt es zu vielen unglücklichen Folgeerscheinungen.

Du denkst vielleicht: »In mir ist die Sehnsucht überhaupt nicht verborgen. Ich kenne sie gut.« Ja, du magst tatsächlich die Sehnsucht spüren – bis zu einem gewissen Grade. Doch selbst dann sind dir die innere Traurigkeit, das unerfüllte Sehnen und das Bemühen, die Traurigkeit zu überdecken und einen Ersatz für die fehlende Liebe zu finden, nur teilweise bewußt. Die Anstrengung schwächt dich und bewirkt Reaktionen, die dein Ziel unmöglich machen. Jeder von euch muß auf seine eigene Weise sehen, wie und wo seine eigenen Konflikte in diesen allgemeinen, universellen Kampf hineinpassen.

Trotz deiner Scham über die Sehnsucht nach Liebe und trotz der daraus folgenden Unterdrückung der Sehnsucht kannst du diese lautstarke Stimme nicht völlig zum Schweigen bringen. Die Stimme ist da, aber sie kann nur auf abwegige Weise Ausdruck finden, und diese Abwegigkeit ist dafür verantwortlich, daß du die Liebe, nach der du dich sehnst, nicht erhältst. Jedoch weißt du das noch nicht. Du glaubst tief im Inneren: »Es ist nicht richtig, daß ich nach Liebe suche. Ich habe nicht das Recht, geliebt zu werden. Ich bin es nicht wert. Deshalb erhalte ich sie auch nicht.« Die innere Stimme, die nie gestillt werden kann, kämpft auf ihrem eigenen irrigen Weg mit ebender Haltung weiter, die dich weniger liebenswert macht. Gäbst du die falsche Suche auf, würdest du erkennen, daß dein wahres Du geliebt werden kann und geliebt werden wird. Der Teufelskreis wäre dann gebrochen.

Anerkennung als Ersatz für Liebe

Worin besteht nun diese falsche Suche? Du ersetzt dein Verlangen, geliebt zu werden, durch das Verlangen, anerkannt zu werden, dich hervorzutun, besser als andere zu sein, Leuten zu imponieren, wichtig zu sein. Irgendwie erscheint das weniger beschämend. So gehst du durch das Leben und mußt dich ständig beweisen. Der Ersatz kann verschiedene andere Formen annehmen. Die Menschen sollen dir beistimmen, sollen in deine Fußstapfen treten, oder du mußt ihnen beweisen, daß du mit ihnen übereinstimmst, daß du konform gehst mit der öffentlichen Meinung oder der Meinung gewisser Leute oder was dir als ihre Meinung gilt – und das ist nicht immer das gleiche. Dies und noch vieles andere ist nur ein Ersatz für deine Sehnsucht nach Liebe.

Die häufige Tendenz zum Konformismus, zum »gehorsamen Kind«, ist ein Teil dieses Konfliktes. Es gibt viele verschiedene Tendenzen, die in den Menschen zum Vorschein kommen können. Du selbst nimmst das ursprüngliche Verlangen nicht wahr, ja selbst nicht das Ersatzverlangen – den Versuch, dich vor anderen zu beweisen.

Der Zwang, etwas zu beweisen, existiert in jedem, nur das Ausmaß variiert. Solange du die Existenz des Zwanges in dir nicht feststellst und sein Wesen nicht verstehst, wirst du keine Lösung sehen und unfähig sein, den zwanghaften Versuch aufzugeben. Aber wenn du in der richtigen Richtung suchst, wirst du nicht nur intellektuell die Traurigkeit über die fehlende Erfüllung erkennen, du wirst sie auch fühlen – und das ist gut. Dann kannst du auch erkennen, daß dein Kampf um Anerkennung oder um dies oder jenes zu beweisen, dich selbstbezogen, stolz, arrogant und überheblich macht – oder auf krankhafte Weise unterwürfig, und das bringt natürlich heimlichen Groll in dir hervor. Der Kampf trägt ganz ungemein zu dem nachteiligen Ergebnis bei, daß die Menschen dich nicht lieben, während du geliebt werden könntest, wärst du von dem ganzen Persönlichkeitsanteil befreit, der sich den Ersatz statt der echten Sache wünscht. Gestatte es dir, die ursprüngliche Sehnsucht zu fühlen, ohne Angst vor der darin enthaltenen vermeintlichen »Demütigung« und »Schwachheit«, ohne Angst, einfach traurig zu sein. Dies wird kei-

104

nen ungesunden Einfluß auf deine Seele haben, im Gegensatz, es wird sehr zu deiner Erfüllung beitragen. Du wirst erkennen: Nicht du selbst bist es, der nicht gut genug ist, geliebt zu werden; es ist die künstliche Maske, die du dir so mühselig geschaffen hast, die nicht akzeptabel ist. Dann wirst du dich nicht in schädlichem Selbstmitleid ergehen, sondern wachsen und die Tendenzen ablegen, die dich daran hindern, das zu erhalten, was dein ist.

Darüber hinaus wirst du erkennen, daß der Kampf völlig sinnlos ist. Das Unauthentische kann keinen Erfolg bringen. Eine übergelagerte Schicht der Persönlichkeit, die einen ursprünglichen Wunsch verdeckt, ist nicht echt. Selbst wenn es dir vorübergehend gelingt, das zu erhalten, wofür du kämpfst – Bewunderung, Anerkennung, was auch immer –, hat es einen bitteren Beigeschmack und wird dich nicht befriedigen. Die Enttäuschung kann nicht ausbleiben, denn du bekommst nie all das, was du haben willst; was du erhältst, hat keine Beständigkeit und wird dir immer von weniger Mitmenschen gegeben, als du es dir wünschst, und mehr noch als alles andere: Es ist nicht das, was du wirklich begehrst. Die Wurzel von Enttäuschung und mangelndem Glücksgefühl liegt immer in diesem Konflikt.

Im Inneren kämpfst du, als ginge es um dein Leben. Es ist nötig, daß du den Konflikt erkennst, bevor du den ursprünglichen Wunsch, geliebt zu werden, und die Traurigkeit darüber, daß du nicht so geliebt wirst, wie es sein könnte, aufspüren kannst. Denke daran, wie häufig du emotional unangemessen reagierst, wenn jemand nicht mit dir übereinstimmt. Bist du jedoch fest überzeugt, daß der andere dich von ganzem Herzen liebt, dein Bestes will und es dir mit Wärme und Zärtlichkeit zeigt, ist die mangelnde Übereinstimmung kein Problem. Jeder kann sich an solche Momente erinnern, und ich bin sicher, daß meine Worte sich auch auf dich beziehen.

Nachdem du diese Emotionen in dir festgestellt hast, wirst du verstehen, daß du für etwas kämpfst, was du nicht wirklich willst, und daß das Erreichte nie der verzweifelten Intensität deines Ringens entspricht. Achte besonders darauf, wie dieses Streben, etwas zu beweisen oder auch dich zu beweisen, in der einen oder anderen Weise das Schlechteste in dir zum Vorschein bringt. Was ist das Schlechteste in dir? Die Erkenntnis wird weniger schmerzhaft und viel befreiender sein, als du denkst. Denn dann wirst du verstehen, weshalb du weniger Liebe erfahren hast, als du es dir wünschtest. Du wirst einsehen, daß dies nicht geschah, weil du nun einmal bist, wer du bist, und nichts daran ändern kannst. Dies wird dich ermutigen und dir Stärke geben.

Während das Bemühen, dich zu beweisen, nachläßt, bereitest du den Weg für wahre, reife Liebe. Dein reifender Verstand wird dich zur Einsicht bringen, daß wirkliche Liebe einzig die Liebe ist, die dir freiwillig gegeben wird. Zunächst wirst du anderen Menschen gestatten, dich nicht zu lieben, wenn sie es nicht wollen. Das mag dich traurig stimmen, doch wird es dich nicht angespannt, zwanghaft oder heftig machen. Die Traurigkeit wird ohne Selbstmitleid sein und keine wirkliche Belastung für dich darstellen. Deshalb wird sie dich auch nicht unwirsch machen.

Andere zur Liebe zwingen

Innerlich möchtest du ständig andere dazu zwingen, dich zu lieben. Der äußere Vorwand ist Anerkennung, doch letztlich willst du die Menschen zwingen, dich zu lieben, und erzwungene Liebe ist keine Liebe. Das Kind in dir sieht das nicht. Aber wenn du diese Strömungen entdeckst, wirst du auch die Strömung in dir finden, die klar sagt: »Du mußt mich lieben.« Schwächere Menschen mit ihren eigenen krankhaften Motiven mögen sich scheinbar vorübergehend darauf einlassen und deinem Willen gehorchen. Aber diese Erwiderung wird nur Leere und Enttäuschung in dir hervorrufen, denn dies ist nicht wirklich das Ziel deines Strebens. Das Ziel ist nicht zu erreichen, solange die Zwangsströmung nicht aufgelöst wird. Die starke, reife Seele kann nicht zur Unterwürfigkeit gezwungen werden; sie muß frei sein, um zu leben. Auch würdest du nie wirklich den Menschen achten, der deinen Befehlen gehorcht. Du achtest nur die Person, die dich aus freien Stücken liebt. Die Chance, dieses freiwillige Geschenk zu erfahren, hast du allerdings nur, wenn du es nicht erzwingst. Du wirst nie das freiwillige Geschenk der Liebe erfahren, solange die Zwangsströmung unerkannt in dir operiert. Als erstes ist es also not-

106

wendig, daß du die Menschen freiläßt und ihnen gestattest, dich nicht zu lieben, wenn sie es nicht wollen. Das heißt nicht, daß du darüber glücklich sein sollst, sondern daß du dich der Traurigkeit stellst, und dann wird sie dir nicht schaden. Die Belohnung wird übergroß sein, wenn dir dann jemand freiwillig seine Liebe anbietet. Dann wirst du verstehen, daß du dir selbst die Möglichkeit versagt hast, die einzig wahre und wertvolle Liebe, die es gibt, zu erfahren.

Bitte mißversteh mich nicht. Wenn ich sage, die Menschen zwingen andere, sie zu lieben, spreche ich nicht von bewußten Handlungen. Ich spreche von Gefühlen. Verstehst du, was deinen emotionalen Reaktionen auf die Menschen zugrunde liegt, wirst du sehen, daß es genau das ist.

Die Freiheit geben

Du lernst die großzügige Geste, mit der du anderen die Freiheit einräumst, unrecht zu haben, dir zu widersprechen oder Schwächen zu haben, die du mißbilligst, und du schenkst ihnen ganz besonders die Freiheit, dich nicht zu lieben. Wenn dir der ursprüngliche Wunsch bewußt ist und auch deine Frustration und, was du aus der Frustration tust, und die innere Zwangsströmung, dann wirst du klar erkennen, daß du nur durch diese unbewußten emotionalen Haltungen das Geschenk der wahren Liebe einbüßt – und nicht, weil du nicht gut genug bist. Mit dieser Erkenntnis bist du auf dem Weg voran.

Wir wollen einen weiteren Aspekt des universellen inneren Prozesses prüfen, den ich hier beschreibe. Du sehnst dich danach, geliebt zu werden, während du mehr oder weniger unfähig bist, Liebe zu schenken, zumindest in dem Maße, in dem du sie für dich selbst beanspruchst. Deine Liebe kommt höchstens dann zum Ausdruck, wenn man sich dir gegenüber richtig verhält. Du forderst also etwas von anderen, was du innerlich nicht zu geben bereit bist. Du forderst bedingungslose Liebe. Du erwartest, so gut verstanden zu werden, daß man dich trotz deiner Unzulänglichkeiten und Schwächen liebt. Dabei machst du dir nicht klar, daß du die anderen mit deinen Unzulänglichkeiten unabsichtlich genauso verletzt und enttäuschst, wie sie dich mit ihren Fehlern unabsichtlich verletzten und enttäuschen. Du möchtest trotz deiner Mängel verstanden und geliebt werden. Aber du bist nicht gewillt, zu verstehen und zu lieben, wenn die Schwächen anderer Menschen dich negativ berühren. Dieses unausgesprochene und unbewußte Verlangen ist unfair. Letztlich steht Stolz dahinter, denn du forderst eine Sonderstellung, die du anderen nicht einräumst. Diese Stellung ist äußerst subjektiv und deshalb unrealistisch. Solche Haltungen beeinflussen die andere Person weitaus mehr, als du jetzt wahrhaben kannst. Es ist nicht schwierig zu sehen, daß die Auswirkungen nicht zu deinen Gunsten sind.

Daher ist es notwendig, daß du es lernst zu lieben, denn nur dann wirst du andere so beeinflussen können, daß sie dich lieben. Der erste Schritt zum Erlernen der Liebe ist, deine Subjektivität auszuschalten. Liebe ist Objektivität – neben vielem anderen. Subjektivität ist selbstbezogen, und Lieben und Selbstbezogenheit können nicht miteinander existieren. Ihr alle wißt, daß Liebe nicht erzwungen werden kann; entfernt ihr die Hindernisse, wächst sie organisch. Die eingewurzelte Subjektivität und Beschäftigung mit dem Selbst ist eins der größten Hindernisse für das Geben und Empfangen von Liebe.

Die Bereitschaft zum Lieben

Kein Mensch ist je völlig fähig zur wahren Liebe und zur wahren Objektivität, doch es gibt Annäherungen. In dem Maße, wie du deinen Mangel an Objektivität erkennst, näherst du dich der Objektivität und damit auch der Fähigkeit zu lieben.

Deine Fähigkeit zu lieben wächst stetig mit deiner Bereitschaft zu lieben. Die Bereitschaft zu lieben wächst ihrerseits im gleichen Verhältnis, wie deine Angst abnimmt, nicht wiedergeliebt zu werden oder zumindest nicht in der Weise oder so schnell, wie du es dir wünschst. Erkenne, wie schrecklich dir jede kleine Verletzung oder Enttäuschung ist. Sobald du deinen inneren Blick in diese Richtung lenkst, wirst du sicher wahrnehmen, daß dein Schrecken eine völlige Illusion ist, eine wildwuchernde

Einbildung. Sie bewirkt, daß du nicht zur Liebe bereit bist. Sie bewirkt, daß deine Liebesfähigkeit ständig vermindert und gelähmt wird. Bist du zu einem objektiven, distanzierten Blick fähig geworden, wirst du keinesfalls zulassen, daß die krankhaften Instinkte anderer dich verletzen. Du wirst nicht länger die falsche Auffassung haben, eine masochistische Tendenz sei ein Beweis von Liebe. Du wirst von der Illusion frei sein, daß jede Beleidigung, Kränkung oder Enttäuschung eine Tragödie ist, vor der du dich hüten mußt.

Ich fasse noch einmal zusammen: Die Lösung des Problems, wie ihr Liebe geben und empfangen könnt, erfordert, daß ihr folgendes erkennt: erstens eure Ersatzgefühle, die ihre Befriedigung in einer subtilen inneren Strömung finden, mit der ihr andere zwingt, euch zu lieben; zweitens eure in den emotionalen Reaktionen verborgene subjektive Perspektive, die euch unfähig macht, Liebe zu geben; drittens eure illusionäre Welt, in der ihr in tödlicher Angst vor der Ablehnung lebt; viertens die Auswirkung, die all dies auf euren Charakter und auf eure Umgebung hat.

Die volle Erkenntnis dieser Elemente braucht Zeit, Ausdauer und den tätigen Willen, allem in euch ohne Rückhalt zu begegnen. Sowie die Wahrheit dieser Worte in euch zum Leben erwacht, wird es euch langsam, doch sicher möglich werden, diese Haltungen allmählich zu ändern. Mit der Bereitschaft wird eure Liebesfähigkeit zunehmen. Ihr werdet bestimmen können, welche Art von Liebe ihr bereit seid, anderen zu geben. Die Einsicht, daß nicht alle Menschen euch gemäß den Forderungen des Kindes in euch lieben, wird euch nicht beunruhigen. Fehlende Liebe, ja selbst Ablehnung werden nicht länger zur Tragödie werden, wie es jetzt ist, wenn eure Emotionen solche Ereignisse registrieren.

Mit wachsender Reife werden mangelnde Gegenliebe oder Mißbilligung euch nicht aus der Fassung bringen; und da sie euch nicht aus der Fassung bringen, bringen sie auch nicht das Schlechteste in euch zum Vorschein. Ihr werdet die Enttäuschungen des Lebens mit einem gewissen Gleichmut hinnehmen. Für die Menschen, die Ärger in euch hervorrufen, werdet ihr Mitgefühl und ein objektives, unverstelltes Urteil aufbringen können. Dies wird eine tief in euren Gefühlen verankerte Wirklichkeit sein, nicht ein oberflächliches, künstlich produziertes Verhalten.

Mögen diese Worte für jeden von euch auf einer tieferen Ebene der Anfang einer neuen Phase sein. Betet um tieferes Verständnis der Worte, die ich heute sprach. Seid gesegnet im Namen des Allerheiligsten. Geht in Frieden und Freude euren Weg der Befreiung. Begebt euch mit freudigem und geduldigem Gemüt auf die Reise zur Reife, in die Wirklichkeit. Groß sind die Früchte dieser Arbeit für all die, die nicht nachlassen. Seid gesegnet, seid in Frieden, seid in Gott.

8

Objektivität und Subjektivität in der Beziehung

Seid gegrüßt, meine liebsten Freunde. Ich bringe euch heute abend besondere Grüße. Die mächtigen Kräfte der Liebe, die zu euch kommen, berühren alle Sphären. Wer offen und in ruhiger Harmonie ist, wird fähig sein, diese Kräfte zu empfangen, die segensreich für Körper, Geist und Seele sind.

Ich habe schon kurz das Thema der Objektivität und Subjektivität angesprochen. Jetzt will ich ausführlicher darauf eingehen. Objektivität ist grundlegend für den freien, harmonischen Menschen und für eine harmonische Beziehung. Je weniger geläutert, je unharmonischer ihr seid, desto weniger objektiv seid ihr. Objektivität ist Wahrheit. Subjektivität ist bestenfalls gefärbte Wahrheit, Halbwahrheit, in vielen Fällen völlige Unwahrheit. Im Gegensatz zu einer bewußten Lüge hat Subjektivität unbewußte oder unbeabsichtigte Unwahrheit zur Folge, die vom emotionalen Sein des Menschen ausgestrahlt wird.

Im Laufe der Läuterungsarbeit werdet ihr zunächst die Unwahrheit entdecken, die in der Tiefe eurer Seele existiert. Nachdem die Unwahrheit vertrieben worden ist, werdet ihr in eurem Inneren den Keim der Wahrheit einpflanzen können. Nur ein Weg der ernsthaften Selbstsuche wird diese Entdeckungen und die sich daraus ergebende Wandlung möglich machen. Diese Lesung wird euch einen zusätzlichen Gesichtspunkt geben, von dem aus ihr eure Beziehungen und besonders euch selbst neu betrachten könnt. Sie wird euch helfen, den nächsten Schritt zu gehen.

111

Laßt uns zunächst ein allgemein verbreitetes Phänomen nehmen: Was ihr als schweren Fehler in anderen anseht, nehmt ihr oft in euch selbst nicht wahr. Es ist unwichtig, ob der Fehler in genau der gleichen oder in einer leicht unterschiedlichen, abgewandelten Form auftritt. Eure Ablehnung der in anderen beobachteten Fehler – besonders in eurem Partner – mag sogar richtig sein. Jedoch seht ihr nur die halbe Wahrheit, wenn ihr den anderen verurteilt und dabei überset, daß ihr selbst in ähnlicher Weise vom Guten und Richtigen abweicht. Darüber hinaus ist es möglich, daß gleichzeitig mit den Fehlern im anderen Menschen gute Eigenschaften existieren, die ihr nicht besitzt. Daher ist euer Urteil gefärbt, denn ihr konzentriert eure Kritik auf einen wunden Punkt und überset viele Facetten, die das Bild vervollständigen würden.

Konzentration auf die Fehler der anderen

Meine lieben Freunde, jedesmal, wenn ihr jemanden verurteilt und ihm seine Fehler übelnehmt, fragt euch bitte: »Habe ich nicht ähnliche Fehler, wenn auch vielleicht in einer anderen Weise? Und hat der Mensch, den ich so hart verurteile, nicht auch gute Eigenschaften, die mir fehlen?« Dann denkt an die guten Eigenschaften, die der andere besitzt und die euch fehlen. Vergeßt auch nicht, euch zu fragen, ob ihr nicht Fehler habt, die die so ärgerlich verurteilte Person nicht hat. Diese Überlegungen werden euch helfen, euren Ärger über die Fehler anderer Leute – insbesondere eures Partners – auf objektivere Weise einzuschätzen. Und wenn als Resultat eurer Einschätzung eure Fehler wirklich soviel geringer und eure guten Eigenschaften soviel besser sind als die des anderen, besteht um so mehr Grund, Toleranz und Verständnis zu üben. Tätet ihr das, wärt ihr tatsächlich auf einer höheren Entwicklungsstufe. Diese ist mehr als alles andere durch die Verpflichtung, zu verstehen und zu vergeben, gekennzeichnet. Fehlt euch die Fähigkeit, zu verstehen und zu vergeben, bedeuten all eure überlegenen Eigenschaften gar nichts. Aber wenn ihr ernsthafte Bemühungen in diesem Sinn macht, wird euch euer Gottselbst helfen, objektiver zu sein. Dann werdet ihr sicherlich mehr Frieden haben, und was euch jetzt so sehr stört, wird euch nicht mehr aus der Fassung bringen.

Jedesmal, wenn ihr euch über die Fehler eines anderen aufregt, ist ganz sicher auch in euch etwas, das nicht stimmt. Ihr wißt das, meine Freunde, jedoch vergeßt ihr es immer wieder, wenn es an der Zeit ist, euch selbst zu prüfen. Beschäftigt euch nicht so sehr damit, daß der andere Mensch offensichtlich unrecht hat, so viel mehr unrecht als ihr. Versucht, das Körnchen der Unvollkommenheit in euch selbst zu finden, statt euch auf den Berg im anderen zu konzentrieren. Denn es ist das ungesunde Körnchen der Unwahrheit in euch, das euch den Frieden raubt, niemals der Berg des Unrechts im anderen.

Zwei Abwehrmechanismen: Strenge und Idealisierung

Eine andere Form der extremen Subjektivität stammt aus der gleichen Wurzel, äußert sich aber auf ganz andere Weise. Viele Menschen sind sehr streng gegen jene, von denen sie sich ungeliebt, kritisiert oder zumindest verunsichert fühlen. Die Strenge ist ein Abwehrmechanismus. Wer von seinem eigenen Wert überzeugt ist, fühlt sich nicht unsicher und entwickelt eine natürliche Toleranz. Doch die meisten von euch sind noch so unsicher, daß sie auf unzulängliche Abwehrmaßnahmen zurückgreifen. Dieses Verhalten unterscheidet sich nicht sehr von der blinden Idealisierung der Person, in deren Liebe ihr euch am sichersten fühlt. In diesem Fall seht ihr die Eigenschaften nicht, die ihr bei einem anderen überaus energisch beanstandet. Auch dies ist gefährlich, meine Lieben, vor allem, weil diese Tendenz es euch äußerst leicht macht, euch zu täuschen und zu glauben, eure Idealisierung sei Liebe und Toleranz. Ihr möchtet glauben, daß ihr tolerant und gut seid, wenn ihr eure Augen vor den Fehlern derer, die ihr liebt, verschließt, weil sie euch lieben. Nein, meine Freunde, das ist nicht echte Liebe. Echte Liebe kann die Wirklichkeit anschauen. Seid ihr zur Liebe in ihrer vitalen und reifen Form bereit, werdet ihr nicht versuchen, eure Augen vor den Fehlern der geliebten Person zu verschließen, nein, ihr werdet das Gegenteil tun.

Wenn ihr beharrlich eure Augen verschließt, gibt es dafür zwei Gründe. Der eine ist Stolz: Der, den ihr zum Geliebten erwählt habt, der, der euch zum Geliebten erwählt hat, darf keine für euch unannehmbaren Fehler haben. Ja, ihr mögt einige Fehler im anderen wie in euch selbst zugeben, weil ihr wißt, daß alle Menschen Schwächen haben. Aber ihr überseht viele Eigenschaften in der halbbewußten Logik, daß diese Haltung eure Liebe und Toleranz beweist; jedoch geschieht es wirklich aus Stolz. Der zweite Grund ist die tief in eurem Herzen verborgene Unsicherheit über eure Liebesfähigkeit, in der ihr nach einer idealisierten Version der geliebten Person verlangt. Eure Liebe ist keine echte Liebe, wenn ihr euch genötigt seht, den anderen zu idealisieren. Nein, es ist Schwäche und oft sklavische Abhängigkeit.

Echte Liebe ist Freiheit, meine Freunde. Sie bewährt sich auch angesichts der Wahrheit und wird durch die Einsicht in den Zustand, der zu diesem Zeitpunkt der Entwicklung im anderen Menschen vorherrscht, nicht geschwächt. Wenn ihr dieses Stadium erreicht habt, seid ihr fähig, die eurem Herzen Nahestehenden so zu sehen, wie sie wirklich sind und nicht so, wie ihr sie sehen möchtet. Schließt ihr eure Augen vor dem wahren Bild des anderen, seid ihr zur Liebe nicht fähig. Tatsächlich spürt ihr eure Unfähigkeit so sehr – wenn auch auf eine recht oberflächliche, halbbewußte Weise –, daß ihr eifrig die Augen schließt vor Angst, ihr könntet nicht weiter lieben, wenn ihr die Wahrheit seht. Stolz und eure gegenwärtige Unfähigkeit zur echten Liebe veranlassen euch, von einem Extrem ins andere zu fallen. Entweder weigert ihr euch, die Person, die euch nah und lieb ist, so zu sehen, wie sie wirklich ist, oder ihr verurteilt sie viel zu scharf, obwohl die Kritik an sich vielleicht sogar gerechtfertigt ist. Eure Kritik eines bestimmten Punktes mag begründet sein, doch nicht eure Einschätzung der ganzen Person, denn diese hat so viele Facetten, die ihr nie alle erkennen könnt.

Wie vermeidet man eine Krise des Erwachens?

Wenn ihr auf der Blindheit gegenüber den Fehlern geliebter Menschen besteht, ist eine Krise, eine seelische Aufrüttelung, ein tiefgehendes, schmerzhaftes Erwachen oft unvermeidlich. Tatsachlich hat euch dann nicht die andere Person enttäuscht und verletzt, sondern die eigene vorsätzliche Blindheit. In einer Krise ärgert euch diese frühere Blindheit mehr als alles andere. Vermeidet derartige Krisen, meine Lieben. Lernt es, andere Menschen zu sehen und zu lieben, wie sie wirklich sind. Es ist möglich.

Meine Freunde, ich möchte euch den folgenden Rat geben. Stellt euch die Menschen vor, die euch die liebsten auf der Welt sind, und macht ein Verzeichnis ihrer guten Eigenschaften und ihrer Fehler, genau wie ihr es auch für euch tut. Fragt dann ein paar gemeinsame Freunde: »Bitte, sagt mir, was ihr denkt. Habe ich recht? Ich würde gern eure Meinung über die Fehler und Tugenden dieser Leute wissen und erfahren, ob ihr es seht wie ich, damit ich herausfinde, ob ich objektiv bin. Der Zweck dieser Frage ist meine Entwicklung.« Dann vergleicht eure Sicht mit der der anderen, die vielleicht distanzierter und objektiver ist als eure.

Beobachtet eure Reaktionen, wenn ihr von Fehlern, die ihr euch nicht vorstellen wolltet oder konntet, in den von euch idealisierten Personen hört. Sollte dies euch ärgern oder weh tun, nehmt es als ein Zeichen, daß ihr nicht objektiv seid und Angst vor der Wahrheit habt, wahrscheinlich aus den beiden schon erwähnten Gründen: Stolz und Unfähigkeit, Menschen so zu lieben, wie sie wirklich sind. Sonst würdet ihr ruhig bleiben, selbst wenn der Geliebte eines Fehlers beschuldigt wird, den er oder sie nicht besitzt. Die Fehler eurer Lieben zu betrachten, könnte sehr heilsam für einige von euch sein, meine Freunde. Dadurch werdet ihr es lernen, die geliebten Menschen richtig einzuschätzen, und eure Liebe wird reifen und an Stärke zunehmen. So werdet ihr aus dem unreifen Zustand herauswachsen, in dem ihr wie ein verängstigtes Kind liebt, das die Wahrheit nicht sehen kann.

Entdeckt die Mentalität eines Kindes in euch

Ich habe über die kindliche Mentalität gesprochen, die in euren unbewußten falschen Auffassungen weiterlebt. Das Kind kennt nur Extreme: gut oder böse, Vollkommenheit oder Unvollkommenheit, Allmacht, die ihm Sicherheit verspricht, oder äußerste Schwäche, die es vermeiden muß. Das Kind kann nur die erste dieser Alternativen akzeptieren. Entdeckt es, daß einer der angebeteten Eltern Fehler hat und nicht allmächtig ist, reagiert es auf eine von zwei Weisen: Entweder wendet es sich von diesem Elternteil ab, entwickelt Haß und Groll und fühlt sich im Stich gelassen und enttäuscht, oder es verbirgt die Entdeckung im Unbewußten und fühlt sich schuldig, weil es etwas Unwürdiges im Vater oder in der Mutter gefunden hat. Diese Reaktionen leben in der Seele des Erwachsenen weiter und färben Reaktionen und Verhaltensmuster das Leben lang, bis sie im Licht reifen Urteilens und in der Kenntnis der Realität überprüft und bewertet werden. Von dieser Perspektive aus eure jetzigen Beziehungen anzusehen, ist zunächst ein schmerzhafter Prozeß, doch ist es nicht halb so schlimm, wie euer unbewußter Widerstand es euch glauben machen will. Beachtet den Widerstand nicht. Führt eure Suche nach der Wahrheit fort. Ich verspreche euch, daß dies euch viel glücklicher, freier und sicherer machen wird.

Schärft euren Blick

Ich bitte euch, sagt nicht so ohne weiteres, daß ihr die Mängel eurer Lieben, besonders eures Partners, seht. Sicher seht ihr einige ihrer Fehler, aber vielleicht nur die, die ihr ertragen könnt; die anderen wollt ihr nicht wahrhaben. Deshalb habt ihr keine Vorstellung von der gesamten Persönlichkeit. Das Bild, das ihr euch in der Idealisierung ausmalt, ist genauso verzerrt wie das Bild, das ihr in zu großer Strenge und Intoleranz wahrnehmt. In beiden Fällen ist das Bild unscharf; beide Ansichten sind Spiegelbilder, die die Wirklichkeit nicht wiedergeben. Jedes Spiegelbild verzerrt auf seine eigene Weise. Ihr habt soviel Angst, euch der Wahrheit

116

zu nähern, weil die Emotionen des Kindes noch in euch sind und es euch unerträglich machen, eine unangenehme Wahrheit in der geliebten Person zu erblicken. Die Erkenntnis zwingt euch dazu, eure Liebe wieder zurückzunehmen. Doch das ist ganz und gar nicht die Wahrheit. Wenn ihr diese Untersuchung mit dem Wissen angeht, daß eure Liebe nicht abnehmen, sondern wachsen und reifen wird, werdet ihr den Widerstand gegen das Erkennen der Wirklichkeit überwinden können.

Es ist wichtig zu wissen, welches der beiden Extreme im Bereich der Subjektivität als erstes angegangen werden muß. Jeder von euch wendet beide Alternativen an, aber eine ist immer stärker im Vordergrund. Konzentriert euch zunächst auf diese.

Objektivität benötigt auch Mut, meine Freunde. Viele unter euch sind noch zu schwach, um die Wahrheit in anderen wie auch in euch selbst zu sehen. Reife Liebe heißt andere trotz ihrer Fehler lieben, heißt die Fehler erkennen, sie sehen, die Augen nicht vor ihnen verschließen und dann auf dem Guten, das vorhanden ist, aufbauen. Unreife Liebe heißt, die andere Person in Begriffen von entweder/oder zu sehen. Es kann sein, daß ihr mit dem Reifen eures Intellekts diese Haltung etwas gemäßigt habt und bestimmte Fehler zugebt, die eure persönlichen Normen und Auffassungen nicht verletzen. Aber es ist auch unreif, andere hart zu verurteilen, als wären alle Menschen auf der gleichen Entwicklungsstufe. Vielleicht ist die andere Person überhaupt nicht weniger entwickelt als ihr, oder ihre Entwicklung hat sich in einer anderen Weise vollzogen. Deshalb kann man nicht vergleichen und beurteilen. Nehmt einfach wahr, was da ist. Ist die Wahrnehmung durch Ärger getrübt, seid euch im klaren, daß der Ursprung dieser Reaktion genau wie bei dem anderen Extrem die Tatsache ist, daß ihr Unvollkommenheit nicht akzeptieren könnt und emotional noch ein Kind seid. Seht die Unfähigkeit zu lieben, die noch in euch ist. Betet darum, eure Illusionen, eure Eitelkeit, euren Stolz aufgeben zu können. Auf dieser Wahrheit könnt ihr dann echte Liebe aufbauen.

Meine lieben, lieben Freunde, Gottes Engel sind heute abend hier und segnen euch. Der Segen erstreckt sich auch auf die Abwesenden sowie auf alle, die diesen Lehren folgen. Geht weiter auf diesem Weg, meine

117

Lieben, und ihr werdet die Stärke der Liebe und der Einsicht erlangen, die einzig durch das Eintauchen in die Tiefe eures Wesens erworben werden kann, durch die wahre Begegnung mit euch selbst. Seid in Frieden, seid in Gott.

9

Der Zwang, Kindheitsverletzungen zu wiederholen, um sie zu überwinden

Seid gegrüßt, meine liebsten Freunde. Gott segne euch alle. Möge der göttliche Segen, der sich auf euch alle erstreckt, euch helfen, euch die Worte, die ich heute abend zu euch spreche, anzueignen, damit dies ein fruchtbares Ereignis für euch wird.

Der Mangel an reifer Liebe

Weil Kinder so selten genügend reife Liebe und Wärme erhalten, hungern sie ihr ganzes weiteres Leben danach, bis dieser schmerzende Mangel erkannt und angemessen verarbeitet wird. Wenn nicht, werden sie als Erwachsene weiterhin unbewußt nach dem verlangen, was ihnen in ihrer Kindheit gefehlt hat. Das wird sie unfähig machen, auf reife Weise zu lieben. Ihr könnt sehen, wie dieser Umstand sich von Generation zu Generation fortsetzt.

Das Heilmittel kann nicht gefunden werden, indem man wünscht, daß alles anders sei und die Menschen lernten, sich in reifer Liebe zu begegnen. Es liegt einzig und allein in euch. Es ist wahr, hättet ihr von euren Eltern echte Liebe bekommen, gäbe es für euch dieses Problem, das euch nicht wirklich und gänzlich bewußt ist, nicht. Aber der Mangel an reifer Liebe braucht weder euch noch euer Leben zu beunruhigen, wenn ihr euch seiner bewußt werdet, ihn seht und eure früheren unbewußten Wünsche, eure Trauer, eure Gedanken und Vorstellungen neu ordnet, indem ihr sie an der Realität der jeweiligen Situation ausrichtet. Als Folge davon werdet ihr nicht nur glücklicher, sondern auch fähig, anderen reife Liebe zu geben – euren Kindern, wenn ihr welche habt, oder anderen Menschen in eurer Umgebung –, so daß eine heilsame Kettenreaktion in Gang gesetzt werden kann. Solch realistische Selbstkorrektur steht zu eurem gegenwärtigen Verhalten, das wir jetzt betrachten wollen, in scharfem Gegensatz.

Alle Menschen, auch die wenigen, die mit der Erforschung des eigenen Unbewußten und ihrer Gefühle schon begonnen haben, übersehen für gewöhnlich die starke Verbindung zwischen der kindlichen Sehnsucht und Unerfülltheit und den jetzigen Schwierigkeiten und Problemen des Erwachsenen, weil nur sehr wenige persönlich erfahren – nicht nur theoretisch erkennen –, wie stark dieser Zusammenhang ist. Völlige Bewußtheit darüber ist von wesentlicher Bedeutung.

Es mag Ausnahmefälle geben, wo ein Elternteil reife Liebe in genügendem Maße zu bieten hat. Selbst dann hat sie der andere sehr wahrscheinlich nicht. Da reife Liebe auf dieser Erde nur bis zu einem gewissen Grade vorhanden ist, wird das Kind unter den Unzulänglichkeiten selbst des liebenden Elternteils leiden.

Weit häufiger sind jedoch beide Elternteile emotional unreif und können dem Kind nicht die Liebe geben, nach der es sich sehnt, oder wenn, dann nur unzureichend. In der Kindheit ist dieses Bedürfnis selten bewußt. Kinder haben keine Möglichkeit, ihre Bedürfnisse gedanklich zu fassen. Sie können, was sie haben, nicht mit dem, was andere haben, vergleichen. Sie wissen nicht, daß es auch etwas anderes geben kann. Sie glauben, die Dinge seien so, wie sie sein müssen. In extremen Fällen fühlen sie sich besonders allein und glauben, ihr Schicksal sei einzigartig. Beide Einstellungen stimmen nicht mit der Wahrheit überein. In beiden Fällen ist das wirkliche Empfinden nicht bewußt und kann deshalb weder richtig eingeschätzt noch aufgegeben werden. Daher wachsen Kinder auf, ohne je zu verstehen, warum sie unglücklich sind, oder ohne überhaupt zu wissen, daß sie es sind. Viele von euch schauen zurück auf die Kindheit in der Überzeugung, alle Liebe, die sie wollten, bekommen zu haben, einfach weil sie tatsächlich etwas Liebe bekommen haben.

Es gibt Eltern, die große Liebesbezeugungen von sich geben. Es mag sein, daß sie ihren Kindern gegenüber zu nachgiebig sind. Solches Verhätscheln und Verwöhnen kann eine Überkompensation und eine Art Entschuldigung für eine tiefempfundene Unfähigkeit zu reifer Liebe sein. Kinder spüren die Wahrheit sehr genau. Sie denken vielleicht nicht bewußt darüber nach, aber innerlich empfinden sie deutlich den Unterschied zwischen reifer, echter Liebe und der unreifen, überdemonstrativen Form, die statt dessen geboten wird.

Angemessene Führung und Sicherheit liegen in der Verantwortung der Eltern und erfordern deren Autorität. Es gibt Eltern, die es niemals wagen, zu strafen oder gesunde Autorität auszuüben. Dieses Versagen ist auf Schuldgefühle zurückzuführen, weil echte, gebende, warme, ermutigende Liebe ihrer eigenen unreifen Persönlichkeit fehlt. Andere Eltern mögen zu streng, zu genau sein. Sie üben damit eine dominierende Autorität aus, tyrannisieren das Kind und erlauben ihm nicht, seine Persönlichkeit zu entfalten. Beide Typen sind als Eltern unzulänglich, und ihre falschen Verhaltensweisen, die das Kind aufnimmt, werden Leid und Unerfülltheit bewirken.

In Kindern strenger Eltern treten der Groll und die Rebellion offen zutage und sind daher einfacher aufzuspüren. Im anderen Falle ist die Rebellion genauso stark, aber versteckt und daher unendlich viel schwerer zu finden. Wenn ihr einen Elternteil hattet, der euch mit Zuneigung oder Pseudozuneigung überhäufte, ihm jedoch die echte Wärme fehlte, oder einen, der gewissenhaft alles richtig machte, aber ihm auch echte Wärme fehlte, spürtet ihr es als Kind unbewußt und habt es ihm verübelt. Wahrscheinlich wart ihr euch dessen überhaupt nicht gewahr, weil ihr als Kind nicht den Finger auf das legen konntet, was fehlte. Äußerlich hattet ihr alles, was ihr wolltet und brauchtet. Wie hättet ihr mit eurem kindlichen Verstand auch die feine Grenze zwischen echter und scheinbarer Zuneigung ziehen können? Die Tatsache, daß euch etwas störte, ohne daß ihr imstande gewesen wärt, es vernünftig zu erklären, ließ euch Schuld und Unbehagen fühlen. Deshalb habt ihr es soweit wie möglich verdrängt.

Solange die Verletzungen, Enttäuschungen und unerfüllten Bedürfnisse eurer Kindheit unbewußt bleiben, könnt ihr sie nicht bewältigen. Sosehr ihr auch eure Eltern liebt, euer unbewußter Groll hindert euch daran, ihnen für diesen Schmerz zu vergeben. Ihr könnt nur vergeben und loslassen, wenn ihr den tiefversteckten Schmerz und Groll erkennt. Als Erwachsener werdet ihr einsehen, daß eure Eltern auch nur Menschen sind. Sie waren nicht so fehlerlos und vollkommen, wie das Kind es glaubte und wünschte, doch brauchen sie nicht abgelehnt zu werden, nur weil sie ihre eigenen Konflikte und Fehler hatten. Ihr müßt das Licht der bewußten Vernunft auf diese Empfindungen, von denen ihr nie so recht etwas wissen wolltet, scheinen lassen.

Versuche, die Kindheitsverletzungen im Erwachsenenalter zu heilen

Solange ihr euch des Konfliktes zwischen eurem Verlangen nach vollkommener Liebe von euren Eltern und eurem Groll gegen sie nicht bewußt seid, müßt ihr versuchen, die Situation in späteren Jahren zu korrigieren. Dieses Bestreben kann sich in verschiedenen Bereichen eures Lebens zeigen. Ihr begegnet immer wieder Problemen und sich wiederholenden Mustern, die ihren Ursprung in eurem Versuch haben, die Kindheitssituation wiederherzustellen, um sie so zu berichtigen. Dieser unbewußte Zwang ist ein sehr starker Faktor, bleibt aber vor eurem bewußten Verstehen tief verborgen!

Der häufigste Versuch, den Zustand zu heilen, geschieht in der Wahl eurer Liebespartner. Unbewußt versteht ihr es, im Partner Anteile jenes Elternteils auszuwählen, dem es an Zuneigung und echter und reiner Liebe besonders mangelte. Aber ihr sucht in eurem Partner auch Anteile des anderen Teils, der euren Forderungen näherkam. So wichtig es ist, beide Elternteile in euren Partnern repräsentiert zu finden, ist es doch weit wichtiger und schwieriger, die Aspekte des Elternteils aufzudecken, der euch besonders enttäuscht und verletzt hat, den ihr stärker ablehnt oder verachtet und für den ihr wenig oder keine Liebe empfindet. So sucht ihr

122

also eure Eltern – auf subtile, nicht immer leicht zu entdeckende Weise – in euren Ehepartnern, Freundschaften oder in anderen Beziehungen. In eurem Unterbewußtsein finden folgende Reaktionen statt: Da das Kind in euch die Vergangenheit nicht loslassen und damit nicht bewältigen, vergeben, verstehen und akzeptieren kann, erzeugt ebendieses Kind in euch immer ähnliche Umstände, versucht am Ende doch zu gewinnen, um letztlich die Situation zu meistern, statt ihr zu unterliegen. Verlieren bedeutet vernichtet werden – was um jeden Preis vermieden werden muß. Der Preis ist in der Tat hoch, da die ganze Strategie undurchführbar ist. Was das Kind in euch sich zum Ziel setzt, kann niemals zur Verwirklichung gelangen.

Die schädlichen Auswirkungen dieser Strategie auf Beziehungen

Dieser gesamte Vorgang ist höchst destruktiv. Zuerst einmal täuscht ihr euch, wenn ihr glaubt, eine Niederlage erlitten zu haben. Deshalb täuscht ihr euch auch, wenn ihr glaubt, ihr könntet jetzt siegen, und wenn ihr darüber hinaus glaubt, daß der Mangel an Liebe, so traurig er auch für euch als Kind gewesen sein mag, in der Tat die Tragödie sei, als die ihn euer Unterbewußtsein noch immer empfindet. Die einzige Tragödie liegt in der Tatsache, daß ihr euer zukünftiges Glück behindert, indem ihr die Situation immer wieder reproduziert und dann versucht, sie zu meistern. Freunde, dieser Prozeß ist zutiefst unbewußt. Natürlich liegt euch nichts ferner, wenn ihr euch auf eure bewußten Ziele und Wünsche konzentriert. Viel Schürfarbeit ist notwendig, die Emotionen aufzudecken, die euch ständig in Situationen bringen, deren geheimes Ziel es ist, die Wunden eurer Kindheit zu heilen.

Bei dem Versuch, die Kindheitssituation wiederherzustellen, wählt ihr unbewußt einen Partner mit Zügen, die denen des Elternteils ähneln. Jedoch sind es gerade sie, die es ebenso unmöglich machen wie damals, reife Liebe zu bekommen, nach der ihr euch berechtigterweise jetzt verzehrt. Blindlings glaubt ihr, ein stärkerer, zwingenderer Wille würde den

Eltern-Partner dazu bringen, sie euch zu geben, wohingegen in Wirklichkeit Liebe auf diese Weise nicht entstehen kann. Nur wenn ihr von dieser ewig sich fortsetzenden Wiederholung frei seid, werdet ihr nicht mehr nach der Liebe dieses Elternteils schreien. Statt dessen wird die Suche nach einem Partner oder einer anderen Beziehung durch das Ziel bestimmt sein, dort die Reife zu finden, die ihr wirklich braucht und wollt. Indem ihr nicht fordert, wie ein Kind geliebt zu werden, werdet ihr gleichfalls zu lieben bereit sein. Das Kind in euch findet dies jedoch unmöglich, ganz gleich, wie sehr ihr auch ansonsten durch Entwicklung und Fortschritte dazu fähig wärt. Dieser verborgene Konflikt überschattet eure im übrigen wachsende Seele.

Habt ihr einen Partner, kann euch die Aufdeckung dieses Konfliktes zeigen, wie er oder sie in bestimmten unreifen Aspekten euren Eltern ähnelt. Aber da ihr jetzt wißt, daß es kaum eine wirklich reife Person gibt, werden diese Unzulänglichkeiten eures Partners nicht mehr so tragisch sein wie zu der Zeit, als ihr noch ständig auf der Suche nach einem oder beiden der Eltern wart, die ihr natürlich nie finden konntet. Schon jetzt, mit der Unreife und Unfähigkeit, die in euch herrschen, könnt ihr eine reifere Beziehung aufbauen, frei von dem kindischen Zwang, die Vergangenheit wiederaufleben zu lassen und zu berichtigen.

Ihr wißt ja nicht, wie sehr euer Unterbewußtsein von dem Prozeß in Anspruch genommen ist, das Spiel gleichsam neu zu inszenieren, in der Hoffnung, »dieses Mal wird es anders sein«. Und das ist es nie! Mit der Zeit wiegen die Enttäuschungen schwerer, und eure Seele wird immer entmutigter.

Für diejenigen meiner Freunde, die bisher noch nicht in die Tiefe ihrer unerforschten Seele vorgedrungen sind, mag das sehr widersinnig und künstlich klingen. Dennoch werden jene, die inzwischen die Kräfte ihrer verborgenen Neigungen, Zwänge und Bilder sehen können, dies nicht nur bereitwillig glauben, sondern bald die Wahrheit dieser Worte in ihrem eigenen persönlichen Leben erfahren. Ihr wißt bereits aus anderen Entdeckungen, wie machtvoll die Tätigkeit eures Unbewußten ist, wie schlau es seinen zerstörerischen und unlogischen Wegen folgt.

124

Das Wiedererfahren der Kindheitsverletzungen

Wenn ihr lernt, eure Probleme und Unerfülltheiten aus diesem Blickwinkel zu betrachten, und dem gewohnten Prozeß folgt, eure Gefühle zum Vorschein kommen zu lassen, werdet ihr viel mehr Einsichten gewinnen. Aber, meine Freunde, es wird nötig sein, das Verlangen und die Verletzung des weinenden Kindes, das ihr einmal wart, wiederzuerfahren, obwohl ihr auch ein glückliches Kind wart. Euer Glück war vielleicht gerechtfertigt und ohne jegliche Selbsttäuschung. Denn es ist möglich, glücklich und unglücklich zugleich zu sein. Ihr mögt euch jetzt der glücklichen Seiten eurer Kindheit voll bewußt sein, aber was euch tief verletzt hat und das gewisse Etwas, nach dem ihr euch so stark gesehnt habt – ihr wußtet nicht einmal was –, dessen wart ihr euch nicht bewußt. Ihr nahmt die Situation als gegeben und wußtet nicht, was fehlte oder daß überhaupt etwas fehlte. Dieses grundlegende Unglücklichsein muß nun bewußtgemacht werden, wenn ihr wirklich inneres Wachstum wollt. Ihr müßt den akuten Schmerz, den ihr einmal erlitten, aber verdrängt habt, neu erfahren. Ihr müßt euch jetzt diesen Schmerz im Bewußtsein des gewonnenen Verständnisses anschauen. Nur so werdet ihr den Wirklichkeitsgehalt eurer gegenwärtigen Probleme erfassen und sie in ihrem wahren Lichte betrachten können.

Wie stellt man es an, die alten Verletzungen wiederzuerfahren? Es gibt nur eine Möglichkeit, meine Freunde. Nehmt ein aktuelles Problem. Entkleidet es aller es überlagernden Reaktionsschichten. Die erste und greifbarste Reaktion ist die Rationalisierung, der »Beweis«, daß andere oder die Situation schuld waren, nicht eure inneren Konflikte, die euch veranlaßten, eine falsche Haltung gegenüber dem Problem, mit dem ihr konfrontiert seid, einzunehmen. Die nächste Schicht ist wahrscheinlich Ärger, Groll, Angst, Frustration. Unter all diesen Reaktionen werdet ihr den Kummer des Ungeliebtseins finden. Wenn ihr in eurer jetzigen Lage den Schmerz, nicht geliebt zu werden, zulaßt und erfahrt, wird es euch helfen, das Kindheitsleid wachzurufen. Während ihr der gegenwärtigen Verletzung mit offenen Augen begegnet, versetzt euch zurück und versucht, die Situation mit euren Eltern zu überdenken: Was sie euch gaben, was ihr wirklich für sie empfunden habt. Es wird euch bewußt werden, daß euch in vielerlei Hinsicht etwas fehlte, was ihr nie zuvor richtig erkanntet – was ihr nie sehen wolltet. Ihr werdet herausfinden, daß euch dies als Kind verletzt hat, daß ihr es aber auf bewußter Ebene vergessen habt. Jedoch ist es keineswegs vergessen. Der Schmerz eures gegenwärtigen Problems ist ebenderselbe. Betrachtet erneut eure jetzige Verletzung, und vergleicht sie mit der in eurer Kindheit. Schließlich werdet ihr klar erkennen, daß es ein und dieselbe ist. Egal wie wahr und verständlich euer jetziger Schmerz ist, es ist derselbe wie der Kindheitsschmerz. Etwas später werdet ihr sehen können, wie ihr mit eurem Wunsch, die Verletzung aus der Kindheit zu berichtigen, die jetzige heraufbeschworen habt. Aber zuerst sollt ihr nur die Ähnlichkeit des Schmerzes fühlen. Das erfordert jedoch beträchtliche Anstrengung, denn der jetzige wie auch der vergangene Schmerz wird durch viele überlagernde Gefühle verdeckt. Bevor es euch gelingt, der Erfahrung des Schmerzes eine klare Form zu geben, könnt ihr keine anderen Erfahrungen auf diesem Gebiete machen.

Sobald ihr das Leid von früher und jetzt in Übereinstimmung bringen könnt und erkennt, daß es ein und dasselbe ist, ist der nächste Schritt viel leichter. Dann werdet ihr nämlich, indem ihr in euren verschiedenen Schwierigkeiten die sich wiederholenden Muster wahrnehmt, die Ähnlichkeiten zwischen euren Eltern und den Menschen, die euch Verletzungen zugefügt haben oder euch jetzt zufügen, erkennen lernen. Erlebt diese Ähnlichkeiten mit eurem Gefühl; es wird euch auf dem Weg dahin, diesen Hauptkonflikt zu lösen, voranbringen. Rein intellektuelle Einschätzung wird zu keinem Erfolg führen. Wenn der Prozeß der Aufgabe der Wiederholung fruchtbar und wahrhaft erfolgreich sein soll, muß er über das bloße intellektuelle Wissen hinausgehen. Ihr müßt euch erlauben, den Schmerz jetziger Unerfülltheit und auch den der Kindheit zu fühlen, sie dann vergleichen, bis sie wie zwei getrennte Diapositive allmählich zusammenrücken und eins werden. Die Erfahrung des alten und des gegenwärtigen Schmerzes wird euch allmählich verstehen lassen, daß ihr glaubtet, die jetzige Situation wählen zu müssen, weil ihr tief innerlich unmöglich eine »Niederlage« zugeben konntet. Sobald das

126

geschieht, werden die gewonnene Einsicht und die Erfahrung, wie ich sie hier beschreibe, euch befähigen, den nächsten Schritt zu machen.

Es versteht sich von selbst, daß viele Menschen kein Bewußtsein von Leid haben, weder von dem vergangenen noch von dem gegenwärtigen. Sie verdrängen es eifrig aus ihrer Sicht. Ihre Probleme erscheinen nicht als »Leid«. Für sie ist der erste Schritt das Bewußtwerden, daß dieses Leid da ist und unendlich viel mehr schmerzt, solange sie sich seiner nicht bewußt geworden sind. Viele fürchten sich vor diesem Leid und möchten glauben, daß es durch Ignorieren zum Verschwinden gebracht werden kann. Sie wählen diese Methode der Erleichterung nur, weil ihnen ihre Konflikte zu groß geworden sind. Wieviel wunderbarer ist es für die, die diesen Pfad in der Weisheit und der Überzeugung wählen, daß ein verborgener Konflikt auf die Dauer genausoviel Schaden anrichtet wie ein offener. Sie werden sich nicht fürchten, das echte Gefühl zu zeigen, und werden sogar in der vorübergehenden Erfahrung der akuten Schmerzen spüren, daß sie sich in dem Moment in gesunde Wachstumsschmerzen verwandeln, frei von Bitterkeit, Spannung, Angst und Enttäuschung.

Es gibt auch jene, die den Schmerz aushalten, aber auf negative Weise, indem sie erwarten, daß er von außen geheilt wird. Auf gewisse Weise sind solche Menschen der Lösung näher, weil es für sie sehr leicht zu erkennen sein wird, wie der kindliche Prozeß noch immer abläuft. Das Äußere ist der verletzende Elternteil oder beide Elternteile, die sie auf andere Menschen projizieren. Sie müssen lediglich ihr Herangehen an ihr Leid verändern, aber sie müssen es nicht erst finden.

Wie hört man auf, das Vergangene immer wieder zu erschaffen?

Erst wenn ihr all diese Emotionen erfahren und Gegenwart und Vergangenheit in Übereinstimmung gebracht habt, werdet ihr ein Bewußtsein davon erlangen, wie ihr versucht habt, die Situation richtigzustellen. Darüber hinaus werdet ihr die Unsinnigkeit des unbewußten Wunsches, den Kindheitsschmerz neu zu erschaffen, und seine enttäuschende Nutzlosigkeit erkennen. All euer Handeln, all eure Reaktionen werdet ihr in

127

diesem neuen Verständnis, mit dieser neuen Einsicht prüfen und dann eure Eltern freigeben. Ihr werdet eure Kindheit wahrhaft hinter euch lassen und ein neues inneres Verhaltensmuster beginnen, das für euch und andere viel konstruktiver und lohnender sein wird. Ihr werdet nicht länger die Situation, die ihr als Kind nicht in den Griff bekommen konntet, zu meistern versuchen. Ihr werdet von dem Punkt ausgehen, an dem ihr steht, und wahrhaft, ohne Selbsttäuschung, vergessen und vergeben. Ihr werdet nicht mehr das Bedürfnis nach der Liebe haben, die ihr als Kind brauchtet. Zuerst erkennt ihr, daß es genau das ist, was ihr noch immer wollt, und dann werdet ihr diese Art Liebe nicht mehr suchen. Da ihr kein Kind mehr seid, werdet ihr Liebe auf andere Weise suchen, indem ihr sie gebt, statt sie zu erwarten. Es muß jedoch immer betont werden, daß viele Menschen nicht wissen, daß sie Liebe erwarten. Da die kindliche, unbewußte Erwartung so oft enttäuscht wurde, brachten sie sich dazu, alle Erwartungen der Liebe und alle Sehnsucht danach aufzugeben. Selbstverständlich ist dies weder richtig noch gesund, da es das falsche Extrem darstellt.

Arbeitet an diesem inneren Konflikt; das ist äußerst wichtig für euch alle, damit ihr eine neue Einstellung und weitere Klärung bei eurer Selbstsuche gewinnt. Zuerst vermittelt euch das Gesagte vielleicht nur einen flüchtigen Einblick, ein zeitweilig aufflackerndes Gefühl; es sollte euch aber eine Tür öffnen und eine Hilfe sein, euch besser kennenzulernen und euer Leben mit einer realistischeren und reiferen Einstellung einzuschätzen.

Gibt es jetzt in Verbindung mit dieser Lesung noch irgendwelche Fragen?

FRAGE: Es ist für mich schwer verständlich, daß man dauernd ein Liebesobjekt auswählt, das genau dieselben negativen Züge wie der eine oder der andere Elternteil hat. Ist es wirklich so, daß diese bestimmte Person diese Züge besitzt? Oder ist es eine Projektion und Reaktion?

ANTWORT: Es kann beides sein und keines von beiden. Tatsächlich ist es zumeist eine Mischung. Gewisse Züge werden unbewußt gesucht und gefunden und sind tatsächlich ähnlich. Aber die bestehenden Ähnlichkeiten werden von dem, der die Wiederholung vornimmt, verstärkt. Die Eigenschaften sind nicht einfach nur projiziert, also nicht wirklich vorhanden, sondern zu einem gewissen Grade latent vorhanden, ohne sich zu manifestieren. Sie werden durch das Verhalten desjenigen, der das unerkannte innere Problem hat, ermutigt und gefördert. Er oder sie ruft sie im anderen wach, indem er die Reaktion provoziert, die der seines Vaters oder seiner Mutter ähnelt. Die Provokation, die natürlich ganz und gar unbewußt ist, stellt hier einen sehr starken Faktor dar.

Das Gesamte der menschlichen Persönlichkeit besteht aus vielen Teilen. Darunter können, sagen wir, drei oder vier tatsächlich den Zügen des Elternteils ähneln. Am hervorstechendsten wäre eine ähnliche Unreife und Unfähigkeit zu lieben. Das allein ist ausreichend und wirksam genug, um im wesentlichen die alte Situation wiederherzustellen.

Derselbe Mensch würde auf andere nicht so reagieren wie auf dich, weil du es bist, der ständig provoziert und dadurch Umstände herbeiführt, die denen deiner Kindheit ähneln, damit du sie richtigstellen kannst. Deine Angst, deine Selbstbestrafung, deine Enttäuschung, dein Ärger, deine Feindseligkeit, deine Weigerung, Liebe und Zuneigung zu schenken, all diese Züge deines inneren Kindes provozieren den anderen immer wieder und fördern eine Reaktion, die dem Teil entspringt, der schwach und unreif ist. Ein reiferer Mensch beeinflußt andere jedoch anders und ruft das in ihnen hervor, was reif und ganz ist, denn es gibt niemanden, der nicht auch einige reife Züge besitzt.

FRAGE: Wie kann ich unterscheiden, ob mich jemand provoziert oder ich ihn?

ANTWORT: Du brauchst nicht herauszufinden, wer angefangen hat, denn es handelt sich um eine Kettenreaktion, einen Teufelskreis. Es ist nützlich, die eigene Provokation herauszufinden, vielleicht als Reaktion auf eine offene oder versteckte Provokation seitens des anderen. So wirst du erkennen, daß du, weil du provoziert wurdest, den anderen ebenfalls provozierst. Und weil du das tust, antwortet der andere auf gleiche Weise. Aber wenn du den echten, nicht den oberflächlichen Grund prüfst, den Grund, warum du überhaupt verletzt und deshalb provoziert wurdest, wirst du entsprechend der heutigen Lesung diese Verletzung nicht länger als verheerend betrachten. Du wirst anders reagieren, und als Folge davon wird sich die Verletzung automatisch verringern. Deshalb wirst du nicht länger das Bedürfnis verspüren, den anderen zu provozieren. Auch wirst du, wenn das Bedürfnis, die Kindheitssituation wiederherzustellen, geringer wird, dich weniger zurückziehen und andere weniger verletzen, so daß sie dich nicht provozieren müssen. Wenn sie es tun, wirst du jetzt auch verstehen, daß sie aus denselben kindischen, blinden Bedürfnissen reagieren wie du. Jetzt kannst du erkennen, wie du den Provokationen anderer andere Beweggründe zuschreibst als den deinen, selbst wenn du einsiehst, daß du mit der Provokation angefangen hast. Wenn du den wahren Ursprung deines eigenen Schmerzes verstehst und dadurch eine andere Sicht erlangst, wirst du auf dieselbe Weise inneren Abstand von den Reaktionen des anderen gewinnen. Du wirst genau die gleichen Reaktionen bei dir und dem anderen finden. Solange der kindliche Konflikt in dir ungelöst bleibt, scheint der Unterschied ungeheuer, nimmst du aber die Wirklichkeit wahr, wirst du aus diesem sich wiederholenden Teufelskreis ausbrechen.

Wenn du solch ein Wechselspiel wirklich wahrnimmst, wird es das Gefühl der Isolation und Schuld erleichtern, mit dem ihr alle beladen seid. Du schwankst ständig zwischen deiner Schuld und der Klage über die Ungerechtigkeit, die du an deine Umgebung richtest. Das Kind in dir fühlt sich völlig anders als die anderen, als wäre es in seiner eigenen Welt. Es lebt in solch einer schädlichen Illusion! Wenn du diesen Konflikt löst, wird sich deine Bewußtheit für andere steigern. Bisher weißt du nichts über die Realität der anderen. Einerseits beschuldigst du sie und bist übermäßig von ihnen verletzt, weil du dich selbst nicht verstehst und daher zugleich auch die anderen nicht. Andererseits weigerst du dich zugleich, dir dessen bewußt zu werden, wenn du verletzt bist. Das scheint paradox, ist es jedoch nicht. Wenn du für dich die Wechselwirkungen erfährst, die ich heute abend aufgezeigt habe, wirst du sehen, daß das wahr ist. Während du manchmal dazu neigst, eine Verletzung zu übertreiben, läßt du in anderen Fällen die Erkenntnis nicht zu, daß sie überhaupt stattfand, weil es nicht zu dem Bild paßte, das du dir von der Situation gemacht hast.

130

Vielleicht zerstört es deine selbstgemachte Vorstellung, oder es entspricht deinen derzeitigen Wünschen nicht. Scheint die Situation dagegen angenehm und paßt sie in deine vorgefaßte Vorstellung, übersiehst du alle Wunden und läßt es zu, daß sie im Untergrund wie Geschwüre eitern und unbewußte Feindseligkeit hervorrufen. Diese Reaktion behindert deine intuitiven Fähigkeiten, zumindest in dieser bestimmten Hinsicht.

Die ständigen, eurem Bewußtsein jetzt verborgenen Provokationen, die zwischen den Menschen vor sich gehen, sind eine Realität, die ihr sehr klar wahrnehmen werdet. Dies wird eine befreiende Wirkung auf euch und eure Umgebung haben.

Geht euren Weg, meine Liebsten, und möge der Segen, den wir euch allen bringen, euch umhüllen und euren Körper, eure Seele und euren Geist durchdringen, auf daß ihr eure Seele öffnet und euer wahres, eigenes Selbst werdet. Seid gesegnet, meine Freunde, lebt in Frieden, lebt mit Gott.

10

Die Bindung der Lebenskraft an negative Situationen

Seid gegrüßt, meine Freunde. Seid alle gesegnet. Möge die in diesem Segen enthaltene Stärke euch helfen, diese Lesung nicht nur mit dem äußeren, sondern auch mit dem inneren Verständnis aufzunehmen.

Warum gibt es immer noch Destruktivität, Krankheit, Krieg und Grausamkeit? Ich möchte auf das eingehen, was bisher in den Antworten fehlte, die auf diese Fragen gegeben wurden.

Ich habe oft gesagt, daß Fehlvorstellungen – falsche, unbewußte Anschauungen über das Leben – Zwietracht erzeugen, und das ist auch wahr. Aber da ist ein zusätzliches Element, ohne das die Fehlvorstellungen keine Macht hätten. Es ist dies: Reine Negativität, wie zum Beispiel in einer eindeutig destruktiven Haltung, hat eine weitaus geringere Auswirkung als Destruktivität, die mit dem positiven Lebensprinzip verbunden und vermengt ist. Dies läßt die Manifestationen in der irdischen Sphäre so besonders schwerwiegend und ernsthaft werden. Mit anderen Worten, wenn sich eine positive Lebenskraft mit einer negativen oder destruktiven Haltung vermischt, geht daraus Böses hervor. Wahre Destruktivität entsteht also nicht nur durch Verfälschung und Verzerrung von Wahrheit, sondern auch durch Verfälschung, die von dem universalen Lebensprinzip und seiner konstruktiven Kraft durchdrungen ist. Wäre nicht auch das positive Lebensprinzip mitbeteiligt, bliebe das Böse oder die Destruktivität nur von kurzer Dauer.

In der Liebesbeziehung zwischen den Geschlechtern ist die dynamische Lebenskraft dem menschlichen Bewußtsein besonders zugänglich. Wenn das Streben und Sehnen nach dieser Erfahrung mit einer negativen Haltung verknüpft ist, werden Schwierigkeiten und Enttäuschungen die Folge sein. Seht es aus dieser Perspektive: Ihr alle habt als Kind Verletzungen und Schmerzen erlitten. Einige von euch haben vielleicht schon erfaßt, daß in dem Moment, in dem ihr verletzt wurdet, ein spezifischer Prozeß stattfand. Das erotische oder Lustprinzip wurde in den Dienst eurer Verletzung, eures Leidens, eurer Schmerzen gestellt. Alle Emotionen, die entsprechend Charakter und Temperament der ursprünglichen Verletzung entspringen, verbinden sich gleichfalls mit dem Lustprinzip. Diese Bindung bewirkt alle persönlichen Schwierigkeiten, alle unwillkommenen Umstände.

Die Verbindung von Grausamkeit und Lust

Gemeinsam erzeugen die vielen diese Welt bewohnenden Seelen das allgemeine Ringen der Menschheit. Wenn ihr euch diesen Prozeß bewußtmacht und erkennt, wie viele Menschen Lust in der Verbindung mit Fantasien der Grausamkeit erfahren, werdet ihr verstehen, daß hier die eigentliche Ursache von Krieg liegt – von Grausamkeit an sich. Doch solltet ihr euch deshalb nicht schuldig fühlen. Vielmehr sollte es euch aufklären und nun, da ihr wißt, wie dieser Zustand entstanden ist, auch die Freiheit geben, die Transformation der inneren Prozesse zuzulassen. Grausamkeit ohne das Lustprinzip kann keine wahre Macht haben. Auch wenn man sich der Vermischung von Grausamkeit und Lust nicht bewußt ist, so vermindert das keineswegs ihre Einwirkung auf das allgemeine Klima der menschlichen Handlungsweisen.

Wenn ihr Grausamkeit in der Realität oder als Produkt der Einbildung erlebt habt, ist euer Lustprinzip mit Grausamkeit verbunden, und es funktioniert bis zu einem gewissen Grade im Zusammenhang damit. Oft sind Schuldgefühl und Scham so stark, daß die Fantasien völlig verleugnet werden; aber bisweilen sind sie auch bewußt. Dieses Fantasieleben muß wahrgenommen und von einem übergeordneten Standpunkt aus verstanden werden, denn ist es wahrhaft verstanden, werden sowohl Schuld- wie Schamgefühl verschwinden. Mit wachsendem Verständnis wird das Lustprinzip allmählich auf positive Ereignisse reagieren.

Die Vermischung von Lustprinzip und Grausamkeit kann sich entweder aktiv oder passiv auswirken. Deshalb wird Lust entweder im Zufügen oder im Erleiden von Grausamkeit empfunden – oder in beidem. Ist das Lustprinzip mit Voraussetzungen verbunden, in denen es am stärksten im Zusammenhang mit Grausamkeit wirkt, ist die Folge ein Zurückweichen vor der Liebe, das diese einschränkt oder die eigentliche Liebeserfahrung unmöglich macht. Liebe existiert dann nur als vages Sehnen, das nicht aufrechterhalten oder verwirklicht werden kann. Unter diesen Umständen ist Liebe nicht mehr die verlockende, lustbetonte Erfahrung, die sie für einen anderen Bereich der Persönlichkeit sein mag. Man sehnt sich nach den Freuden der Liebe und erkennt nicht, daß man sich der lebendigen Erfahrung verweigert, weil man die Bindung des Lustprinzips an Negativität fürchtet. Daraus entsteht häufig eine tiefe Hoffnungslosigkeit, die nur dann verstanden und sofort aufgehoben werden kann, wenn diese Tatsache in ihrer ganzen Bedeutung erfaßt worden ist.

In weniger krassen Fällen, in denen das Kind nicht so sehr offensichtliche Grausamkeit als vielmehr vage Zurückweisung und mangelnde Annahme erfährt, verbindet sich das Lustprinzip mit einer Situation, die der ursprünglichen ähnlich ist. Trotz des bewußten Wunsches nach Annahme wird dann die Luststromung nur im Zusammenhang mit Zurückweisung aktiviert, wobei es viele Abstufungen und Variationen gibt. Wenn ein Kind zum Beispiel teilweise Annahme und Zurückweisung erfährt, verbindet sich das Lustprinzip mit genau dieser Ambivalenz. Dies erzeugt später Konflikte in den Beziehungen.

Im ersten, krassen Fall, wo sich das Lust- oder Lebensprinzip – das ist das gleiche – mit Grausamkeit verbunden hat, wird die Beziehung als so riskant empfunden, daß sie oft ganz vermieden wird. Es kann auch sein, daß die Entdeckung dieser Verbindung so verwirrend und beängstigend wirkt, daß man unfähig ist, die Beziehung fortzuführen; oder man wird gehemmt, weil der beschämende Wunsch, Grausamkeit auszuüben oder zu erleiden, jegliche Spontaneität unterbindet und man sich von allen Gefühlen zurückhält und sie betäubt.

Meine liebsten Freunde, das Verständnis dieses Prinzips ist von außerordentlicher Bedeutung. Es bezieht sich auf die Menschheit als Ganzes wie auch auf den einzelnen. Im allgemeinen wird es noch nicht angemessen verstanden, weil Psychologie und spirituelle Wissenschaft noch nicht genügend miteinander integriert sind. Die Psychologie hat vage Versuche unternommen, diesen Faktor zu begreifen, und bis zu einem gewissen Grade ist er auch verstanden worden, doch seine ungeheure Bedeutung für die Zivilisation, ihr Schicksal und ihre Evolution sind noch nicht erfaßt worden. Heute ist die Welt bereit, diese grundlegende Tatsache zu verstehen.

Evolution erfolgt durch innere Veränderung

Evolution, meine Freunde, heißt, daß jeder einzelne die innere Ausrichtung des Lustprinzips allmählich durch den Prozeß persönlicher Selbstkonfrontation und Selbstverwirklichung verändert. Immer mehr Menschen werden spontan auf positive Ereignisse, Situationen und Bedingungen reagieren.

Ihr alle wißt, daß eine solche innere Veränderung nicht direkt mit dem Willen erreicht werden kann. Euer Wille sollte vielmehr seinen direkten Ausdruck in der Ausrichtung auf die unermüdliche Arbeit an einem spirituellen Pfad wie diesem finden. Pflegt den Willen und den Mut, dem Selbst zu begegnen und die Gründe für den Widerstand gegen das Verständnis des Selbst zu entdecken und zu überwinden. Durch eine solche konstruktive Anwendung des Willens und der anderen Fähigkeiten des Ich erfolgt echte Veränderung fast so, als hätte sie nichts mit euren Anstrengungen zu tun, als sei sie eine damit nicht verbundene Entfaltung. Das ist die Weise, in der Fortschritt und Wachstum geschehen.

Im Prozeß des Wachstums richten die Menschen, einer nach dem anderen, die Seelenbewegungen und Seelenkräfte allmählich neu aus.

Die sich in der Psyche ausdrückenden kosmischen Kräfte werden sich dann mit rein positiven Bedingungen verbinden. Positive oder lustvolle Gefühle werden nicht länger in negativen Umständen gefunden werden.

Jetzt unterdrückt ihr noch das Bewußtsein der Verbindung lustvoller Gefühle mit dem Negativen. Es ist notwendig, daß ihr diese Verbindung anschaut, statt sie zu unterdrücken, sie zu verleugnen und wegzusehen. Versteht sie ohne Schuldgefühle und Scham. Im Prozeß des Wachsens lernt ihr, daß jede Unvollkommenheit mutig akzeptiert und verstanden werden muß, bevor sie verändert werden kann.

Die »Paarung« der Lustströmung mit einer negativen Bedingung

Meine Freunde, versucht, in euch die spezifische »Paarung« der Lust-strömung mit einer negativen Bedingung zu finden. Sowie ihr den spezi-fischen Ausdruck dieser Paarung in euren Seelenkräften gefunden habt, werdet ihr gewisse äußere Manifestationen eurer Probleme erkennen, genau verstehen und dadurch Erleichterung verspüren. Das klare Erkennen und Formulieren der Paarung von positiven und negativen Kräften in eurer Psyche wird euch dazu verhelfen, das exakte Bild eurer Unerfülltheit zu verstehen. In welchem Ausmaß manifestiert sie sich – vielleicht nur in euren Fantasien –, und wie hält sie euch vom Selbstausdruck zurück, von der Vereinigung, von der Erfahrung, von einem angstfreien Zustand der Selbstverwirklichung mit einem gleichgesinnten Wesen? Ihr werdet begreifen, weshalb ihr euch vor euch selbst und vor dem Leben versteckt haltet, weshalb ihr euch vor euren eigenen Gefühlen zurückzieht, wes-halb ihr die spontansten und schöpferischsten Kräfte in euch unterdrückt und über ihnen Wache haltet. Ihr werdet begreifen, weshalb ihr Gefühle bisweilen mit vielen Schmerzen abblockt und dann versucht, sie zu ratio-nalisieren und wegzuerklären.

Gibt es im Zusammenhang mit diesem Thema irgendwelche Fragen?

FRAGE: Ich würde gerne die Paarung zwischen den Kräften der Lust und der Grausamkeit etwas besser verstehen. Im Falle eines Kindes, zum

136

Beispiel, das sich von der Mutter abgelehnt fühlt: Bedeutet die Paarung hier, daß es Lust nicht erleben kann, ohne auch Rache zu empfinden – eine Art sadistischen Impuls gegenüber der Mutter? Vielleicht geschieht das nur in der Fantasie, nie in Wirklichkeit, und dann hat der Mensch üblicherweise keine Ahnung, daß der Partner die Mutter repräsentiert?

ANTWORT: Ja, ganz genauso könnte es sein. Und es könnte auch sein, daß Lust nur im Zusammenhang mit erneuter Ablehnung oder mit Anzeichen von Ablehnung oder mit der Angst, daß die Ablehnung stattfinden würde, erfahren werden kann.

FRAGE: Doch als das Kind abgelehnt wurde, hat es keine Lust empfunden?

ANTWORT: Natürlich nicht. Aber das Kind benutzt das Lustprinzip, um das negative Ereignis, das Leiden, erträglicher zu machen. Es geschieht unbewußt, unbeabsichtigt und fast automatisch. Man könnte sagen, das Lustprinzip verbindet sich unabsichtlich mit der negativen Gegebenheit. Die automatischen Reflexe sind dann auf eine Situation abgestimmt, in der sich die persönliche Lustströmung mit dem schmerzhaften Ereignis verbindet. Individuell kann dies nur durch die Erforschung des Fantasielebens festgestellt werden.

FRAGE: Das Kind möchte also die Ablehnung reproduzieren?

ANTWORT: Natürlich nicht bewußt. Niemand möchte wirklich abgelehnt werden. Das Problem ist, daß man bewußt akzeptiert und geliebt werden möchte, aber unbewußt nicht auf eine völlig entgegenkommende und angenehme Situation eingehen kann. In diesem Fall ist das Lustprinzip schon in negative Bahnen umgelenkt worden und kann nur durch Bewußtsein und Einsicht zurückgelenkt werden. Es liegt im Wesen dieses Konfliktes, daß das Lustprinzip in einer Weise funktioniert, die den bewußten Wünschen der Menschen genau entgegensteht. Man kann nicht sagen, daß jemand unbewußt nach Ablehnung verlangt, doch der Reflex besteht schon seit der Zeit, in der dieses Funktionieren dem Kind das Leben erträglicher machte. Verstehst du das?

FRAGE: Ich verstehe nicht ganz, wie Lust überhaupt empfunden werden kann, wenn man abgelehnt wird, außer in der Form von Rache – da verstehe ich es.

ANTWORT: Vielleicht kannst du dir vorstellen – das sieht man ja immer wieder –, daß Leute, die akzeptiert und geliebt werden und sich darin zu sicher fühlen, das Interesse verlieren. Dies rationalisieren sie, indem sie behaupten, daß der Funke ganz unvermeidlich durch die Gewohnheit verlorengeht, oder sie erfinden andere Ausreden. Aber es müßte nicht so sein, gäbe es nicht die in dieser Lesung diskutierten Faktoren. Mit der Bindung der Lebenskraft an etwas, das negativ ist, existiert der Funke, das Interesse, der dynamische Fluß nur in einer unsicheren oder unglücklichen Situation. Man sieht dies häufig. Bisweilen drückt sich die negative Bedingung nur in der Fantasie aus. Solche Fantasien sind in der einen oder anderen Weise mit Leid, Erniedrigung oder Feindseligkeit verbunden. Dies wird Masochismus oder Sadismus genannt.

FRAGE: Wann wird solch eine Situation zu Ende kommen? Wiederholt sie sich immer wieder in jeder Inkarnation?

ANTWORT: Du siehst ja, daß es Unterschiede zwischen den Menschen gibt. Einige funktionieren auf viel gesündere Weise, und ihr Lustprinzip reagiert stärker auf eine positive Situation. Hier hat Evolution stattgefunden. Wenn eine völlig positive Situation in der Psyche existiert, ist Wiedergeburt nicht mehr notwendig. Dann schreitet die Evolution auf anderen Ebenen voran. Bis zu einem gewissen Grade besitzt jeder Mensch Negativität, und diese Negativität wird durch die Lebenskraft aktiviert, gestärkt und genährt. Doch gibt es Abstufungen und damit klare Anzeichen des evolutionären Prozesses.

Fantasie und Realität können zusammenkommen

Das eine Extrem stellen Menschen dar, die keinerlei direkte Beziehungen zu einem anderen Menschen haben können und nur in einer völlig an negative Erfahrungen gebundenen Fantasiewelt leben. Das andere

138

Extrem sind diejenigen, die im Prozeß des Reifens Fantasie und Realität auf höchst positive und günstige Weise zusammengebracht haben. Die Vereinigung von Fantasie und Realität bedeutet nicht Unterdrückung des Fantasielebens, sondern wahre Überwindung, denn Realität wird – genau wie ein positives Ereignis – als wünschenswerter und lustvoller empfunden. Zwischen den Polen gibt es viele Abstufungen, und man kann den evolutionären Prozeß daran ablesen.

In diesem Zusammenhang möchte ich noch etwas hinzufügen, das für euch alle gilt. Es ist nützlich, meine Freunde, zwei vorherrschende Reaktionen auf diesen Konflikt zu unterscheiden, die beide meist unbewußt sind. Die erste ist strikte Verleugnung, so daß selbst in der Fantasie kein Bewußtsein irgendeiner Negativität existiert. Sie beruht auf Gefühlen von Angst, Schuld und Scham. Die zweite Reaktion ist die derjenigen, die sich ihrer Fantasien klar bewußt, aber unfähig sind, das Lustprinzip in einer anderen Weise zu erfahren, ob sie nun Beziehungen zu anderen haben oder nicht. Dies geschieht, wenn Sexualität und Liebe getrennt sind oder Eros und Liebe oder Eros und Sexualität. In diesen Fällen gibt es einen halbbewußten Widerstand gegen die Aufgabe des Fantasielebens, weil man fürchtet, daß es dann gar keine Lust mehr gäbe. Der Mensch kann sich nicht vorstellen, daß das reine, gesunde Lustprinzip sich viel schöner und befriedigender offenbart, wenn das Positive sich mit Positivem zusammentut. Man glaubt, dies sei fade und langweilig, denn wenn man in diesem Konflikt steht, ist die tatsächliche, lebendige Beziehung nie so befriedigend wie die Fantasie. So glaubt man, daß Aufgabe der Fantasie Aufgabe von Lust bedeutet, und natürlich möchte man nicht von seiner Lust ablassen.

Berechtigte und unberechtigte Schuld

Ich möchte heute abend noch ein anderes Problem klären, nämlich das von Schuldgefühlen. Wie ich schon sagte, hat jeder Schuldgefühle. Jedes innere Bild ist verwoben mit Schuld. Es ist wichtig, zu verstehen, daß es zwei verschiedene Arten von Schuld gibt – berechtigte und unberechtigte Schuld. Oft benutzt ihr unbewußt eine absurde, unberechtigte

139

Schuld als Schild und versteckt dahinter eure wahre Schuld. Warum? Weil ihr tief im Inneren wißt, daß die unberechtigte Schuld lachhaft ist. Es ist, als sagtet ihr: »Siehst du, ich bekenne mich schuldig, aber ich habe gar keinen Grund dafür.« Ihr könnt die quälende Stimme dessen, was wahrhaft anerkannt, eingesehen und verändert werden sollte, nicht zum Schweigen bringen. Aber ihr wollt euch dem nicht stellen, und so sucht ihr unbewußt nach etwas, wofür man euch keine Vorwürfe machen kann. Ihr streitet euch mit der inneren Stimme der absurden Schuld und versucht sie zu überzeugen, daß sie überhaupt keinen Grund hat, euch zu belästigen. Natürlich geschieht dies alles im Unbewußten. Paradoxerweise ist die wahre Schuld wahrscheinlich unendlich viel kleiner als die absurde Schuld, hinter der ihr euch wie hinter einer Schutzwand versteckt.

Was sind absurde Schuldgefühle? Dies sind vor allem die Schuldgefühle, die ihr habt, weil ihr nicht perfekt seid. Es ist lobenswert, vollkommen werden zu wollen. Es kann nicht genug empfohlen werden, daß ihr versucht, Haß, Groll, Aggression durch Liebe und Selbstlosigkeit zu ersetzen. Doch bevor ihr das tun könnt, müßt ihr euch zunächst den gegenwärtigen Zustand – eure Unfähigkeit, anders zu empfinden – eingestehen und ihn annehmen, statt sofort mehr sein zu wollen, als ihr jetzt seid. Wenn ihr euch schuldig fühlt, weil ihr jetzt noch so seid, wie ihr seid, verhindert ihr ebendas Ziel, das ihr erreichen möchtet. Ich weiß, meine Freunde, daß ich vieles oft wiederhole, doch ich muß es tun. So möchte ich betonen, daß es unberechtigt ist, wenn ihr euch wegen eures Mangels an Perfektion Vorwürfe macht. Solch unberechtigte Schuld erstreckt sich auf alle Gebiete der menschlichen Persönlichkeit. Prüft eure Schuldgefühle unter diesem Gesichtspunkt, und ihr werdet diese Art von Schuldgefühl in euch erkennen.

Ist Schuldgefühl wegen des Sexualtriebs gerechtfertigt?

Ein anderes unberechtigtes Schuldgefühl – dem ein allgemeines Vorurteil zugrunde liegt – ist eure Reaktion auf den Sexualtrieb. Jeder von euch fühlt sich deswegen schuldig, wenn nicht auf der Oberfläche, wo ihr durch intellektuelle Einflüsse geprägt worden seid, so doch ganz sicher tief im Inneren der Gefühlswelt. Das Schuldgefühl, das euch der Sexualtrieb einflößt, ist unberechtigt und absurd. Es mag sein, daß eure sexuelle Energie nicht in der richtigen Bahn fließt, weil sie sich nicht mit der Liebe vereint. Der Grund dafür sind ebendieses Schuldgefühl und die Unterdrückung alles Bewußtseins darüber, so gut ihr es vermochtet. Also konnte der Sexualtrieb nicht mit den anderen Bereichen eurer Persönlichkeit heranreifen und sich nicht mit warmen, liebevollen, gebenden, selbstlosen Gefühlen vermischen. Statt dessen ist er in seiner Selbstbezogenheit und in seinem Egoismus kindlich geblieben.

Euer unbewußter sexueller Fehler liegt eher in der falschen Ausrichtung und Abgetrenntheit des Sexualtriebes und nicht in seiner Existenz als solcher. Die Tatsache seiner Existenz ist kein Grund, sich schuldig zu fühlen. Ihr handelt aus einem Mißverständnis heraus, wenn ihr versucht, das, was euch als sündhaft erscheint, auszumerzen, und euch dann schuldig fühlt, weil es nicht möglich ist. Das Heilmittel ist nicht, den Sexualtrieb auszumerzen, sondern die Angst vor der Liebe loszulassen – eine Angst aufzugeben, die von Natur aus selbstsüchtig ist. Wenn ihr es euch gestattet zu lieben, wird sich euer Sexualtrieb mit der Liebe verbinden, und dann gibt es keinen Grund, die Sexualität als schuldhaft anzusehen. Versucht, dies zu verstehen, meine lieben Freunde. Versucht zu verstehen, wie verwirrt euer unbewußtes Denken ist. Eine gottgegebene Kraft bereitet euch Schuld, nicht aber eure Angst vor der Liebe, die aus Egoismus und Abtrennung herrührt. Verbindet euren Sexualtrieb mit der einzigen kosmischen Wirklichkeit, mit dem einzigen Heilmittel in diesem Universum – der Liebe. Liebe und sexuelle Energie könnt ihr nur verbinden, indem ihr eure Seele entwickelt, wie zum Beispiel auf dem Wege, den ihr hier einschlagt.

Welches Schuldgefühl ist berechtigt?

Was ist nun andererseits ein berechtigtes Schuldgefühl? Wenn ihr anderen Menschen Leid antut aus Unwissenheit, in dem falschen Glauben, daß Egoismus euch Schutz bietet – ob ihr ihnen nun aktiv oder passiv

141

Leid antut, durch Tun oder Nichttun –, dann fühlt ihr euch zu Recht schuldig. Unterscheidet klar, meine Freunde, zwischen der Schuld der gegenwärtigen Unvollkommenheit und der Schuld des schmerzzufügenden Eigenwillens. Unvollkommen zu sein sollte euch als solches keine Schuldgefühle verursachen. Aber das Schuldgefühl wegen der Schmerzen, die ihr anderen, selbst völlig unbeabsichtigt, zufügt – aus Unvollkommenheit, Blindheit und Unwissenheit –, ist berechtigt, und dieser Schuld müßt ihr geradeheraus und mutig begegnen. Eine ganze Welt liegt zwischen den beiden hier beschriebenen Arten der Schuld, doch sind die Unterschiede fein und subtil. Bitte denkt darüber nach, denn es ist sehr wichtig.

Wie verhält man sich gegenüber dem berechtigten Schuldgefühl? Welches Verhalten ist gesund und konstruktiv? Die folgenden Worte zum Beispiel drücken konstruktives Verhalten aus: »In der Vergangenheit konnte ich nicht anders. Ich war unwissend, blind und egoistisch. Ich war zu feige, wagte es nicht, zu lieben und mein kleines Ich zu vergessen. Ich gebe zu, daß ich andere durch diese Haltung verletzt habe, und möchte jetzt genau verstehen, wie ich das getan habe. Es ist unwichtig, ob ich ihnen Leid in Taten, Worten, Gedanken oder emotionalen Reaktionen zugefügt habe, durch das, was ich getan, oder das, was ich nicht getan habe. Ich möchte mich wirklich ändern. Mit Gottes Hilfe wird es mir gelingen. Damit dies geschieht, muß ich klar die direkten oder indirekten Verletzungen, die meine Haltung anderen zugefügt hat, sehen.« Dann denkt über das Leid, das ihr anderen zugefügt habt, nach. Bittet um die Fähigkeit zu verstehen. Habt den Mut, die Verantwortung auf euch zu nehmen, ohne Stolz, ohne zerstörerische, falsche Schuldgefühle, durch die ihr eure eigene »Schlechtigkeit« übertreibt und an euch selbst verzweifelt.

Drei falsche Reaktionen sind möglich, wenn ihr das anderen zugefügte Leid erkennt: Hoffnungslosigkeit über euch selbst – das negative, destruktive Schuldgefühl, das Verzweiflung über euch selbst erzeugt; Selbstrechtfertigung – die Schuldzuweisung an andere, deren wahre oder eingebildete Mängel euch dazu »gezwungen« haben, so zu reagieren; Verleugnung – die angstvolle Verweigerung, Unvollkommenheiten anzu-

142

schauen, die nicht in euer Selbstbild passen. Zu verschiedenen Zeiten werdet ihr die eine oder die andere dieser Reaktionen erleben. Hütet euch vor allen! Findet den richtigen Weg: Fühlt mit jedem Menschen, den ihr verletzt habt; nehmt die berechtigte Schuld auf euch; wünscht es, euch zu ändern; spürt das Verlangen, die Angst vor der Liebe aufzugeben. Eine solche Haltung ist gesund und konstruktiv. Der Schmerz, den ihr fühlt, wenn ihr den unwissend in anderen hervorgerufenen Schmerz erkennt – unbeabsichtigten Schmerz, denn er entstand durch eure falschen Vorstellungen und Schlußfolgerungen –, ist gesund: Er wird euch den Antrieb geben, eure Angst und Selbstbezogenheit aufzugeben. Er wird eine gesunde und konstruktive innere Bewegung fördern. Er wird die Lebenskraft eurer Seele in Bewegung bringen. Denn neben vielen anderen Eigenschaften zeichnet sich die Lebenskraft durch Wahrheit und Mut aus.

Es besteht kein Zweifel, meine Lieben, daß ein jeder von euch, der es wahrhaft möchte, mehr und mehr die Schönheit, den Frieden, das dynamische Leben und die innere Sicherheit finden wird, die in der von euch begonnenen Selbstverwirklichung liegen. Ihr werdet Augenblicke erfahren, in denen ihr im ewigen Jetzt eures Selbst lebt, statt davon wegzustreben. Jedes Jetzt wird euch Antworten bringen. Wenn ihr euch in euren Meditationen, in der Annäherung an euch selbst, an diese einfache Tatsache erinnert, werden die Meditationen mit der Zeit immer fruchtbarer werden. In der Zukunft werdet ihr einer Befreiung entgegensehen können, die noch stärker ist als die, deren Anfänge ihr bisher erfahren habt.

Seid gesegnet und friedvoll, seid in Gott.

11

Leben, Liebe und Tod

Seid gegrüßt und gesegnet, meine lieben Freunde. Gesegnet sei jede einzelne eurer Bemühungen um Selbstentwicklung, Befreiung und Selbstverwirklichung.

Eines der Hauptprobleme des Menschen ist der Versuch, die Dualität von Leben und Tod zu überwinden. Aus diesem grundlegenden Problem ergeben sich alle anderen Schwierigkeiten, Ängste und Spannungen, mit denen ihr euch auseinandersetzen müßt. Es kann sich als Angst vor dem Tode, vor dem Altern oder vor dem Unbekannten zeigen, immer aber ist es die Angst vor dem Vergehen der Zeit.

Um diese Ängste zu lindern, hat die Menschheit philosophische, spirituelle und religiöse Vorstellungen erschaffen. Vorstellungen und Begriffe, selbst wenn sie aus der realen Erfahrung eines Menschen stammen, können jedoch die Spannungen nicht lösen. Der einzige Weg, Angst zu überwinden und die große Dualität zu versöhnen, besteht darin, in das erste so sehr gefürchtete Unbekannte hineinzutauchen: eure eigene Psyche.

Das große Unbekannte

Je weniger ihr wißt, was in euch vor sich geht, desto mehr fürchtet ihr das »große Unbekannte«. In der Jugend können diese Ängste beschwichtigt werden. Doch früher oder später wird jeder Mensch direkt mit der Angst vor dem Tod konfrontiert werden. Ich betone noch einmal: In dem Maße, wie ihr euch selbst erkennt, erfüllt ihr euch, euer Leben und das ungeweckte Potential. Und in dem gleichen Maße wird der Tod nicht als furchterregend, sondern als Teil einer organischen Entwicklung wahrgenommen. Das Unbekannte wird dann keine Bedrohung sein.

Eines der größten Hindernisse für die Überwindung der Angst vor dem Tod ist die Angst davor, die Mauern abzubauen, die euch vom anderen Geschlecht trennen. Es gibt eine sehr unmittelbare Verbindung zwischen diesen dreien: der Angst vor dem eigenen Unbewußten, der Angst vor der Liebe zum anderen Geschlecht und der Angst vor dem Tod. Sobald ihr in euren Bemühungen, euch selbst zu verstehen, diesen Zusammenhang erfahrt, werdet ihr die Wahrheit dieser Worte erkennen.

Selbsterfüllung hängt von der Erfüllung als Mann oder Frau ab. Letztlich könnt ihr euch nicht verwirklichen, ohne die Barrieren zwischen euch und dem anderen Geschlecht zu überwinden und so wahrhaft Mann oder Frau zu werden. Natürlich gibt es auch andere Aspekte der Selbsterfüllung. Vielleicht kennt ihr euer inneres Potential nicht: eure Talente, eure Stärken, eure natürlichen guten Eigenschaften wie Mut und Erfindungsgabe, Großzügigkeit und Kreativität. Jedoch können sich diese Eigenschaften nicht in der ihnen innewohnenden Herrlichkeit entfalten, wenn der Mann nicht wahrhaft Mann und die Frau nicht wahrhaft Frau wird. Solange die Barriere zur Vereinigung mit einem Seelengefährten noch existiert, kann Selbstverwirklichung nur bruchstückhaften und bedingten Charakter haben. Die Barriere ist ein Zeichen für den Widerstand gegen voll entfaltetes Selbstsein und für das Beharren auf künstlicher Kindheit.

Wenn aller Widerstand gegen unbekannte Anteile im eigenen Selbst verschwunden ist, so daß man sich nicht länger vor sich selbst fürchtet, fürchtet man auch andere Menschen nicht mehr, auch nicht die des entgegengesetzten Geschlechts. Große innere Freiheit und ein auf einer objektiven, realistischen Haltung beruhendes Vertrauen lösen den festen, kontrollierenden Griff, der die Hingabe an den Zustand des Seins unmöglich macht. In der Selbsterfüllung gibt es keine Barrieren mehr, kein Festhalten aus Angst vor dem Unbekannten, aus Mißtrauen vor dem Selbst oder dem anderen. Dieses Festhalten verhindert das Eintauchen in den kosmischen Strom der Zeitlosigkeit, der in der höchsten Seligkeit der

Vereinigung mit einem Partner und in der höchsten Seligkeit dessen, was ihr Tod nennt, erfahren wird.

Der Tod hat viele Gesichter. Die Ängstlichen, die am kleinen Selbst festhalten, erfahren den Tod als angstbesetzte Vereinzelung und Abtrennung. Aber für die, die keine Angst haben, voll und ganz zu leben, aus sich herauszugehen und das kleine Selbst aufzugeben, enthält der Tod die Herrlichkeit, die auch in der irdischen Vereinigung sein kann, und noch mehr! So muß das Ringen um Selbstverwirklichung letztlich zu diesen drei Schritten führen: erstens zum Abbau der Barrieren zwischen dem Bewußtsein und den verborgenen Anteilen der Psyche. Diese verborgenen Anteile sind nicht immer verdeckt und unbewußt – oft liegen sie offen zutage und wären sichtbar, wenn ihr sie nur ansehen würdet. Der zweite Schritt ist der Abbau der Barrieren zwischen euch und eurem Partner, wer auch immer sie oder er gerade ist. Die dritte Barriere ist die zwischen euch und der kosmischen Strömung. Immer wenn euch diese Strömung trägt, werdet ihr ihre Richtigkeit spüren. Sie ist funktional, sie ist organisch. Doch die, die sich selbst, den anderen und daher das Fließen des Seins fürchten, trauen dem Vergehen der Zeit nicht. Sie halten am kleinen Selbst fest und erschaffen eine Wolkenwand zwischen ihrem augenblicklichen Gewahrsein und dem höheren Bewußtsein.

Drei grundlegende Hindernisse für den Selbstausdruck

Die drei hauptsächlichen Hindernisse sind Stolz, Eigenwille und Angst. Aller Konflikt beruht auf diesen drei grundlegenden menschlichen Fehlern. Die gleiche Dreiheit versperrt den Zugang zu den drei Wegen der Selbsterweiterung. Wir wollen sie etwas genauer ansehen.

Nehmt zunächst die Barriere zwischen dem Bewußten und dem Unbewußten:

Stolz versperrt den Weg, weil ihr fürchtet, daß euch das, was ihr in den inneren unbekannten Regionen finden werdet, nicht gefallen wird. Es könnte wenig schmeichelhaft sein und eurem idealisierten Selbstbild nicht entsprechen. Diese Angst erzeugt Stolz, der Einsicht blockiert.

Der Eigenwille trennt das Bewußte vom Unbewußten, denn ihr befürchtet, daß eure Entdeckungen euch zwingen, etwas zu tun, was eurem kleinen Ich ganz ungelegen ist, oder etwas aufzugeben, was es ungerne aufgibt. Der Eigenwille möchte, daß das kleine Ich die Kontrolle hat, um am Bekannten festhalten zu können.

Angst versperrt den Weg, wenn Stolz und Eigenwille einen Mangel an Vertrauen anzeigen; dann redet euch Angst ein, daß der letzten Wirklichkeit nicht zu trauen ist. Die kosmische Wirklichkeit ist tief in euer Unbewußtes als Strom kosmischer Ereignisse eingebettet. Das Hineinsteigen in diesen Strom kann nur eine heilsame, beglückende Erfahrung sein, die eurem Leben Erfüllung und Sinn gibt. Das Mißtrauen gegenüber dem Strom, das Festhalten am Bekannten, im Glauben, es ginge euch dabei besser, als wenn ihr es riskiertet, ins Unbekannte vorzudringen, erschafft Mauern der Angst. Es ist diese Angst, die volle Selbsterkenntnis blockiert.

Die Dreiheit von Stolz, Eigenwille und Angst erstreckt sich auch auf die Barriere zwischen dem Selbst und einem Partner.

Stolz tritt auf, weil ihr, ob ihr nun Mann oder Frau seid, die scheinbare Hilflosigkeit – und deshalb Scham – fürchtet, wenn ihr euch einer Kraft hingebt, die größer als das kleine Ich ist. Die Liebe zwischen den Geschlechtern ist eine demütigende Erfahrung und daher ein Feind des Stolzes. Euer Stolz möchte lenken und kontrollieren; er will sich keiner anderen Macht ausliefern, selbst wenn diese Macht höchst wünschenswert ist. Obwohl ihr alle euch ein Leben lang danach sehnt, zu lieben, blockiert ihr die Liebe in euch und geht Kompromisse mit den widersprechenden Seelenströmungen ein, die sich auch weiterhin gegen die Liebe wehren. Die Macht, die euch zur Liebe drängt, ist wahrlich groß – denn sie kommt aus eurem innersten Wesen. Aber die Triebkraft von Stolz, Eigenwille und Angst drängt euch von der Liebe weg.

Der Eigenwille ist ein Gegner der Liebe; er möchte alles kontrollieren und kann sich selbst nicht aufgeben. Ihr glaubt – natürlich ist das ein Irrtum –, daß ihr nur sicher seid, wenn ihr dem kleinen Selbst die Herrschaft überlaßt und ihm gehorcht. Eure fehlgeleitete Befürchtung ist, daß Hingabe an die Macht der Liebe das gleiche ist wie achtloser, kopfloser Mangel an Realität. Das ist nicht so. Realismus, Objektivität, die Fähigkeit, loszulassen und die furchtlose Bereitschaft zur Liebe sind nicht nur miteinander vereinbar, sondern auch voneinander abhängig. Ihr grenzt die Liebes-erfahrung aus, weil ihr Angst habt, eure Würde – das heißt euren Stolz – und euer Selbstsein – das heißt euren Eigenwillen – zu verlieren, während in Wirklichkeit wahre Würde und wahres Selbstsein nur durch die Aufgabe von Stolz und Eigenwillen gewonnen werden können.

Die Angst vor dem Verlust des Lebens unterscheidet sich nicht so sehr von der Angst, die die beglückende Erfahrung der Selbstvergessenheit in der Vereinigung mit dem Geliebten verhindert. Einige von euch spüren zumindest zeitweilig die Ähnlichkeit.

Die Dreiheit von Stolz, Eigenwille und Angst beeinflußt ebenso die Haltung gegenüber dem Tod.

Sterben bedeutet letztlich die Aufgabe der Selbstbestimmung – und diese Aufgabe erscheint, so seltsam es anmutet, wie eine Erniedrigung. Um die demütigende Wahrheit, daß das kleine Selbst nicht allmächtig ist, zu vermeiden, haltet ihr mit Stolz und Eigenwillen an ihm fest und erzeugt dadurch immer größere Wellen der Angst.

Zur Lösung des Konfliktes zwischen Selbstaufgabe und vollem Selbstbesitz möchte ich eine Behauptung aufstellen, die sich paradox anhören mag: Ihr geht diesen mühsamen Weg der Selbstverwirklichung, um die Fähigkeit zu lernen, das Selbst in der Vereinigung mit dem anderen Geschlecht und mit dem Tod aufzugeben. Man kann nicht erfolgreich aufgeben, was man nicht gefunden hat – man kann niemals freiwillig von etwas lassen, das man nicht wirklich besessen hat. Nur durch die freiwillige Aufgabe eures Selbstseins werdet ihr mehr Selbstsein erlangen.

Wenn der Tod und das Sterben eine beglückende Erfahrung sein können, weshalb erscheinen sie in solch einem dunklen Licht? Weshalb gibt es nicht einen Todestrieb, eine Sehnsucht nach dem Tode, wie es ja auch den starken Trieb, sich in der Liebe zu verlieren, gibt? Weshalb muß man dem Tod ohne die Hilfe von instinktiven Trieben begegnen, und weshalb müssen die Menschen so hart an sich arbeiten, um die Barriere der Angst zu überwinden? Vielleicht fragt ihr euch, warum ihr auf dieser Welt gegen dieses große Unbekannte ankämpfen müßt.

148

Weshalb gibt es keinen Todestrieb?

Auf den ersten Blick erscheinen diese Fragen gerechtfertigt und logisch, doch wenn ihr näher hinseht, werdet ihr verstehen, daß die Dinge sein müssen, wie sie sind. Seht doch, meine Freunde, es wäre so einfach, den Tod herbeizuwünschen, wenn das Leben leidvoll und unerfüllt ist und ihr damit nicht fertig werden könnt. In diesem unvollendeten, unwissenden, blinden Angstzustand würdet ihr allzuleicht die Flucht im Tode suchen – obwohl sich in diesem Fall der Tod nicht als etwas anderes erweisen wird als das Leben, denn beide sind in Wirklichkeit ein und dasselbe. Damit solch eine destruktive Flucht vermieden wird, muß der Lebenstrieb sehr stark sein, und das kann er nur, solange der Tod das Unbekannte ist. Worte können eure Angst vor dem Unbekannten nicht beseitigen, doch der Lebenstrieb kann euch daran hindern, den Tod aus negativen, destruktiven Motivationen zu suchen. Er stärkt die Ausdauer und Kraft, es immer wieder neu zu versuchen, bis ihr das Leben endlich durch das Verständnis des Selbst, und damit auch des Kosmos, meistert. Dann wird schließlich das innere Verständnis kommen, daß ihr den Tod nicht zu fürchten braucht – oder daß die Angst vor dem Tode genau proportional zur noch existierenden Angst vor dem Leben und der Liebe ist. Folglich wird sich die scharfe Kluft und illusionäre Opposition zwischen Leben und Tod allmählich vermindern. Ihr werdet nicht mehr vorwärtsdrängen oder zurückhalten müssen.

Beobachtet eure bewußten und unbewußten Haltungen zum Vergehen der Zeit und zu Leben und Tod. Ihr werdet sehen, wie sie miteinander und auch mit euren innersten, verborgenen Einstellungen zur Liebe übereinstimmen, ganz gleich, was eure bewußten, gesunden Wünsche sagen. Ihr werdet sehen, daß die Angst vor dem Unbekannten in all diesen Verhaltensweisen eine Rolle spielt. Ihr werdet sehen, daß ihr ständig hin und her schwankt zwischen dem Versuch, die Zeit in einer ängstlich verkrampften Bewegung zurückzuhalten, und dem Impuls, in die Zukunft zu rennen, weil ihr den Augenblick nicht aushalten könnt. Sehr selten befindet ihr euch in Harmonie mit dem kosmischen Strom eures Lebens, eurer Individualität. In Frieden mit sich selbst sein, in Harmonie mit

Gott sein bedeutet eigentlich dies: nicht zurückhalten, nicht vorwärtsdrängen, sondern sich im Lebensstrom auflösen, im vollen Besitz seiner selbst, doch ohne Angst vor der Aufgabe des Selbst. Diese einzigartige Erfahrung ist die Gnade und das Privileg, wenn ihr euren Partner findet. Und dies wird letztendlich die Erfahrung sein, die ihr macht, wenn ihr in eine neue Bewußtseinsform hinübergeht.

Der Schlüssel liegt in der Selbstentdeckung

Vermeidet ihr, Anteile eures Selbst anzuschauen, werdet ihr unvermeidlich das, was in euch ist, nach außen projizieren – auf andere und auf das äußere Leben. Projektion kann nicht Frieden und Befreiung schaffen, gleich wieviel fragwürdige, vorübergehende Befriedigung sie zu bringen scheint. Oft ist es nicht leicht zu erkennen, wo in euch die Angst vor dem Leben und vor euch selbst sitzt. Es mag sein, daß sie sich nur in Symptomen manifestiert. Haltet nach den Symptomen Ausschau und untersucht sie auf ihre Bedeutung. Nehmt zum Beispiel eure – vorgegebene und tatsächliche – Einstellung zur Arbeit auf diesem Pfad, eure – vorgegebene und tatsächliche – Einstellung zum anderen Geschlecht, eure Reaktionen auf gegenwärtige Lebensumstände. All dies muß mit dem durchdringenden Geist der Wahrhaftigkeit angeschaut werden. Stellt ihr Angst oder, um einen mehr psychologischen Begriff zu verwenden, einen Widerstand gegen das innerste Selbst fest, könnt ihr sicher sein, daß im gleichen Maße auch Angst vor dem Tod vorhanden ist. Und zugleich ist da auch die Angst vor der Liebe und vor der Hingabe an diese große Erfahrung. Findet all dies, seht es in euch, und ihr werdet einen großen Sieg erringen.

Die vielen kleinen Schritte in die richtige Richtung werden schließlich die Wolken, die Schranken zwischen euch und dem zeitlosen Strom des höheren Bewußtseins auflösen. Dieses Bewußtsein versorgt euch mit aller Weisheit, Wahrheit und Richtigkeit, die ihr für euer alltägliches Leben braucht. Einige von euch haben die Quelle schon gelegentlich gefunden und erfahren, nur um sie wieder zu verlieren. Im Kontakt mit

150

der inneren Quelle von Frieden, Wahrheit und höchster Seligkeit werdet ihr auf sehr tiefe Weise die Bedeutung der Schöpfung verstehen.

Die Wahrheit ist wie die Sonne, um die sich die Planeten drehen; sie strahlt ständig, obwohl sie oft von Wolken bedeckt ist. Die Wolken sind euer Stolz und Eigenwille, eure Angst und Unwissenheit; sie bilden sich, wenn ihr euch gegen die Zeit stemmt oder ihr voraneilt. Doch in dem Augenblick, in dem ihr eure Wahrheit erkennt – möge sie noch so banal oder scheinbar unbedeutend für die kosmische Entwicklung sein –, lösen sich die Wolken auf, und die Sonne eures höheren Bewußtseins stärkt euch und gibt euch neue Kraft, Wohlgefühl, Freude und Frieden. Diese Sonne ist in euch, immer bereit, euch zu wärmen und zu beleben, aber jeder von euch, meine Lieben, muß noch viel mehr in sich überwinden. Dann werden alle Ängste, aller Stolz und aller Eigenwille von euch abfallen. Wäre das schon der Fall, wären viele eurer Reaktionen, Gefühle und Ausdrucksweisen, wie auch eure Wirkung auf andere und deren Wirkung auf euch, völlig anders.

Das ewige Jetzt

Dies ist kein einfaches Thema. Es bedarf mehr als der Bemühung um intellektuelles Verständnis, welches allein wenig leisten kann. Ihr braucht dazu ein klareres Verständnis eures ganzen Wesens, und dies kann nur wachsen, wenn ihr die Gefühle anschaut, die euch in diesem Moment am Glücklichsein hindern. Wenn ihr in diesem und in jedem anderen Moment eure Wünsche, Ängste und Bedürfnisse, eure Sorgen und Reaktionen – richtig oder falsch – anschaut, werdet ihr das ewige Jetzt finden. Dort könnt ihr ohne Angst, mit berechtigtem Vertrauen in das Unbekannte, leben. Ihr müßt nicht vollkommen werden; ihr seid vollkommen, in gewisser Weise, wenn ihr den vorhandenen Unvollkommenheiten ruhig gegenübertreten, sie anerkennen und mit ihnen fertig werden könnt.

Wenn ihr nicht länger gegen das Selbst ankämpft, sondern Stolz und Einbildung ablegt und zur Veränderung bereit werdet, legt ihr auch euren Eigenwillen ab, und mit ihm alle Angst vor dem Selbst, vor anderen,

151

vor dem Leben, der Liebe und dem Sterben – all dies wird wie Eis in der Sonne vergehen.

Segen für einen jeden von euch. Verzweifelt nicht, meine Freunde, wenn ihr die Hindernisse und Barrieren spürt, von denen ich heute abend sprach. Sie werden viel wirksamer durch das Wissen um ihre Existenz als durch Unwissenheit beseitigt. Ich bitte euch, erkennt und versteht diese wichtige Wahrheit. Macht sie euch zu eigen, indem ihr sie auf die Probe stellt, und ihr werdet große Freude erleben. Seid gesegnet in diesem neuen Bewußtsein, ein jeder von euch. Seid in Frieden, seid in euch und damit in Gott!

12

Von der unbewußten negativen Interaktion zur bewußten Entscheidung für die Liebe

Seid gegrüßt und gesegnet, meine geliebten Freunde, jeder einzelne von euch. Auf eurem Wege des Wachstums werden sich die Macht der Liebe und die Stärke der Wahrheit ewig neu in euch entfalten.

In dieser Lesung möchte ich auf die Bedeutung hinweisen, die die unbewußte psychische Interaktion zwischen den Menschen für den Verlust der Liebe hat.

Wenn ihr euch nur vage eurer Negativität bewußt seid und das Leid, das ihr anderen zufügt, kaum spürt, seid ihr in einem Kampf zwischen Schuldzuweisung und Selbstrechtfertigung gefangen. Es ist unvermeidlich, daß ihr andere – mit ihren eigenen unbewußten Konflikten – in eure Negativität verwickelt. Mit der Verleugnung eurer Negativität ladet ihr eine doppelte Schuld auf euch. Erstens ist da die Schuld für die negative Einstellung selbst. Wir wollen dies die primäre Schuld nennen. Verleugnet ihr die Negativität, verwickelt ihr euch in das, was wir sekundäre Schuld nennen wollen. Würde die primäre Schuld zugegeben und würden die Konsequenzen dessen, was ihr zugrunde liegt, wahrhaft akzeptiert, wäre es keine Schuld mehr. Aber die sekundäre Schuld liegt schwer in jedermanns Seele. Sie ist eine Last, die viel vitale Lebenskraft aufbraucht. Eure Verleugnung bringt im Inneren oder Äußeren immer Handlungen mit sich, durch die andere verletzt werden; ihr straft sie für eure eigenen Fehlschläge und negativen Absichten, für eure Lieblosigkeit und Unwahrhaftigkeit, euren Trotz und eure unfairen Anforderungen.

Wenn ihr zum Beispiel wißt, daß ihr nicht lieben möchtet, und täuscht ihr es auch nicht vor, ist dies eure freie Entscheidung. Ist euch klar, daß ihr einen großen Preis für ein liebloses Leben zahlt, aber laßt ihr es dabei bewenden, verwickelt ihr andere wenigstens nicht in die Schuld eurer Liebesverweigerung. Natürlich werdet ihr allein sein, doch ihr habt euch dazu entschieden; ihr wißt es und zahlt den Preis dafür. Ihr enthaltet der Welt eure wunderbare Liebesfähigkeit vor, das ist wahr, und in diesem Sinne scheitert ihr.

Anderen die Schuld zuweisen

Aber wenn ihr anderen die Schuld für euren Mangel an Liebe zuweist, selbst wenn ihre tatsächlich vorhandenen Unzulänglichkeiten euch zur Rechtfertigung dienen, wenn ihr sie für die Folgen des eigenen lieblosen Verhaltens straft und Beweise gegen sie sammelt, um eure Zurückhaltung zu rechtfertigen, dann richtet ihr wahrhaft Schaden an, meine Freunde.

Dieser Prozeß ist so weit verbreitet und allgemein und doch so subtil, daß nur Menschen mit beträchtlicher Selbsterkenntnis ihn in sich, und deshalb auch in anderen, entdecken können. Wir haben es hier mit einer grundlegenden Haltung zu tun. Sie existiert in vielen Variationen und verschiedener Intensität. Die uneingestandene Weigerung zu lieben zeigt sich oft in der folgenden, typischen Haltung: »Ich will dir – wer du auch bist – nichts geben, aber ich fordere, daß du mir alles gibst. Wenn du es nicht tust, werde ich dich dafür bestrafen.« Je verborgener, je weniger bewußt ausgedrückt diese Haltung ist, desto heimtückischer sind ihre Auswirkungen auf euch selbst und andere. Sie ist immer relativ leicht zu rechtfertigen, indem man leugnet, rationalisiert, verzerrt, versteckt oder Halbwahrheiten benutzt.

Sobald ihr diese Haltung in euch entdeckt und sie auch gegenüber euren Freunden eingestehen könnt, werdet ihr einen sofortigen Zuwachs an Gesundheit erleben, ein Einströmen der sauberen, frischen Luft psychischer Wahrheit: Ihr habt euch von der sekundären Schuld befreit. Je mehr ihr die Unvereinbarkeit zwischen euren Forderungen und verweigernden

154

Absichten und der Strafe, die ihr verteilt, wenn eure Forderungen nicht erfüllt werden, in allen Einzelheiten offenlegt, desto mehr befreit ihr euch von der Schuld. Seht in aller Klarheit, wie unfair eure Forderungen sind, verglichen mit dem, was ihr gebt; seht klar den Unterschied in der Weise, wie ihr behandelt werden wollt und wie ihr andere behandelt, und auch ganz genau, auf welche Weise ihr gerne straft – immer so, daß ihr nicht ertappt und zur Rechenschaft gezogen werden könnt. Je klarer ihr dies erkennt, desto schneller befreit ihr euch von einer Last, die Depressionen, Angstzustände, Sorgen, Hoffnungslosigkeit und oft auch körperliche Krankheit und materielle Enttäuschungen hervorruft.

Eine der beliebtesten Weisen, die zu bestrafen, die nicht mit Liebe auf die eigene Liebesverweigerung reagieren, besteht darin, sie schuldig zu sprechen – die Argumente der Anklage so aufzubauen, daß sie die Urheber des eigenen Elends zu sein scheinen. Man kann sich selbst recht erfolgreich davon überzeugen, wenn man nur das Resultat seiner boshaften Zurückhaltung betrachtet. Ganz absichtlich übersieht man die Tatsache, daß man von anderen nicht die gewünschte Reaktion erhalten kann, wenn die eigene Psyche noch tief in einer negativen, sich dem Leben verweigernden Haltung steckt.

Deine Negativität sagt: »Ich werde die Wahrheit leugnen. Ich werde dem anderen die Schuld geben, weil er oder sie mir nicht alles gibt und mich nicht mit meinen einseitigen Forderungen durchkommen läßt. Wenn er es wagt, darauf zu reagieren, werde ich ihn mit Haß und noch mehr Vorwürfen bestrafen.« Diejenigen, die am Beginn ihres Weges stehen oder sehr viel in ihr idealisiertes Selbstbild investiert haben – das für diese Wahrheit keinen Raum hat –, denken vielleicht, es sei ganz unmöglich, daß auch sie eine solche Einstellung in sich tragen könnten. Der beste Maßstab, um festzustellen, ob sie auch in dir existiert, ist dein Geistes- und Gefühlszustand. Wenn du keine Angst in der Gegenwart von anderen spürst, sondern dich wohl fühlst, wenn dein Leben sich freudig erweitert und du gelegentliche Schwierigkeiten als Sprungbrett ansiehst, dann hast du diese verderbliche Haltung schon weitgehend überwunden. Doch auch du hattest sie einmal und mußtest dich mit ihr auseinandersetzen, auch du mußtest dich durch deinen Stolz, deine Einbildung und Feigheit hindurcharbeiten.

Das Eingeständnis deiner Boshaftigkeit ist eine elementare Liebestat, auch wenn du es nicht weißt. Wenn du deine negativen Absichten nicht eingestehst, gibst du sicherlich auch viel, aber nie das einzig Wahre, das mehr als alles andere zählt. Du magst Dinge geben, Geld, gute Taten, selbst Zärtlichkeit und Fürsorge. Jedoch bleiben dies leere Geschenke, wenn du dem anderen nicht durch ehrliches Eingeständnis deiner Negativität seine Freiheit gibst.

Die Schuld, die du durch deine unfairen Forderungen, den Trotz und die Liebesverweigerung auf dich lädst, wie auch die zusätzliche Schuld, die entsteht, wenn du andere für dein Unglück bestrafst, unterhöhlt deine Stärke und deinen Selbstausdruck. Sie macht dich wirklich schwach. Wie kannst du, solange du mit dieser Haltung fortfährst, dir selbst vertrauen und an deine Würde als freier Mensch glauben? Vielleicht versuchst du, dein Selbstvertrauen mit allen möglichen künstlichen Methoden aufzubauen. Dies funktioniert jedoch nie, es sei denn, du stellst dich der sekundären Schuld und gibst sie auf, indem du sie zugibst. Dann kannst du, wenn du es so willst, die primäre Schuld behalten – die Schuld, nicht lieben zu wollen –, doch zumindest hast du die Verantwortung dafür übernommen.

Du siehst, deine Welt ist dualistisch. Die auf dem Entweder-Oder beruhende Alternative erzeugt soviel Verwirrung. Die Menschheit behindert sich selbst durch das dualistische Konzept, daß entweder der eine die Schuld trägt – was immer diese ist – oder der andere. Entweder bist du schlecht und im Unrecht, oder der andere Mensch ist es. Dies erschafft eine äußerst mißliche Lage, die es unmöglich macht, in Wahrheit zu leben. Wenn du unrecht hast und der andere frei von allem Tadel ist, spürst du, daß etwas nicht ganz richtig ist. Du spürst auch, daß unangemessen viel Verantwortung auf dich abgeladen wird. Bist du derjenige, der die alleinige Last der Vorwürfe auf sich nimmt, erwartest du sicher, dafür ausgestoßen und verbannt zu werden. Diese Vermutung ist unerträglich belastend; sie ist unwahr und erlaubt keine Klarheit. Sie trägt dazu bei, daß du dich noch stärker als unterlegen und wenig liebenswert empfindest. Deine Not erscheint eher als gerechte Strafe und nicht als freie Entscheidung, die du ändern kannst, sowie du es willst. Indem du die

156

Schuld ganz auf dich nimmst, gibst du anderen sozusagen die Erlaubnis, heimlich ihre eigenen negativen Absichten auszuagieren.

Wenn du umgekehrt völlig gerechtfertigt dastehen und genaue Erklärungen für dein Verhalten haben mußt, dann versetzt du dich ebenfalls in eine äußerst mißliche Lage: Auch hier spürst du, daß etwas nicht stimmt; du weißt, daß es auch nicht die Wahrheit sein kann, den anderen als ganz schlecht hinzustellen. Mußt du diese Vortäuschung – die wünschenswert sein kann, um dich von Schuld reinzuwaschen – aufrechterhalten und schützen, besteht die Gefahr, daß deine Abwehr durchbrochen wird. Dies macht dich ängstlich, und du kannst nicht entspannt, natürlich und anderen nahe sein. Dein Bestehen auf deiner »Unschuld« verhindert Intimität. Auch hier kannst du dich nicht wohl fühlen.

Unbewußte Interaktion

Die meisten Menschen sind noch nicht fähig zu spüren, wie ihre Verzerrtheit und Negativität direkt die Verzerrtheit und Negativität anderer beeinflußt, verstärkt und sich darin verwickelt. In der Interaktion zwischen zwei psychischen Systemen findet das folgende statt: Nehmen wir an, deine unausgesprochene Botschaft an den, mit dem du in eine negative Interaktion verwickelt bist, lautet: »Ich werde dich bestrafen, weil du meine unerfüllbaren Forderungen nicht erfüllst. Ich werde dich nicht lieben und dir nichts geben. Ich werde dich bestrafen, indem ich dich zum Schuldigen mache, und willst du etwas von mir, werde ich es dir nicht geben. Am wirkungsvollsten strafe ich dich, wenn ich mich zum Opfer mache, so daß du mich nicht erwischen und mir nichts vorwerfen kannst.« Nehmen wir an, der andere kämpft innerlich damit, eine ähnliche Haltung aufzugeben. Sein eigener Widerstand sagt wiederum: »Ich darf meine Verteidigungshaltung nicht aufgeben. Die anderen wollen mir weh tun, mich zum Opfer machen und ausnutzen. Wenn ich mein Herz öffne und liebe, kriege ich nur Zurückweisung, unfaire Behandlung und Haß zurück. Es zahlt sich nicht aus. Es ist besser, daß ich mich nicht öffne, sondern verschlossen bleibe.« Sieh, wie diese Haltung, in der man sich selbst zum Opfer macht, den irrationalen Widerstand des anderen gegen Offenheit, Verletzlichkeit und liebevolles Verhalten verstärkt. Der verängstigte Teil der Seele, der sich durch Negativität und Verweigerung »schützt«, wird ganz beträchtlich verstärkt, wenn er in diesem Kampf der negativen Intentionalität eines anderen begegnet. Die Bestrafung nimmt oft die Form von schwerwiegenden Beschuldigungen an, die den Charakter des anderen verleumden. Oder du benutzt das tatsächliche Versagen der anderen als Vorwand und Entschuldigung, sie dafür zu bestrafen, daß sie deinen Forderungen nicht gerecht werden und keinen Vertrag mit dir schließen wollen, in dem sie alles geben und du wenig oder gar nichts.

Diese unbewußte Interaktion bestärkt und rechtfertigt die Überzeugung, daß Negativität eine notwendige Verteidigungsmaßnahme ist. Von dem engen Gesichtspunkt aus gesehen scheint sie richtig zu sein. Wenn deine Absichten negativ sind, bist du also auch verantwortlich für den anderen. Eine der scheinbar paradoxen Wahrheiten geistiger Wirklichkeit ist, daß du, obwohl du hauptsächlich für dich selbst verantwortlich bist, auch für den anderen, in einer anderen Weise, verantwortlich bist. Umgekehrt verletzt dich die negative Intentionalität anderer auch, und sie sind dafür dir verantwortlich. Doch es gelänge ihnen nicht, dich zu verletzen, hieltest du nicht hartnäckig an deiner eigenen negativen Intentionalität fest. In diesem Sinn bist du selbst verantwortlich. Jeder hat die Freiheit, entweder die schlechten Intentionen des anderen als Ausrede zu benutzen, um nicht zu lieben, oder nach einem neuen Weg, dem Leben zu begegnen, zu suchen. Es ist gleichermaßen richtig, zu sagen, daß ihr ausschließlich für euch selbst verantwortlich seid und andere ausschließlich für sich selbst verantwortlich sind und daß letzten Endes jeder auch für den anderen Menschen verantwortlich ist.

In der letzten Realität gibt es keine Trennung

Letzten Endes gibt es keine Trennung zwischen dem Selbst und dem anderen. Du bist der andere, und der andere ist du. Die Trennung ist eine Illusion. Wenn du daher das alte Muster der Schuldzuweisung an andere zur Rechtfertigung deiner unfairen Methoden und lieblosen Forderungen aufgibst, löst du nicht nur dich selbst aus der Verstrickung in diesen Doppelbindung, sondern du hilfst auch der anderen Person, sich daraus zu lösen. Natürlich sollten andere sich nicht davon abhängig machen, daß du dies tust; sie müssen für sich selbst und ihre eigene Rettung sorgen. Du sagst vielleicht: »Andere sollten sich nicht darauf verlassen, daß ich meine Negativitäten und Probleme überwinde, so daß sie die ihren überwinden können.« Beide habt ihr recht und unrecht. Du hast recht insofern, als andere in der Tat tun können, was sie wollen, ganz unabhängig von dem, was du tust. Ihre Anstrengungen, ihr Einsatz, ihre Verpflichtung werden das Ergebnis bestimmen, ganz gleich, was andere, du eingeschlossen, tun. Doch hast du auch unrecht, wenn du nicht siehst, daß du durch deinen Akt der Wahrheit, der ein Akt der Liebe ist, dem anderen hilfst, sich aus seiner Not zu befreien. Indem du deinen Anteil auf dich nimmst, beseitigst du viel Verwirrung. Es kann sich dann in Wahrheit zeigen, wie jede Partei zur negativen psychischen Interaktion beiträgt. Dies hat eine außerordentlich befreiende Wirkung.

Stelle dir nur vor, wie du dich fühltest, wenn ein dir nahestehender Mensch, der dich durch das Aufzählen deiner echten und falschen Schuld verletzt hat, der dich aber auch verwirrt hat durch die Verleugnung der eigenen Schuld, plötzlich zu dir sagte: »Ich habe erkannt, daß ich dich nicht lieben will. Ich will Forderungen an dich stellen und, wenn du meine Forderungen nicht erfüllst, dir Vorwürfe machen, dich anklagen und bestrafen. Ich lasse nicht zu, daß du dich verletzt fühlst, denn obwohl ich dich verletzen will, möchte ich mich dafür nicht schuldig fühlen.« Spürst du, wie dies dich freisetzen würde? Es ist unwahrscheinlich, daß du auf solch einen Akt der Liebe in selbstgerechter Weise reagieren würdest, vielleicht mit der Behauptung, du hättest das schon immer gewußt, und dich als unschuldiges Opfer hinstelltest.

Gibst du deine ähnlich unfairen Forderungen zu, deine Angst, Gefühle zu offenbaren, deine negative Intentionalität, könnte dies deinem Stolz schaden, aber es kann dir wirklich in keiner anderen Weise schaden. Wer solche Worte hört, empfängt von dir ein Geschenk der Liebe, auch wenn du vielleicht immer noch nicht mit dem Herzen, den Gefühlen und dem inneren Wesen lieben möchtest. Aber mit deiner Ehrlichkeit hast du angefangen zu lieben.

Wenn du andere von der falschen Schuld befreist, die du ihnen auferlegt hast, um deine eigene zu verbergen, ermöglichst du es ihnen, ihre wahre Schuld ohne Selbstzerstörung, ohne schmerzlichen inneren Kampf und ohne Verwirrung von beiderseitiger Schuld und Anklage anzublicken. Freigabe und Klärung führen oft zur Lösung selbst der tiefsten Probleme. Es ist, als ob die Psyche die »äußere« Gnade, die hilfreiche Hand, braucht. Denn unehrlich Schuld auf andere abzuladen macht wahre Selbstoffenbarung für sie fast unmöglich; gäben sie ihre Schuld zu, würdest du sie ja zu Recht als schlecht und als Ursache deiner Misere anklagen. Auf diese Weise sind Menschen miteinander in Verleugnung und Schuldprojektion, in Entweder-Oder, in Verwirrung und negative Interaktion verwickelt. Jemand muß die Verwicklung lösen und die Knoten entwirren.

Negative Intentionalität ist ein Abwehrmechanismus. Sie wurzelt auf dem angeborenen Glauben, daß der Welt nicht zu trauen ist und man sich selbst einzig dadurch schützen kann, daß man böse ist: genauso böse, wie man es von der Welt annimmt, oder böser. Gibt man seine Boshaftigkeit zu, hilft man anderen, an die Anständigkeit der Menschenwelt zu glauben. Sie können dann zu Überlegungen kommen wie: »Vielleicht ist das Leben doch nicht so gefährlich. Vielleicht bin ich nicht ganz allein mit meiner versteckten Scham und Schuld. Vielleicht kann ich loslassen. Vielleicht kann ich auch diese Gefühle zugeben, ohne als der einzig Verantwortliche angesehen zu werden.« Welch ein Unterschied wäre dies in der Haltung eines jeden gegenüber dem Leben! Wie sehr würde es eure spirituelle Einstellung als Menschen beeinflussen!

Die positiven Auswirkungen der Ehrlichkeit

Arbeitet ihr alle zusammen auf diese ehrliche Weise, wird sich euer Energiesystem verändern. Liebe ist kein Befehl, der vom Willen oder Verstand gegeben wird; sie ist keine Abstraktion, sie ist kein Gefühlsausbruch, keine sentimentale Geste. Liebe ist kraftvoll, selbstbewußt

160

und frei. Ehrlichkeit ist der wichtigste und seltenste Ausdruck der Liebe unter den Menschen. Ohne Ehrlichkeit bleibt die Illusion bestehen, daß ihr voneinander getrennt seid, daß sich eure Interessen entgegenstehen, daß ihr, um eure Interessen zu schützen, andere besiegen müßt und daß andere das gleiche tun müssen.

Nur wenn ihr eure eigene Negativität kennt, meine Freunde, wenn ihr sie wirklich eingesteht, die Verantwortung für sie übernehmt und sie nicht mehr auf andere projiziert, während ihr die Realität verbiegt, um dies zu ermöglichen, werdet ihr plötzlich neue Einsicht in andere Menschen gewinnen. Selbst wenn sie nichts zugeben, werdet ihr wissen, was sich abspielt. Auch das ist befreiend. Aus diesem Grund fühlt jeder, der das Schlechteste in sich zugibt, unausweichlich als sofortiges Ergebnis Befreiung, neue Energie, Hoffnung und Licht.

Spirituelles Wachstum bringt euch als Geschenk die Erkenntnis dessen, was in anderen Menschen vor sich geht: ihre Gedanken, Absichten und Gefühle. Dies ist keine Zauberei; es geschieht auf natürliche Weise, da ihr und die anderen in Wirklichkeit eins seid. Wenn ihr richtig in eurem Inneren lesen könnt, kommt es von ganz allein, daß ihr auch im Inneren anderer lesen könnt. Andere Menschen erscheinen nur solange wie ein verschlossenes Buch, wie ihr euch vor euch selbst versteckt. Andere durchschauen zu können wäre gefährliche Magie, wenn es auf der psychischen Kraft des einzelnen beruhte. Solch eine Kraft könnte mißbraucht werden. Aber wenn diese Fähigkeit organisch als ein Nebenprodukt der Selbsterkenntnis entsteht, ist sie natürlich und kann nicht im Dienst von Machtgelüsten und von Negativität mißbraucht werden.

Ausweitung in das höhere Bewußtsein

Immer wenn die Menschen in einen erweiterten Bewußtseinszustand hineinwachsen, brauchen sie neue Werkzeuge. Das zeigt der einfache Vergleich mit einem Geschäftsführer. Ist die Firma sehr klein, dann ist die Organisation vielleicht der Größe und dem Zweck der Firma angemessen und deshalb harmonisch. Erweitert sich die Firma jedoch, dann paßt die für ein kleines Unternehmen geschaffene Organisation nicht mehr. Sind die Besitzer zu unflexibel, um Veränderungen vorzunehmen, und halten sie an alten, herkömmlichen Methoden fest, dann kann es sein, daß das erweiterte Unternehmen scheitert; zumindest wird sich die Geschäftsführung als sehr schwierig erweisen.

Das gleiche Gesetz, meine Freunde, gilt für eure innere Ausweitung. In dem Maße, in dem ihr wachst und euch – und damit auch andere und die Welt – kennenlernt, erfahrt ihr auch das Leben in tieferen und immer neuen Weisen, und dies ist schließlich der Grund für eure Inkarnation. Ihr lernt, bisher vermiedene Gefühle zu fühlen, ihr schafft die Voraussetzungen für einen erweiterten Spielraum. Konkret bedeutet dies, daß bisher nützliche Einstellungen destruktiv und einengend werden.

Individuen wachsen auf dem Pfad der Evolution auf verschiedene Weise und bereiten den Boden für notwendige neue Lebensauffassungen. Sie können jedoch ihr Wachstum erschweren, wenn sie sich weigern, veraltete Haltungen aufzugeben. Die Zeit ist gekommen, daß ihr euch verändert und neu auf die Welt eingeht, meine Freunde, es ist Zeit, anders auf das Verhalten der Menschen euch gegenüber zu reagieren, anders auf das zu reagieren, was in euch vor sich geht. Dies wird sich zunächst aus der Erkenntnis ergeben, daß eure alte Reaktion ein konditionierter Reflex ist, geschaffen für eine engere Funktionsweise im Leben. Zweitens wird es sich aus der Infragestellung dieses Reflexes und der zugrundeliegenden Anschauungen ergeben. Und nicht zuletzt – und das ist das Thema der heutigen Lesung – ergibt es sich, wenn ihr Liebe statt Trennung als eure Weise, in der Welt zu sein, wählt.

Noch einmal, dies darf nicht nur ein Wort sein, mit dem ihr all die Dinge, die ihr nicht zugeben wollt, verdeckt. Die Entscheidung zur Liebe muß gemäß eurer jeweiligen inneren Entwicklung in Handlung umgesetzt werden. Das Eingeständnis eurer Negativität ist immer ein Akt der Liebe, ob es, wenn möglich, in Gegenwart der Person geschieht, mit der ihr in Konflikt steht, oder gegenüber einem Helfer, der nicht persönlich in eure Negativität verwickelt ist. Es ist immer ein Akt der Liebe gegenüber dem All. Selbst wenn ihr euch entscheidet, in der Negativität zu verharren, meine Freunde, denkt nach und erwägt, daß ihr eines Tages den Wunsch

162

haben könntet, sie aus Liebe zum All, aus Liebe zu euch selbst, aufzugeben.

Liebe ist der Schlüssel

Wer nicht sein Herz öffnet, muß dahinwelken. Wie richtig eure Einschätzungen sein mögen, wieviel Einsicht in den Hintergrund, die Geschichte und das Kräftespiel einer beunruhigenden Situation ihr haben mögt, keine echte Wandlung kann erfolgen, wenn ihr euch nicht zur Öffnung eures Herzens verpflichtet. Ihr könnt nur Erfüllung finden, meine Freunde, wenn ihr mit dem Herzen fühlt. Es hat keinen Zweck, so zu tun, als wolltet ihr lieben oder als liebtet ihr, solange ihr Angst habt, eure Gefühle zu spüren. In dem Maße, in dem dies zutrifft, haltet ihr euch vom Lieben zurück.

Ihr könnt nicht stark und mutig sein, ihr könnt euch selbst nicht lieben, wenn ihr nicht liebt. Es ist gleichermaßen wahr, daß ihr euch nur selbst lieben könnt, wennn ihr andere liebt. Der erste Schritt ist die Bereitschaft zur Liebe. Liebe beginnt nicht einfach, weil man sich dafür entscheidet. Es ist nötig, die Göttlichkeit eures Innersten, eures Kerns, anzurufen, daß sie euch zur Gnade des Liebens verhelfe. Die Gnade Gottes mag sich durch euch offenbaren und euch dazu verhelfen, euer Herz zu öffnen und eure Angst vor Gefühlen und vor Verwundbarkeit zu verlieren. Mehr braucht ihr nicht. Wenn ihr nicht liebt, habt ihr nichts. Wenn ihr liebt, habt ihr alles.

Aber wenn ihr falsch liebt, in Verstellung, ist das viel, viel liebloser, viel täuschender und schädlicher als das Eingeständnis des Hasses. Euren Haß zuzugeben ist liebevoller als die scheinbar liebevolle Geste, die den Haß verleugnet. Denkt darüber nach, meine Freunde.

Gesunder Zorn kann ein Ausdruck von Liebe sein

FRAGE: Was ist mit Zorn? Ist es richtig, daß es manchmal gut ist, dieses Gefühl auszudrücken?

ANTWORT: Ja. In einem gut integrierten Leben ist es manchmal notwendig, gesunden Zorn auszudrücken. Gesunder Zorn schafft keinerlei innere Disharmonie. Es ist ein großes Mißverständnis, diese Tatsache zu ignorieren oder zu verleugnen. Die Leugnung entsteht durch das künstliche Zusammenhalten der inneren Kräfte und das Aufsetzen erzwungenen, falschen Gutseins. Die Überzeugung, daß ein spirituell entwickelter Mensch nie auch nur gelegentlich zornig wird, hat ihren Ursprung in Angst und Gehorsam. Sie ist falsch.

Im menschlichen Bereich ist gesunder Zorn eine Notwendigkeit. Ohne ihn gäbe es keine Gerechtigkeit und keinen Fortschritt, und die destruktiven Kräfte würden die Herrschaft übernehmen. Dies zu erlauben wäre Schwäche, nicht Liebe; Angst, nicht Anständigkeit; Beschwichtigung und die Ermutigung von Mißbrauch, nicht konstruktives Leben. Es zerstört Harmonie, statt sie zu fördern. Es zerstört gesundes Wachstum.

Der Zorn kann als gelegentliche Reaktion genauso gesund und notwendig sein wie die Liebe. Er ist ein Teil der Liebe. Auch er entsteht spontan. Auch er kann nicht erzwungen werden. Der Versuch, irgendeine Emotion zu erzwingen oder zu verleugnen, führt zu Selbsttäuschung, und der ungesunde Zorn kann sich als gesunder verstellen.

Es ist nicht möglich, anhand der Ursache festzustellen, ob das durch sie hervorgerufene Gefühl gesunder oder ungesunder Zorn ist. Die Ursache mag wahren, echten, gesunden Zorn völlig rechtfertigen, der selbstverständlich in diesem Fall konstruktiv ist. Der erlebte Zorn kann dennoch von der ungesunden Art sein, weil der Mensch ungelöste Probleme, Unsicherheit, Schuldgefühle und Zweifel, Ungewißheiten und Widersprüchlichkeiten in sich trägt. Das Problem mag gerechtfertigten Zorn gewährleisten, doch man mag nicht fähig sein, ihn auszudrücken.

Genau in dem Maße, wie jemand fähig ist, wahre Liebe zu fühlen und auszudrücken, ist er oder sie auch fähig, konstruktiven, gesunden Zorn zu zeigen. Wahre Liebe und wahrer Zorn kommen aus dem inneren Selbst. Absolut jedes wahre Gefühl ist gesund und konstruktiv und fördert Wachstum im Selbst und in anderen. Wahre Gefühle können nicht erzwungen, befohlen oder aufgesetzt werden. Sie sind spontaner Ausdruck, organisches, natürliches Ergebnis von Selbstkonfrontation.

164

FRAGE: Würdest du in diesem Falle körperliche Gewalt erlauben?
ANTWORT: Nein. Gesunder Zorn manifestiert sich nicht notwendigerweise in körperlicher Gewalt. Selbst die ungesunden negativen Emotionen müssen in ihrem Ausdruck keineswegs zu destruktiven Handlungen in körperlicher oder anderer Form führen.

Diese falsche Vorstellung ist eine der häufigsten und hinderlichsten. Die Psyche fürchtet, daß das Eingeständnis negativer Emotionen zu ihrem Ausagieren führt. Das ist nicht der Fall. Im Gegenteil, nur bei vollem Bewußtsein könnt ihr frei entscheiden, ob ihr handelt oder nicht, wie und wann ihr handelt oder ob ihr irgendein Gefühl ausdrücken wollt. Wenn ihr euch eurer wirklichen Gefühle und ihrer Gründe nicht bewußt seid, fühlt ihr euch ständig getrieben und leidet unter allen möglichen unverständlichen Zwangshandlungen. Eine Zwangshandlung ist das direkte Ergebnis uneingestandener, unbewußter Gefühle und Bedingungen. Je mehr ihr euch kennt, desto größer ist die Kontrolle, die ihr ausüben könnt. Es ist nicht, wie ihr fürchtet: »Ich kann mich nicht offen ansehen, denn dann müßte ich vielleicht unerwünschte Impulse herauslassen und anderen, und damit schließlich auch mir selbst, Leid zufügen.« Auch diese Befürchtung sollte an die Oberfläche gebracht werden, damit sie aufgelöst werden kann.

Bitte wiederholt diese Worte in euren täglichen Meditationen: »Das Bewußtsein meiner Gefühle, auch wenn sie mir gar nicht willkommen sind, wird mich befreien. Ich habe die Entscheidungsfähigkeit über meine Handlungen nur so weit, wie ich Bewußtsein habe. Ich kann mich entscheiden, meine Gefühle in Worte auszudrücken, wenn es einen guten Grund gibt, wie in den Sitzungen mit meinem Helfer. Sollte ich spüren, daß eine Beziehung durch den Ausdruck negativer Gefühle gestört werden würde, werde ich es nicht tun, sondern mich bewußt und ohne Selbsttäuschung zurückhalten.« Eine derartige Meditation wird in die verborgenen Schichten eurer Psyche eindringen und euch stärken. Da gesunder Zorn aus dem wahren Selbst stammt, weiß man genau, was zu tun ist und was der Augenblick erfordert.

Wo Angst ist, gerechtfertigten Zorn auszudrücken, muß auch Angst vor der Liebe sein, die die Offenbarung des wahren Selbst behindert: das

Fließen von echter Liebe im Gegensatz zu aufgesetzter Liebe, die Fähigkeit, gesunden Zorn auszudrücken im Gegensatz zu verbogenem, quälendem Zorn. Gesunder Zorn macht euch stärker, verbogener Zorn schwächer. Gesunde Liebe ist allumfassend und bereichert euch, je mehr ihr etwas von euch weitergebt. Kränkliche, verzerrte, falsche Liebe verarmt und erzeugt Konflikt zwischen dem eigenen Interesse und dem der anderen. Sie entsteht aus Dualität und verstärkt sie; sie stellt immer gut und böse einander gegenüber. Unechte Liebe ist immer verbunden mit Selbstmitleid, Ablehnung, Feindseligkeit und Konflikt. Sie enthält immer dieses Gefühl: »Ich sollte lieben. Deshalb glaube ich, ich liebe, aber ich will nicht lieben, denn dann wird man mich ausnutzen. Da ich lieben sollte und es nicht will, fühle ich mich schuldig. Ich tauge nichts.« Wenn ihr diese Gefühle habt, könnt ihr gesundem Zorn keinen Ausdruck geben. Er vergeht schon an seinem Ursprung, denn da ihr nicht zu lieben wagt, zweifelt ihr an eurem Recht, Zorn zu fühlen.

Fahrt mit eurem Bemühen fort, findet den richtigen Ausdruck eurer Gefühle im Jetzt, und ihr werdet die Schönheit des Kosmos erfahren, die Wahrheit des Seins, das keine Konflikte kennt. Diese Wahrheit verbindet das Geben von Liebe mit dem Empfangen des vollen Maßes an Glück. Erkennt mit eurem guten Willen, daß hinter eurem Versuch zu lieben eine Lieblosigkeit steckt, die von Angst, Schmerz und Illusion gezeugt wurde. Erkennt die Illusion, und ihr werdet schließlich zur wahren Liebe, zu eurem wahren Selbst gelangen, dem echten Ausdruck all dessen, was ihr fühlt und seid – und es wird gut und richtig sein.

Nehmt euch die Zeit, euch das, was ich hier sage, anzueignen, und die allein wirkliche, die vitalste direkte Kommunikation herzustellen: die mit eurem spirituellen Selbst. Damit dies möglich ist, müßt ihr eure Selbsttäuschungen und Einbildungen aufgeben. Sie blockieren den Weg zu Gott in euch.

Wer noch nicht entdeckt hat, wo und auf welche Weise er lieblos ist, sollte damit beginnen. Laßt euch nicht dadurch täuschen, daß ihr in einem Bereich eurer selbst schon liebevoll seid. Fragt euch, wie erfüllt ihr euch in dieser Liebe fühlt, wie warm und sicher, wie angenehm das Leben ist. Dies kann euch die Antwort auf die Frage, wie liebevoll und wahr ihr

166

seid, geben. Je mehr ihr euren Haß, euren Hang zum Strafen oder eure Boshaftigkeit eingesteht, desto mehr liebt ihr.

Dies zu verstehen, meine Freunde, erfordert sehr viel Meditation und echten guten Willen. Doch welch ein Schlüssel zum Leben ist es! Ihr müßt den Zugang zu diesem neuen Bewußtsein aufrichtig wünschen. Widersteht dem Wachstum nicht, wenn die Bereitschaft für eine neue Lebens- und Funktionsweise da ist, denn sonst bereitet ihr den Boden für eine schmerzhafte Krise. Je weniger ihr widersteht, desto glatter wird der Übergang in einen wahreren, liebevolleren Zustand.

Verpflichtet euch, weiter und tiefer in diese Richtung zu gehen, um euch selbst und denen in eurem Umkreis zu helfen. Laßt es zu. Eine größere Segnung gibt es nicht. Ihr werdet das notwendige neue Klima für eine neue Einstellung schaffen – innen wie außen.

Ihr seid in der Tat gesegnet. Jeder Schritt zur Wahrheit, jeder Schritt zur Liebe setzt mehr spirituelle Energie frei, aktiviert mehr von eurer göttlichen Natur. Seid diese göttliche Natur!

TEIL III
Die Beziehung im Zeitalter des erweiterten Bewußtseins

Der Höhepunkt der Beziehung zwischen Mann und Frau liegt in der Verschmelzung der geläuterten Einzelwesen auf allen Ebenen. Wie lieben und leben wir, wie erschaffen wir unsere Beziehungen in der Ganzheit der befreiten Psyche?

Die Lesungen im letzten Teil dieses Buches stehen im Kontext der bedeutenden Veränderungen, die zur Zeit im menschlichen Bewußtsein stattfinden. Dieser Bewußtseinswandel ist real, und eine große Anzahl von Menschen überall auf der Welt sind darauf eingestimmt. Beim Lesen dieser Kapitel verstehen wir die geschichtlichen Manifestationen der Geschlechterbeziehungen, der Sexualität und Ehe als Phasen in der Entwicklung des Bewußtseins. Es ist ein faszinierender Überblick, denn die spirituelle Bedeutung der Geschichte überbrückt Vergangenheit, Gegenwart und Zukunft.

Wie nehmen wir als individuelle Frauen und Männer an diesem kosmischen Unternehmen teil? Wenn wir der geistigen Führung folgen, wird unser Bewußtsein Schritt für Schritt gehoben. Wir können erwarten, daß unser persönlicher Läuterungsprozeß uns zu der geerdeten Spiritualität führen wird, die die Pfadarbeit ausmacht.

Der GUIDE kennzeichet den selbstverwirklichten Menschen in seiner höchsten Ausformung als einen, der Christusbewußtsein erreicht hat. Seine Definition des »Christusbewußtseins« oder des »gechristeten Wesens« geht weit über jede religiöse Bedeutung im herkömmlichen Sinn hinaus. In der esoterischen Tradition repräsentiert Christus als Mensch, der auch Gott ist, die Vollendung des Ziels der menschlichen Pilgerfahrt: Erfüllung des individuellen Selbst, völlige Willensfreiheit, Verkörperung des göttlichen Schöpferprinzips, vollkommene Liebe und unendliches Erbarmen. Obwohl der Weg lang ist, sagt der GUIDE, ist es möglich, das Ziel zu erreichen, ja es ist uns allen sogar bestimmt.

Das vollkommene Wesen, das wir alle potentiell sind, hat alle Komponenten der unverzerrten männlichen und weiblichen Energien integriert und ist nicht länger gespalten. Wenn Sie das Gesicht Jesu in Leonardo da Vincis Abendmahl gesehen haben, werden Sie sich erinnern, daß es androgyn ist: Der gechristete Mensch ist stark und weich zugleich. In einer Zeichnung von Frederick Franck sah ich kürzlich das Gesicht des auferstandenen Christus, und es war das gleiche wie das des Buddha – weder männlich noch weiblich und doch beides. Das Bild ist tief ergreifend.

Aber während der GUIDE uns lehrt, nach dem höchsten Ziel zu streben, gibt er uns allen seinen Segen, so wie wir jetzt sind, mangelhaft und auch schön, und ermutigt uns, ganz in der Gegenwart und in unseren Körpern zu leben. Erfüllung und Glück gehören uns, wenn wir uns dafür entscheiden – in jedem Augenblick des bewußt gelebten Lebens.

13

Fusion:
die spirituelle Bedeutung der Sexualität

Seid alle gegrüßt und gesegnet.

Jede menschliche Manifestation, ob natürlich, instinktiv oder künstlich, hat eine tiefe spirituelle Bedeutung. Menschliche Erfahrung ist immer Symbol für eine größere, tiefere und vollere Wirklichkeit. Diese Lesung beschäftigt sich mit der spirituellen Bedeutung der Sexualität. Der Begriff »Sexualität«, so wie ich ihn benutze, umfaßt die Gesamtheit der kreativen Kraft, und ich werde zeigen, wie ihr Zweck und ihre spirituelle Bedeutung sich im menschlichen Bereich auswirken.

Die Manifestationen der Sexualität variieren gemäß der Entwicklung eines jeden Menschen. Das Prinzip der Sexualität zeigt sich unterschiedlich im völlig selbstverwirklichten Individuum, im durchschnittlichen Menschen und in dem, der vielleicht noch auf einer so niedrigen Stufe des spirituellen Wachstums steht, daß er stark blockiert und gespalten ist.

Die sexuelle Kraft ist eine Äußerung des Bewußtseins, das nach Fusion drängt. Und Fusion – oder auch Verschmelzung, Integration, Vereinigung, Einssein – ist das Ziel der Schöpfung. Ganz gleich, welchen Begriff wir benutzen, das höchste Ziel aller abgespaltenen Wesen ist die Wiedervereinigung der individualisierten, abgespaltenen Teile des größeren Bewußtseins mit dem Ganzen. Integrale Eigenart der abgespaltenen Teile ist eine große Kraft, die die Individuen motiviert, nach Vereinigung zu streben. Sie übt eine unwiderstehliche Anziehungskraft aus und existiert in allen Organismen – selbst den unbelebten, in denen menschliche Intelligenz und Wahrnehmung sie noch nicht beobachten können.

Die Macht der Sexualität in ihrer idealen Form kann mehr als jede andere menschliche Erfahrung vermitteln, was spirituelle Seligkeit, Einssein und Zeitlosigkeit bedeuten. In der totalen sexuellen Erfahrung brechen die Menschen durch die Begrenzungen von Zeit und Getrenntheit, in die sie ihr beschränkter Geist gebunden hat. Eine solche Erfahrung erinnert sie an ihr wahres Sein im zeitlos Ewigen.

Die glückselige Erfahrung des Verschmelzens und das Gefühl von Zeitlosigkeit in der sexuellen Vereinigung hängen von der inneren Vereinigung der beteiligten Einzelwesen ab, und damit von ihren Einstellungen auf allen Ebenen des Seins. Ist die sexuelle Erfahrung eine Äußerung der körperlichen, emotionalen, mentalen und spirituellen Ebenen und sind diese Ebenen ohne Konflikt vereint, dann kommen diejenigen, welche sich auf all diesen Ebenen gemäß den spirituellen Gesetzen ausdrücken, zur höchsten spirituellen Erfahrung. Diese spirituelle Erfahrung ist so vollständig, so erfüllend, reich, freudvoll, nährend, stärkend, fördernd und spiritueller Wirklichkeit so nah, wie es eine menschliche Erfahrung nur sein kann. In der Glückserfahrung völliger Vereinigung übersteigt die Erfüllung persönliche Befriedigung und Bereicherung. Diese Menschen erfüllen dann auch eine kosmische Aufgabe. Dies mag eigenartig erscheinen, denn der menschliche Verstand ist gewohnt, Aufgabe, Ausführung und Erfüllung mit etwas Mühsamem, Schwierigem oder sogar Unangenehmem gleichzusetzen. Aber je vollständiger die Freude, Lust, Seligkeit und Ekstase sind, desto mehr schöpferische Kraft wird dem universalen Reservoir hinzugefügt. Eine jede solche Erfahrung ist wie ein neuer Stern, der irgendwo in der Schöpfung aufleuchtet, eine Fackel in der Dunkelheit des Nichts, dessen Bestimmung es ist, mit Licht erfüllt zu werden.

Physische, emotionale, mentale und spirituelle Fusion

Was ist die Bedeutung der sexuellen Erfahrung auf der körperlichen Ebene? Was bedeutet der Drang zur körperlichen Vereinigung mit einem

174

anderen? Die üblichen Antworten, wie die Fortführung der Spezies oder das Lustbedürfnis, sind nur Teilantworten, und dazu eher oberflächlich. Wenn zwei Menschen sich zueinander hingezogen fühlen, können wir von ihrer Sehnsucht sprechen, sich zu erkennen, sich einander zu offenbaren, sich erkennen und finden zu lassen und das wahre Wesen des anderen zu finden. Offenbarst du dich einem anderen, kann dein wahres Sein in das ganze, weite Selbst des anderen hinüberfließen, der seinerseits dich zu erkennen sucht. Dieser gegenseitige Wunsch, durch eine unwillkürliche, spontane Kraft gespeist, erzeugt ein elektrisierendes, beseligendes Fühlen und Sehnen.

Existiert die Anziehung im Körperlichen, ohne daß zumindest zu einem gewissen Grade andere Ebenen am Ausdruck teilhaben, wird die Erfahrung enttäuschen. Sie kann nie mehr als eine unendlich kleine und oberflächliche Andeutung dessen sein, wonach sich die Seele sehnt, aber was sie in ihrer Blindheit nicht verstehen und verwirklichen kann. Volle Vereinigung mit einer anderen Seele zu erstreben erfordert einen Reinigungs- und Vereinigungsprozeß wie zum Beispiel diese Pfadarbeit.

Da das begrenzte und blinde menschliche Bewußtsein im dunkeln tappt, geht die Anziehung, die man spürt, sehr oft nicht von der Person selbst aus, sondern vielmehr von einem in der eigenen Vorstellung fabrizierten Bild dessen, was dieser andere sein sollte, um die wahren oder eingebildeten Bedürfnisse zu befriedigen. Das reale Gegenüber wird in diesem Fall oft völlig ignoriert und eigensinnig negiert. Der Begehrende besteht auf seiner Illusion und wird ärgerlich, wenn sie nicht verwirklicht werden kann. Gewöhnlich ist dies gegenseitig – beide Seiten suchen gleichsam einen anderen und wissen es nicht. Der Grad der erfahrenen Erfüllung ist ein guter Maßstab dafür, wie sehr du den wirklichen Menschen suchst. Mangelndes Glücksgefühl zeigt den illusorischen Charakter der Suche auf und weist darauf hin, daß eine andere Person, zum Beispiel eine Elternfigur, dem realen Menschen aufgesetzt wird. Wenn deine Anziehung durch einen anderen echt ist und auf einem realen, gesunden Fundament beruht, dann richtet sie sich auf diese spezifische Person, der du dich auf die intimste und wahrhaftigste Weise offenbaren und mit der du so eng wie möglich verbunden sein möchtest.

Die Sehnsucht der menschlichen Seele nach enger Verbindung ist endlos, aber sie erscheint im kleinen Kind anders als im Erwachsenen. Für das Kind ist Nähe eine völlig passive Erfahrung: Das Kind, ein rein rezeptiver Organismus, nimmt auf, empfängt, saugt Nahrung und Zuneigung auf und veranschaulicht so das universale weibliche Prinzip. Die Mutter ist dabei die Gebende, und in dieser Eigenschaft bringt die wahrhaft weibliche Frau hier ihr männliches Prinzip zum Ausdruck. Für den Erwachsenen kann Nähe nur erfolgreich vollzogen werden, wenn die Erfahrung gegenseitig ist – wenn beide Partner auf aktive Weise nach außen wirken, geben, erhalten, nähren, empfangen und aufnehmen. Dieser organische, selbstregulierende, spontane Rhythmus kann nicht durch das Ichbewußtsein bestimmt werden. Er ist der unwillkürliche, spontane Ausdruck gesetzmäßiger Prozesse, die so genau, komplex und bedeutsam sind, daß es unmöglich ist, sie menschlichem Verständnis begreifbar zu machen.

Echte Erfüllung ist oft blockiert, weil das kleine Kind, das innerhalb der erwachsenen Persönlichkeit existiert, immer noch seine eigene Art der Erfüllung sucht. Es sucht nährende Eltern, nicht eine ganz spezifische andere Person, und es sucht die rein rezeptive, aufnehmende Nähe. Wenn nach Verschmelzung mit solcher Motivation gestrebt wird, kann sie nicht stattfinden. Wer diese unreife Vereinigung begehrt, lebt in einer Tretmühle ständiger Frustration, die dann Vorsicht, Zurückhaltung und Negativität zu rechtfertigen scheint. Die Bewegung zur Nähe hin wird abgespalten und eine Gegenbewegung erzeugt, welche einen Kurzschluß hervorruft. Der Kurzschluß wird dann als unfreiwillige Blockierung, Hemmung und Gefühllosigkeit erlebt.

Auf der emotionalen Ebene muß die Bewegung zur Verschmelzung hin in einem Austausch von Gefühlen zum Ausdruck kommen. Was bedeutet Gefühlsaustausch in erwachsenen, realistischen Kategorien? Gefühlsaustausch, oder die emotionale Ebene der Sexualität, ist durch Liebe in ihrer wahrsten Ausprägung mit all ihren Aspekten und Manifestationen bestimmt. Fast alle benutzen das Wort Liebe sehr freizügig, und nur zu oft ist damit keine Bedeutung verbunden, oder, schlimmer, das Wort Liebe wird als Etikett benutzt, das ganz andere Gefühle wie Ichbedürfnisse und negative Ziele verbirgt. Die Menschen benutzen sich,

176

sie nutzen einander aus und nennen es Liebe. Doch was ist die lebendige, leuchtende Erfahrung hinter dem stereotypen Etikett? Die Liebeserfahrung ist vor allem der Versuch, die vielfältige Wirklichkeit der anderen Person wahrzunehmen. Ein derartiges Bestreben erfordert, daß du vorübergehend dein Ich, deine eigenen Bedürfnisse, Erwartungen und persönlichen Beschäftigungen beiseite legst und dich leer machst. Dann kannst du hereinlassen, was ist, kannst den anderen Menschen hereinlassen, um die Vielschichtigkeit dieses anderen Wesens genau wahrzunehmen, zu erfahren und zu fühlen. Gibt es eine faszinierendere Erfahrung als diese?

Hast du kein Interesse daran, ein illusorisches Bild von dem, was der andere sein soll, aufrechtzuerhalten, um es dann übelzunehmen, wenn er oder sie nicht so ist, dann wirst du offen und leer genug sein, um in dich zu lassen, was ist. Das ist ein möglicher Ausdruck von Liebe. Auf einer solchen soliden Basis kann ein Austausch von Gefühlen aufgebaut werden.

Nimmst du die Wirklichkeit des anderen wahr, dann bist du hinreichend frei von Eigensinn, Stolz und Angst, um mit dem, was ist, fertig zu werden. Du wirst sogar fähig sein, mit Schmerz und Enttäuschung umzugehen, wenn es notwendig ist, so daß Wirklichkeit, die letztendlich Seligkeit ist, zu dir kommen kann. Die Fähigkeit, Enttäuschung und Schmerz auszuhalten, ist wesentlich für das Geben, Empfangen und Erfahren des höchsten Glücks. Ist Schmerz jedoch sehr bedrohlich für dich und wehrst du ihn ab – den Schmerz, nicht deinen Willen durchsetzen zu können, den Schmerz, etwas gekränkt zu werden, den Schmerz, einen eingebildeten oder auch echten Vorteil aufzugeben –, verwandelst du den fließenden Energiestrom in eine harte Mauer. Nichts kann durch diese Mauer zu dir hereinkommen, und nichts kann aus dir heraus zu anderen fließen. Du bist isoliert in dem selbstgeschaffenen Gefängnis deiner Abwehr gegen Schmerz und Unannehmlichkeiten. Du erstarrst und kannst nicht voll leben, nicht schmelzen und so auch keine echte Lust empfinden.

Lieben – und damit die Fähigkeit, zu geben und zu empfangen – hängt von der Fähigkeit ab, Wirklichkeit mit unverstelltem Blick wahrzunehmen. Diese Fähigkeit wiederum hängt davon ab, wie gut du Schmerz ohne Abwehr, ohne manipulative Interpretationen, ertragen kannst. Die Interpretationen zielen nur darauf hin, den Schmerz ungeschehen zu machen, doch ihn dasein zu lassen schafft Raum für wahrheitsgetreue Interpretation der Geschehnisse, die den Schmerz hervorrufen.

Der Aspekt der wahren Liebe, den ich »den anderen sein lassen« nenne, beinhaltet mehr, als nur zu akzeptieren, wo und wer der andere zu einem gegebenen Zeitpunkt ist. Er beinhaltet den Blick auf den ganzen Menschen, einschließlich seines bisher noch nicht verwirklichten Potentials. Das Nichtmanifeste in einem anderen Menschen zu erblicken ist ein großer Akt der Liebe. Es hat nichts mit der Illusion zu tun, die zum Zwecke eigennütziger Bedürfnisse eine ganz andere Person erzeugt. Bist du imstande, der geliebten Person die Freiheit, »so zu sein, wie du bist«, zu geben, kann Vertrauen ausgetauscht werden. Auf diese Weise gewinnst du die Freiheit, dein eigenes Recht zu sein zu behaupten, was du dann ohne Trotz, ohne deine negativen Spiele tun kannst. Positive Selbstbehauptung ergibt sich aus dem schuldfreien Zustand, der der wahrhaft gebenden Einstellung folgt. Kannst du ja zum rückhaltlosen Geben sagen, kannst du auch nein sagen. Gibst du von ganzem Herzen, kannst du auch dein inneres Recht zu empfangen behaupten – und das ist nicht mit kindischen, neurotischen Forderungen zu verwechseln.

Gegenseitiger Austausch ist unmöglich, wenn keine Gefühle gegeben werden. Da in Wirklichkeit Geben und Empfangen eins sind, kannst du anderen nicht geben, ohne auch dir selbst zu geben. Hältst du dich umgekehrt vor anderen zurück, hältst du dich zwangsläufig auch vor dir selbst zurück. Für den sich daraus ergebenden Liebesentzug machst du dann andere verantwortlich, da du immer noch der Illusion anhängst, daß Geben und Empfangen zwei verschiedene Handlungen sind. Die ersehnte Verschmelzung kann nur stattfinden, wenn jedes Gefühl, das du dir so sehnsüchtig entgegengebracht wissen möchtest, jede einzelne Erscheinungsform der Liebe, in reichem Maße aus dir selbst herausströmt. Die Erscheinungsformen der Liebe sind Zärtlichkeit, Wärme und Achtung, dazu Anerkennung der Essenz des anderen mit seiner Fähigkeit zu Wachstum, Veränderung und Wesensgüte. Füge dem Geduld hinzu und im Zweifelsfalle die Entscheidung für den anderen. Schaffe Platz für alternative

178

Interpretationen. Habe Vertrauen und gib dem anderen Raum, sich zu entfalten und zu sein. Du sehnst dich auch leidenschaftlich danach, daß man dir diese Zeichen vollkommener Liebe gibt. Verschmelzung kann auf der emotionalen Ebene nur vor sich gehen, wenn du dich zum Lernen verpflichtest und deine Fähigkeit, diese Bestandteile vollkommener Liebe zu geben, ausweitest.

Aber um emotional – und daher total – zu verschmelzen, ist es genauso notwendig, daß man sich der anderen Person gegenüber wahrheitsgemäß äußert, selbst wenn es nicht willkommen oder gewünscht ist. Es unter dem Vorwand sogenannter liebevoller Güte nicht zu tun und alles schweigend hinzunehmen, ist sentimental und gewöhnlich unehrlich. Denn in Wirklichkeit fürchtest du nur die unangenehmen Konsequenzen; du willst nicht Schmerz, Entblößung oder Konfrontation riskieren und die harte Arbeit der Reintegration der Beziehung auf einer zugleich höheren und tieferen Ebene leisten. Diese Arbeit kann nur auf gesunde Weise, ohne Schuld, getan werden, wenn du dich mit deiner Grausamkeit auseinandergesetzt und sie unwirksam gemacht hast. Solange wie Grausamkeit in dir ist, wirst du nicht imstande sein, anderen die Wahrheit zu sagen, ohne sie zu verletzen. Die verborgene Motivation, andere zu verletzen, durchdringt deine Energien und beeinflußt deine Handlungen und Worte; sie lähmt deinen Mut, offen zu sprechen und dich einer Situation, die Verbesserung erfordert, zu stellen.

Wie ist es möglich, Liebe wieder ungehindert zu geben? Selbst wenn du ohne Grausamkeit bist und offen in konstruktiver Weise sprechen kannst, kann der andere dennoch gekränkt sein – vielleicht weil er oder sie darauf bestehen, nie kritisiert oder enttäuscht zu werden. Aber wenn du fähig bist, in dir mit der durch diese Situation entstandenen Kränkung fertig zu werden, kannst du die Auseinandersetzung und den Kampf riskieren und damit einen offenen Austausch von Gefühlen möglich machen. Du wirst es sehen: Je mehr dein Handeln von der ernsthaften Absicht, mehr zu lieben und zu fühlen, geleitet wird, desto fruchtbarer wird das Ergebnis sein, wenn du das Risiko eingehst, deinen Partner zu kränken. Wenn du andererseits aus dem Bedürfnis zu verletzen »die Wahrheit sagst«, es aber nicht zugeben willst, dann wird das Ergebnis nicht erfreulich sein. Deine Schuld über diese versteckte Motivation wird wie ein Schild zwischen dir und der Wahrheit, zwischen dir und dem anderen Menschen stehen.

Die Erfüllung und die Glückseligkeit, nach der sich deine Seele sehnt, kann nur durch die Verschmelzung mit einem anderen Bewußtsein erreicht werden. Diese hängt von deiner Fähigkeit ab, zu riskieren, dich zu stellen, deine gutgehüteten Geheimnisse offenzulegen und – als Resultat davon – offen zu sprechen, wenn der andere Hindernisse in den Weg legt. Erkenne auch dein eigenes Widerstreben, die besten Gefühle in dir auszudrücken, wenn die unausgedrückten Negativitäten und verborgenen Spiele des Partners dies schwierig machen. Die positive Selbstbehauptung, von der ich hier spreche, ist etwas völlig anderes als die anklagenden, nörgelnden Forderungen, die die Verantwortung auf die andere Person schieben. Die richtige Weise der Selbstbehauptung macht dem anderen keine mißbilligenden Vorwürfe, und doch erkennt sie, was der andere tut. Wenn du nicht mehr an Schuldzuweisungen interessiert bist, kannst du offen und wahrheitsgemäß sprechen. Wenn du die negativen Beiträge deines Partners mit dem klaren Blick, der nur das Ergebnis von Selbstkonfrontation und großer Ehrlichkeit sein kann, wahrnimmst, dann kannst du auch das Wagnis auf dich nehmen, und der vorübergehende Schmerz wird dich nicht schwächen oder entwürdigen.

Für die emotionale Verschmelzung ist ehrlicher Austausch mit dem Risiko gelegentlicher Krisen notwendig. Der ehrliche Austausch hängt völlig von der Ehrlichkeit des einzelnen sich selbst gegenüber ab und von dem guten Willen, unehrliche, verletzende und destruktive Muster aufzugeben. Bist du gehemmt und ängstlich, hemmst du auch die beiderseitige Tiefe und Weite des Glücksgefühls, das der Verschmelzung entspringt. In diesem Fall solltet ihr euch beide fragen, wo in euch der Ursprung der Angst ist. Und da du nur für dich selbst verantwortlich sein kannst, frage vor allem nach dem Ursprung der Angst in dir. Wo ist die Grausamkeit in dir, die dir angst macht, das auszusprechen, was du siehst? Wo macht dich deine Blindheit gegen dich selbst zwangsläufig blind für den anderen, so daß das, was du siehst, dich unsicher und defensiv macht – und folglich militant und feindselig? Um es noch einmal zu sagen, emotionale

180

Verschmelzung kann nur in dem Maße geschehen, wie die hier genannten Vorbedingungen erfüllt sind.

Mentale Verschmelzung findet auf der Ebene des Denkens statt. Grundlegend dafür ist die Fähigkeit, die tiefsten Gedanken auszutauschen und Widerspruch und Mißbilligung zu wagen. Mentale Verschmelzung kann nur dort erfolgen, wo eine gewisse Kompatibilität herrscht. Zwei kompatible Partner teilen grundlegende Vorstellungen über das Leben. Sie befinden sich auch spirituell mehr oder weniger auf der gleichen Entwicklungsstufe. Das heißt nicht, daß jede unbedeutende Idee geteilt werden muß. Dies wäre unmöglich, und in gewisser Weise sind Meinungsverschiedenheiten notwendig, als Resultat der menschlichen Vielfalt, aber auch als Hilfe für die Weiterentwicklung eines jeden.

Mehrere Eigenschaften sind zur Erreichung mentaler Verschmelzung erforderlich. Eine ist das Bedürfnis, in Richtung auf ein wahrheitsgetreues gegenseitiges Verständnis zu wachsen, eine andere ist die Demut, die Ideen und Meinungen, die beide haben, zu prüfen und sie, wenn nötig, aufzugeben. Du brauchst auch die Demut, es zuzulassen, daß ihr beide, der andere wie auch du selbst, recht oder unrecht habt. Allein die Suche nach einer tieferen Wahrheit, selbst in den kleinsten Streitfällen, liefert wunderbaren Treibstoff für das Wachstum und hilft euch beiden, eine stärkere Vereinigung auf der mentalen Ebene zu erreichen. Die Einstellung, die du zu den Unterschieden zwischen euch hast, und die Weise, wie du sie angehst, sind wichtig. Vermeidest du eine Konfrontation der Meinungen, einfach weil es zu unangenehm ist, Wellen zu schlagen? Gibst du oberflächlich deine Zustimmung, um Frieden zu haben, weil die Sache ja sowieso »unwichtig« ist? Vielleicht ist es dir zu lästig, etwas tiefer über Dinge nachzudenken, die dich nicht direkt angehen? Oder bestehst du darauf, »recht« zu haben um des Rechthabens willen? Ist Widerspruch für dich eine Weise, deinen aufgestauten Gefühlen und Gedanken, mit denen du nicht konstruktiv umgehen möchtest, Luft zu machen?

Die Freiheit, abweichende Meinungen zu haben, könnt ihr euch nur geben, wenn ihr beide in spiritueller Wahrheit verankert seid. Wenn die spirituelle Wirklichkeit das höchste Ziel ist, weißt du auch, daß es nur eine Wahrheit gibt. Und dies gilt gleichermaßen für die großen, lebenswichtigen Fragen wie für die trivialsten Kleinigkeiten des Alltags. Aber du weißt auch, daß diese eine Wahrheit viele Gesichter hat und oft zwei scheinbare Gegensätze umfaßt, die Teil eines Ganzen sind. Mit spiritueller Wahrheit als höchstem Ziel wirst du ganz locker und leicht im Sattel der Meinungen, Ideen und Gedanken sitzen. Das macht es möglich, sie zu teilen und auszutauschen. Strebst du immer wieder nach der inneren Wahrheit, der spirituellen Wahrheit, dann werden die kleinen Unstimmigkeiten und unterschiedlichen Meinungen langsam verschwinden. Zunächst werden sie unwichtig, dann werden sie in die alles vereinende Wahrheit des Geistes integriert oder verschmolzen.

Mentales Teilen darf nicht vernachlässigt werden. Es gibt viele Beziehungen, in denen Sexualität und, bis zu einem gewissen Grade, Gefühle geteilt werden, aber in einer Welt, die soviel Wert auf den Intellekt und Ideen legt, wird mentales Teilen merkwürdigerweise vernachlässigt. Menschen, die jeden Tag so nah beieinander leben, berauben sich gegenseitig der Freuden mentaler Verschmelzung. Sie zeigen nicht ihr innerstes Wesen, ihre Vorstellungen, Überzeugungen, Träume, Bestrebungen, Gefühle, Ängste, Ziele, Sehnsüchte, Unsicherheiten und Hoffnungen. Die Welt des Intellekts und der Ideen ist ein integraler Bestandteil des vollständigen Miteinanderteilens. Es ist nicht möglich, daß sich jemand in völlig befriedigender Weise mit einem anderen auf einer Ebene vereinigt, während er auf einer der anderen Ebenen getrennt bleibt und nicht im Einklang mit der natürlichen Bewegung ist, die auf Fusion hinzielt. Zum Beispiel wird Enttäuschung oft auf sexuelle Unvereinbarkeit zurückgeführt. Doch es kann durchaus sein, daß diese nicht auf mangelnder körperlicher Anziehung beruht, sondern vielmehr das Ergebnis unzureichender Vereinigung auf einer anderen oder auf allen anderen Ebenen ist.

Spirituelle Verschmelzung ist immer ein natürliches Ergebnis von Fusion auf den physischen, emotionalen und mentalen Ebenen. Fusion auf diesen drei Ebenen zeigt an, daß die Beteiligten hochentwickelte spirituelle Wesen sind, die aktiv mit einem spirituellen Pfad verbunden sind und daran arbeiten. Sie müssen so wach sein, daß sie bewußt und entschlossen geistige Wahrheit suchen. Zum geistigen Selbst zu gelangen muß das wichtigste Ziel sein, damit völlige Verschmelzung stattfindet. Es ist also richtig, daß die Erfüllung und das Glück, nach denen sich jedes geschaffene Wesen sehnt, nur in dem Ausmaß möglich sind, in dem die spirituelle Entwicklung eines Menschen schon vorangeschritten ist und noch andauert. Dieser Zustand bleibt so lange erhalten, wie die Partner in Bewegung sind und Zerstörungskraft konstruktiven, nach außen wirkenden, positiven Einstellungen und Verhaltensweisen Platz gemacht hat. Allzuoft bleiben Menschen stecken und haben kein Interesse mehr daran, sich aus ihrer Stagnation herauszubewegen. Und wenn dann ihre Sehnsucht nach Vereinigung unerfüllt bleibt, sind sie überrascht und geben anderen, den Umständen und dem Leben die Schuld.

Alle Angelegenheiten des Lebens müssen letztendlich in eine Verbindung mit dem geistigen Selbst und mit der spirituellen Wirklichkeit gebracht werden. Streitigkeiten können nur im geistigen Selbst, das allen Geschöpfen gemeinsam ist, wirklich aufgelöst und versöhnt werden. Wenn zwei Menschen in dem Bewußtsein verschmelzen, daß es in ihnen eine geistige Welt gibt, in der sie ihre Einheit entdecken können, dann findet spirituelle Vereinigung statt. Die außerordentliche schöpferische Kraft des sexuellen Triebes, die in der Vereinigung auf allen Ebenen erzeugt wird, ist voller selbsterneuerndem Leben, mit seinen positiven und negativen Aspekten. In der Teilnahme an diesem Leben setzen die nach Vereinigung strebenden Partner etwas in Bewegung, das seine eigene Dynamik hat wie ein Strom, dem der Mensch folgen lernen muß.

Die Sexualität spiegelt die Probleme der Seele wider

Alles, was in der menschlichen Psyche existiert, erscheint auch in der sexuellen Erfahrung; es ist nicht möglich, irgend etwas daraus fernzuhalten. Die konkrete Form der sexuellen Erfahrung ist deshalb ein untrügliches Anzeichen für den Zustand der Psyche. Sie läßt erkennen, wo ein Mensch befreit und eins mit dem göttlichen Gesetz ist, wo böse und destruktiv und wo steckengeblieben und stagnierend, weil keine Auseinandersetzung mit der noch verborgenen Destruktivität stattgefunden hat. Verborgene Seiten werden durch den sexuellen Strom magnetisiert und mit Energie aufgeladen und bestimmen so seine Richtung. Wenn die Richtung negativ ist und daher schamvoll geleugnet wird, hindert dies die Entwicklung des Menschen und die Vitalität seiner Lebenskraft.

Die mächtige kreative Energie, die der sexuellen Äußerung innewohnt, erschafft Bedingungen, in denen alle Charaktereigenschaften und die verborgensten Aspekte des eigenen Wesens in Erscheinung treten müssen. Unglücklicherweise sind die Menschen dafür blind. Selbst die fortgeschrittenste Psychologie beachtet nicht, daß die Erscheinungsweise der Sexualität – nicht notwendigerweise in den Fakten, sondern in den Neigungen und Tendenzen – den gesamten Charakter mit all seinen Eigenschaften offenbart, die ichbezogenen Persönlichkeitszüge, die Probleme und Unreinheiten wie auch die schon geläuterte Schönheit. Diese Informationen lassen sich erkennen und sind jedem, der weiß, wie und wo sie abzulesen sind, zugänglich.

Allzuoft geht man mit sexuellem Verhalten in oberflächlicher Weise um, beurteilt es einfach als gesund oder neurotisch, moralisch richtig oder falsch. In fast herausfordernder Weise weigern die Menschen sich, die darin enthaltenen Hinweise zu beachten. Die Hinweise werden von dem Rest der Person getrennt, als seien solche Neigungen ganz allein eine Frage des Geschmacks oder angeboren, wie blaue oder braune Augen. Häufig wird die Sache mit einem Etikett versehen und dadurch erledigt. Die spirituelle Botschaft der inneren Wirklichkeit wird völlig übersehen, auch wenn sie sich laut und klar in den sexuellen Neigungen des Menschen ausdrückt – mögen sie erlaubten Ausdruck finden oder geleugnet und verdrängt werden. Wenn der sexuelle Trieb durch Charaktermängel in grausamen, destruktiven Fantasien deformiert wird, braucht man diese genausowenig auszuagieren wie andere destruktive Gefühle. Das gleiche gilt für jedes mordlustige Gefühl, das du in deiner Pfadarbeit als deines erkennst und annimmst; es muß nicht ausagiert werden, damit du ihm begegnen, es akzeptieren und dich mit ihm auseinandersetzen kannst, um schließlich seine innere Bedeutung zu erkennen.

Gerade weil die sexuelle Energie so mächtig ist, erscheint jede kleine, scheinbar unwichtige Haltung, die in der menschlichen Persönlichkeit existiert, symbolisch im sexuellen Ausdruck. Die sexuellen Äußerungen sind ein Spiegel der inneren Wesensanteile, die so dringend bewußt-gemacht werden müssen. Es kommt darauf an, daß du es lernst, dieses Wissen zu nutzen. Betrachte deine Sexualität in einem neuen Licht. Was offenbart sie über dein nichtsexuelles Wesen, über dich als Mensch und deine Einstellungen? Wo bringt deine Sexualität deine Probleme zum Vorschein und wo enthüllt sie deine geläuterte Natur?

Wenn du und dein Partner nicht auf einer der vier Ebenen ver-schmelzen, muß sich das in deinem Leben zeigen. Nehmen wir an, daß die Anziehungskraft, die Bedürfnisse und Wünsche auf der körperlichen Ebene stark sind. Nehmen wir weiter an, daß ihr bereit seid, euch auf dieser Ebene offenzulegen und nach Verschmelzung zu streben, daß dies jedoch auf der emotionalen oder mentalen Ebene, oder auf beiden, ganz und gar nicht der Fall ist. Dort wollt ihr getrennt bleiben, wollt nicht geben oder riskieren und immer wieder jede Ebene auf einer höheren Stufe integrieren. Dann wird nicht nur die körperliche Ebene ernsthaft eingeschränkt sein, auch die Natur des sexuellen Triebes wird, in der einen oder anderen Form, die emotionalen und mentalen Einstellungen, die du vielleicht verborgen halten möchtest, verraten. Vielleicht merkst du gar nicht, daß diese Einstellungen in sexualisierter Form wieder auftau-chen, durchdrungen und magnetisiert von der sexuellen Kraft.

Läßt man die Negativitäten des psychischen Systems nicht im Bewußt-sein zu, wird die sexuelle Erfahrung blockiert, flach, unbefriedigend, mechanisch und in ernsthafteren Fällen völlig gelähmt. Wenn die Verleug-nung aufgehoben wird, kann sich die sexuelle Neigung in Charaktertenden-nzen wie der Lust an Grausamkeit zeigen. Es gibt viele Variationen, die man unmöglich verallgemeinern kann. Wenn zum Beispiel das Schuld-gefühl und die daraus folgende Selbstbestrafung geleugnet und verdrängt werden, können sie als sexuelle Neigung, verletzt, erniedrigt oder abge-lehnt zu werden, erscheinen. Es gibt unzählige Möglichkeiten mit ver-schiedenen Bedeutungen. Jede sexuelle Fantasie muß wiedererweckt und zugelassen werden, damit sie verstanden werden kann. Dies ist der einzige Weg, stagnierende sexuelle Energie wieder zum Fließen zu bringen, selbst wenn es zuerst bedeutet, die Fantasien auszuleben, entweder in deinem Kopf oder in spielerischer Weise in einer etablierten intimen Beziehung.

Oft ist man sich der abweichenden sexuellen Ausdrucksform recht bewußt, man läßt ihr freien Lauf und genießt sie, soweit es in einer solch gehinderten Weise möglich ist. Der sexuelle Ausdruck wird jedoch nicht mit seiner tieferen Bedeutung verbunden – der Mensch nimmt einfach an, »so bin ich«, und ist nicht gewillt, die Lust aufzugeben, in der Überzeugung, dies sei die einzige Weise, in der er oder sie Lust empfinden kann. Das ist nicht wahr. Die Lust, die zur Verfügung stände, wenn die negativen Eigenschaften erkannt würden, ist von unvergleichlich höherer Intensität und Qualität, und nichts muß dafür aufgegeben werden. Um Veränderungen in Gang zu setzen, muß man es sich zunächst gestatten, Verbindungen zwischen den als negativ erkannten sexuellen Zügen und den nichtsexuellen Wesensteilen herzustellen. Von hier aus wird sich auf organische Weise eine natürliche Transformation der sexuellen Strömung ergeben.

Wenn du schon seit längerem diesen Pfad gegangen bist, hast du auch einige deiner Negativitäten schon mutig konfrontiert. Glaubst du wirklich, daß diese Negativitäten sich nicht in deiner Sexualität ausdrücken? Kannst du auch nur für einen Augenblick annehmen, daß deine Negativitäten sich nicht in deiner sexuellen Haltung zeigen und so auch nicht deine Fähigkeit zu Erfüllung, Verschmelzung und Glück beeinflussen? Das zu glauben wäre recht töricht. Also suche nach den spezifischen Negativitäten und nach den spezifischen Erscheinungsformen, die sie in dir angenommen haben. Dies wird ein sehr aufregendes Unternehmen werden und dir viele Schlüssel zur Selbsterkenntnis liefern. Je konkreter du dabei vorgehst, desto reichhaltiger und belebender werden deine Einsichten und dein Selbstverständnis werden.

Die Verbindung von Ursache und Wirkung herzustellen, ist ein wichtiger Aspekt der Selbstkonfrontation und der persönlichen Entwicklung. Das größte Leid, der größte Mißklang im Menschen wird durch die Trennung von Ursache und Wirkung hervorgerufen. Nichts ist schmerzhafter als das Leiden, dessen Ursache man nicht kennt.

186

Stehen Spiritualität und Sexualität im Konflikt?

Für die meisten Menschen ist die Verbindung von Sexualität und Spiritualität unvorstellbar. Dies wird sich bald ändern; die spirituellen Strömungen unserer Zeit haben schon den Beginn eines neuen Zeitalters herbeigeführt. In früheren Zeiten wurden Sexualität und Spiritualität als Gegensätze angesehen. Es war nicht bekannt, daß echte spirituelle Einheit das höchste Ergebnis der Vereinigung aller Seinsebenen ist, einschließlich der physisch-sexuellen. Es war nicht bekannt, daß vollkommene Integration und Einheit den Einklang von Sexualität und Spiritualität bewirken. Die Verwirklichung deines geistigen Lebens ist nur als Folge völliger Vereinigung auf allen anderen Ebenen möglich, sicherlich niemals als Folge der Abtrennung eines Teils von dem anderen. Die wahre Bedeutung der Spiritualität ist Einheit und Ganzheit, und das heißt, daß alles, was existiert, miteinbegriffen sein muß. Befriedigende Beziehungen spiegeln deshalb immer das Ausmaß der individuellen inneren Vereinigung wider. Wenn du keine Einigkeit mit anderen finden kannst, bist du in Uneinigkeit mit dir selbst.

Die Schwierigkeit der Menschen, Spiritualität und Sexualität zu vereinen – und sei es auch nur als Begriffe – hat ihre Ursache in dem, was ich schon erwähnte – nämlich der Tatsache, daß verborgenes Böses sich in der sexuellen Äußerung und durch sie manifestiert. Deshalb haben geistige Lehrer jahrhundertelang behauptet, daß die Sexualität ein Hindernis für die geistige Entwicklung sei. Zu früheren Zeiten gab es Gründe für diese Behauptung; man hatte damals nicht ganz unrecht. In dem weniger entwickelten Zustand der früheren Menschheit agierten die Menschen ihre Brutalität und Animalität durch die Sexualität aus. Bewußtsein und Gewissen, die Einflüsse des Geistes, existierten in weitaus geringerem Maße. Alles wurde ungestraft und selbstgerecht ausagiert. Die Stärkeren hatten das Recht und brauchten keine Entschuldigung. Die Fähigkeit, Zurückhaltung und Disziplin zu üben, existierte nicht. Mitgefühl mit anderen war äußerst selten und schwach ausgebildet. In einer solchen Welt mußten die machtvollen Triebe zurückgehalten werden, um das Wirksamwerden des Geistes möglich zu machen. Dies erklärt die langen

Perioden, in denen spirituelle Exerzitien angewandt wurden, um die natürlichen Instinkte in Schranken zu halten. Die geistige Entwicklung schritt voran, zugleich wurden aber die natürlichen menschlichen Triebe eingeengt. Dies war vorübergehend notwendig.

Erst jetzt, wo die Menschheit in eine neue spirituelle Ära der Entfaltung eintritt, sind die Menschen stark genug, ihre verborgenen Instinkte anzuschauen und zu läutern, ohne daß sie Gefahr laufen, sie auszuagieren. Doch auch noch heute kennt kaum einer den feinen Unterschied zwischen gefahrlosem, ehrlichem Ausdruck und Eingeständnis der negativen Inhalte der Psyche und destruktivem Ausagieren. Auf diesem Pfad ist jeder in der Tat ein Pionier, der die überaus wichtige Kunst der Unterscheidung lernt. Allein auf diese Weise kannst du dein gesamtes Wesen vereinigen, alle Aspekte deiner selbst läutern und ohne Gefahr den sexuellen Trieb, so wie er sich jetzt manifestiert, zum Ausdruck bringen. Das gegenwärtige Vorherrschen von Stagnation, geringer Vitalität und häufigen sexuellen Problemen ist eine Folge der Einschränkung der negativen Lebenskraft, weil die Menschen nicht fähig sind, gefahrlos mit ihr umzugehen. Du lernst jetzt eine neue, herrliche Methode, deine Instinkte zu befreien, um dein Leben zu läutern und zu revitalisieren.

Wenn die Energie der Lebenskraft in unerkanntem und unangeschautem Bösen konzentriert ist, dann wird die Energie selbst gefürchtet und der Zustand der Stagnation als das kleinere Übel vorgezogen. Diese Erstarrung ist schmerzhaft, die sexuellen Sehnsüchte mögen unerträglich werden, aber die innere Person ist noch zu verwirrt und ängstlich, sich der Wahrheit zu stellen. Das Böse wird geleugnet, und es kann sein, daß man dann versucht, den sexuellen Trieb künstlich mit sehr unbefriedigenden Resultaten zu erzwingen. Man greift vielleicht auf künstliche Anregungsmittel zurück, und dann wird die Sexualität noch mehr von den anderen Teilen der Persönlichkeit abgespalten.

Die Brüche zwischen den Ebenen erzeugen weitere Kurzschlüsse, die auf verschiedene Weise in Erscheinung treten können. Die emotionale Ebene sagt: »Ich will nicht lieben«, was auf verleugneten Haß hinweist. Die mentale Ebene könnte sagen: »Ich soll lieben. Wenn ich es nicht tue, bin ich schlecht, und dann habe ich keine Freude. Also muß ich

188

mich zur Liebe zwingen.« Eine andere mentale Ebene kann gleichzeitig sagen: »Ich brauche dich nicht, du bist schlecht«, als Entschuldigung und Erklärung für die Weigerung zu lieben. Die physisch-sexuelle Ebene sagt vielleicht: »Ich möchte dich besitzen und meine Lust befriedigen.« In solch einer mißlichen Lage wird die Sexualität entweder aufgegeben oder in sogenannter Perversion ausgedrückt – in der Lust, Schmerz zuzufügen, in der Lust, sich selbst und den anderen zu negieren. Haßerfüllter, egoistischer, grausamer Sex produziert immer Schuld. Die Schuldgefühle werden dann zwar rationalisiert und als puritanische, unaufgeklärte, vorurteilsvolle Haltung abgetan. Aber die Schuldgefühle verschwinden nicht, trotz all der »Aufklärung«.

Die Ursprünge sexueller Schuld

Was ist der Ursprung solch einer Schuld? Gewiß empfindet man echte Schuldgefühle über den verborgenen Haß und die Brutalität, die in den sexuellen Äußerungen verschleiert zum Ausdruck kommen, ob man sie sich eingesteht oder nicht. Wenn man sich mit dem Wunsch, nur die eigenen Interessen zu sehen und andere gedankenlos herabzusetzen oder auszunutzen, nicht konsequent auseinandersetzt, beschmutzt man die heilige Sexualität. Und die Sexualität ist in der Tat heilig. Sexualität im Dienste der Ichverherrlichung und der Machtlust muß ganz einfach Schuld hervorrufen – Schuld, die »unerklärlich« ist oder für die in der Umwelt und in den frühen Erfahrungen der Menschen die Erklärung gesucht wird.

Nichts ist gefährlicher als die Nutzung einer mächtigen spirituellen Energie in zerstörerischer, verkehrter Weise, sei es im Handeln oder nur in Gedanken und Einstellungen. Haben sich Mordlust und Haß in der Sexualität eingebettet, wird sie bösartig und zum Gegenspieler von Spiritualität. Menschen haben jahrtausendelang die animalischsten Triebe in der Sexualität ausgelebt, was zu der Überzeugung führte, daß Sexualität selbst animalisch sei. Erst jetzt ist es den Menschen möglich, jedem nur erdenklichen Bösen zu begegnen und es nicht in Handlung umzusetzen.

Heute haben die Menschen ein Gewissen, das ihnen sagt, wenn sie bösartig sind. Das Bewußtsein ist nicht immer an der Oberfläche, doch existiert es innerhalb der Psyche. Dies erzeugt ein Widerstreben, dem sexuellen Trieb nachzugeben, da er die verleugneten Negativitäten, das Böse und die Destruktivität zum Ausdruck bringen kann.

Wenn du diesen Schlüssel im Sinne der Pfadarbeit benutzt und dir gestattest, die Wahrheit zu sehen und zuzugeben, wirst du nicht nur größere Einsicht in dich selbst gewinnen, neue Verbindungen herstellen und dich läutern, sondern du wirst auch die bisher so schwer faßbare sexuelle Macht in dir aktivieren. Du wirst deine Sexualität befreien und sie zugleich mit deinem spirituellen Selbst vereinigen – ohne unzeitgemäßen Druck und Zwang, sondern in einem natürlichen Prozeß. So wirst du die sexuelle Energie von der Verwicklung in das Negative befreien. Setze dich damit auseinander. Je mehr du es tust, desto weniger blockiert wirst du sein. Je spontaner die innere Bewegung wird, desto mehr wird dich die Erfahrung der Verschmelzung beleben, und desto besser werden die unwillkürlichen Prozesse in dir funktionieren. Deine verborgensten sexuellen Fantasien, geprüft im Lichte der reinen Wahrheit und erkannt als das, was sie wirklich sind, werden dir zur Befreiung verhelfen. Keine Wahrheit ist jemals zu schwer, um sie ertragen zu können. Keine Wahrheit, die man klar und nüchtern betrachtet, kann jemals deinen Geist und dein wahres Selbst erniedrigen. So wirst du aufwachen, lebendig werden und dich von deinen Ängsten befreien.

Bevor diese Lesung zu Ende kommt, möchte ich im Zusammenhang mit dem Thema noch einen Gedankengang wiederholen und dabei die einzelnen Ideen verknüpfen.

Die männlichen und weiblichen Prinzipien des Kosmos drücken sich in jedem kreativen Akt aus. Wie kommen sie zwischen zwei Partnern und innerhalb jedes einzelnen zum Ausdruck? Das männliche Prinzip bringt die nach außen gehende Bewegung des Ergreifens, Gebens, Handelns, Initiierens und Behauptens zum Ausdruck. Das weibliche Prinzip bringt die rezeptive Bewegung des Aufnehmens und Nährens zum Ausdruck. In der Verzerrung und Negativität erscheint das männliche Prinzip als feindselige Aggression, als Schlagen statt als Geben und Ergreifen. Das weibliche

190

Prinzip wandelt sich in der Verzerrung von der liebevollen Empfänglichkeit zu Ansichreißen, Packen, Stehlen, Festhalten und Einfangen, zu Nehmen, ohne loszulassen. Diese Prinzipien manifestieren sich in jedem lebendigen Akt. In Harmonie wie in Verzerrung existieren sie im Mann wie in der Frau. Sie können leicht mit ein wenig Selbstbeobachtung entdeckt werden. Sie sind als Seelenbewegungen erkennbar und können sich auch in physischen Handlungen offenbaren.

Totale Verschmelzung

Die beiden Bewegungen existieren in absolut allem, was ist, und in allem, was sein kann. Sie sind integrale Bestandteile der Schöpfung. Hast du die Art, wie beide Prinzipien in dir zum Ausdruck kommen, einmal erkannt, wird es leicht möglich sein, die Äußerungen mit den mentalen, emotionalen und physischen Ebenen zu verknüpfen. Erlaube es dir, deinen Blick darauf zu richten. Befriedigende Verschmelzung zwischen einem Mann und einer Frau ist nur soweit möglich, wie beide Prinzipien in beiden Partnern harmonisch wirksam werden und sich so im Akt der Verschmelzung gegenseitig ergänzen. Wenn kein harmonisches Wechselspiel der männlichen und weiblichen Prinzipien innerhalb deines eigenen psychischen Systems existiert, sondern Verzerrung und Ungleichgewicht dort vorherrschen, dann offenbart sich dies zwangsläufig in deiner Partnerwahl und in der Weise, wie du mit der Beziehung umgehst.

Harmonisches Verschmelzen steigert sich bis zur totalen Fusion. Totale Fusion ist die Erfüllung der zwei Bewegungen in ihrem Höhepunkt. Der Moment der Fusion, den man in der Vereinigung eines liebenden Paars Orgasmus nennt, ist die totale Erfüllung; das Ziel hat sich im Geistigen erfüllt, soweit es zu diesem Zeitpunkt für die strebenden Einzelwesen möglich war – und das gilt für jeden kreativen Akt. Du kannst diese kreative Erfahrung nur in dem Maße machen, wie du Negativitäten und egoistische Abwehrmechanismen aufgibst und die spontane, unwillkürliche, aus deinem innersten Wesen herausfließende Bewegung zur Vereinigung willkommen heißt. Die kreative Erfahrung wird sich weiter ausdehnen, bis völlige Vereinigung mit dem Ganzen stattfindet. Dann verharrt das Geschöpf im Zustand der Fusion in nicht endender, geistiger Glückseligkeit. Aber solange der Kosmos noch nicht seine Vollendung, die Erfüllung der Leere mit geistigem Licht, erreicht hat, kann Orgasmus in der Schöpfung nur von vorübergehender Natur sein. Folglich finden die Teile sich in Getrenntheit wieder und setzen ihr Streben immer weiter fort, bis eins alles ist und alles eins, bis keine Dunkelheit mehr ist und nur geistiges Licht, geistige Wahrheit und Schönheit herrschen.

Wenn ihr alle nur ganz tief innen spüren könntet, daß ihr einen unerschöpflichen Schatz von Sicherheit, Liebe und Licht in euch habt! Das einzige, was euch davon trennt, ist euer Denken, euer Nichtwissen, euer Unwille, diese Wahrheit zu fühlen, zu erkennen und zu bedenken. Macht von dieser Wahrheit Gebrauch.

Ich lasse euch mit einem goldenen Energiestrom zurück. Seid gesegnet in der zu jeder Zeit zugänglichen Wahrheit des Lebens, in der Wahrheit der Liebe, in der Liebe zur Wahrheit und im Frieden der geistigen Wirklichkeit.

14

Die neue Frau und
der neue Mann

Seid gegrüßt, meine geliebten, teuersten Freunde. Segen für jeden von euch hier. Heute werde ich von der Evolution des Bewußtseins in bezug auf die Frauen und auf die Beziehung von Mann und Frau sprechen. Man kann über dieses Thema nicht reden, ohne auf die sich verändernde Beziehung der Geschlechter hinzuweisen.

Mit dem Reifen des Planeten reifen auch Männer und Frauen. Was bedeutet dies? Wie haben sich Frau und Mann entwickelt, und wohin entwickeln sie sich? Was ist die höchste Verwirklichung von Fraulichkeit – und von Männlichkeit? In dieser Phase der Geschichte kommt die Frau zu sich selbst; sie kommt aus ihrer Beschränkung heraus.

Ein Blick zurück

Bei Anbruch der Geschichte mißtrauten die Menschen allem, was ihnen anders, seltsam oder fremd erschien. Das Mißtrauen gegenüber dem anderen Geschlecht war stark. Von Natur aus mißtraute der Mann der Frau und die Frau dem Mann. Das Mißtrauen des einen schien durch die mißtrauische Haltung des anderen gerechtfertigt zu sein. Da der Mann körperlich stärker war und da die Körperlichkeit der einzige Ausdruck der frühen Menschen war, gebärdete sich der Mann allen Schwächeren gegenüber als der Überlegene.

In den Frühzeit der Menschen wurden das gegenseitige Mißtrauen und die körperliche Herrschaft des Mannes sehr offen ausgelebt. Seitdem sind diese Züge und Verhaltensweisen, wenn auch inzwischen in geringerem Grade, im Bewußtsein von Mann und Frau verankert. Heute mögen sie durch ein realistischeres und reiferes Wissen überdeckt sein und nicht in der gleichen Weise ausagiert werden, doch bleibt in der Psyche versteckt noch ein dunkler Winkel, der bewußtgemacht und verändert werden muß.

In die Geschichte zurückblickend könnt ihr sehen, daß die Spezies sich so verhalten hat, wie es viele Individuen tun: Sie bewahrte eine Einstellung auch dann noch, als sie nicht mehr sinnvoll war. Der Mann behielt seine Überlegenheit auch dann noch, als körperliche Tüchtigkeit schon lange aufgehört hatte, der wichtigste Wert zu sein. Andere Werte, die gleichermaßen für beide Geschlechter galten, kamen mit fortschreitender Entwicklung auf. Männer – wie auch oft Frauen – bestanden dennoch darauf, den Mann als überlegen und die Frau als unterlegen zu sehen, ja selbst als intellektuell und moralisch schwächer. Aber das ist euch allen ja bekannt.

In dem Maße, in dem der Mann sich nicht mit seinen Gefühlen der Unterlegenheit und Schwäche auseinandersetzte und vorzutäuschen suchte, daß er diese Gefühle nicht hatte, nahm er den körperlich Schwächeren gegenüber eine arrogante und überlegene Rolle ein. Er brauchte Sklaven, um sich von seinem Wert zu überzeugen. Dies bezog sich auf Tiere, auf Völker, die er sich in Kriegen unterwarf, und auch auf Frauen. Die Frau übernahm mental und emotional eine abhängige Stellung und beteiligte sich so aktiv an ihrer Versklavung.

Der Mann fürchtete diejenigen, die körperlich stärker waren als er. Je mehr er sie fürchtete, desto stärker war sein Trieb, Schwächere zu unterwerfen. Diesen menschlichen Zug in der unerleuchteten Person, den ihr sehr wohl aus euren eigenen inneren Prozessen kennt, nennt man Kompensation. Er existiert immer noch im menschlichen Bewußtsein. Auch die Frau ist nicht frei davon. Wenn ihr tief in euch hineinschaut, werdet ihr ähnliche Einstellungen finden.

Warum war die Frau noch so lange, nachdem körperliche Tüchtigkeit aufgehört hatte, die höchste Eigenschaft eines Individuums zu sein, unterworfen? Warum wurde ihr noch so lange das Geburtsrecht des

194

Selbstausdrucks, der geistigen, emotionalen und spirituellen Gleichheit mit dem Mann verweigert? Die Frau kann nicht einfach nur ein Opfer des Mannes und seines egoistischen Wunsches, sich überlegen und stärker zu fühlen und sie als Objekt zu besitzen, gewesen sein. Wie hat sie zu dieser Situation beigetragen?

Euch, meinen Freunden auf diesem Pfad, fällt es nicht mehr schwer, ausfindig zu machen, wo ihr keine Selbstverantwortung übernehmen und lieber eine stärkere Autoritätsfigur für euch sorgen lassen wollt. Genauso machte sich die Frau in den alten Geschlechterbeziehungen selbst zum Opfer, indem sie ihre Selbstverantwortung leugnete; sie wählte den einfachsten Weg, um beschützt und versorgt zu werden. Sie wollte, daß eine Autorität die Entscheidungen für sie traf und für sie gegen die Schwierigkeiten des Lebens ankämpfte. Sie wollte die Scheinbequemlichkeit der Abhängigkeit genießen.

Dies hat sich als enttäuschende, wenig erfüllende Lebensweise für sie erwiesen. Alle Fehlvorstellungen führen früher oder später zu Enttäuschung. Aber die Frau weigert sich immer noch, ihren Teil der Verantwortung zu übernehmen. Sie gibt immer noch dem Mann alle Verantwortung und damit alle Schuld.

Die neue Frauenbewegung enthält viel Wahrheit, ist aber, wie alle dualistischen Betrachtungsweisen, eine Halbwahrheit. Die volle Wahrheit ist, daß die Frau in der Tat die gleichen Fähigkeiten der Intelligenz, Kreativität und psychischen Kraft, des Einfallsreichtums und produktiven Selbstausdrucks besitzt wie der Mann. Die Behauptung, daß es nicht so sei, ist sinnlos; sie wird gerne von dem Mann ausgespielt, der seine Gefühle der Schwäche und Unterlegenheit nicht zugeben will und sich daher der Frau überlegen fühlen muß.

Damit die neue Frauenbewegung bedeutungsvoll wird, muß die Frau aber auch in sich selbst den Anteil erkennen, der ihre Versklavung ermöglicht hat. Ich möchte behaupten, je stärker die Auflehnung und die Vorwürfe gegen das andere Geschlecht sind, desto stärker ist in der Seele dieser Frau der Wunsch, ihr Leben nicht selbst zu lenken, nicht verantwortlich zu sein, sondern sich auf einen anderen zu stützen. In dem Maße, wie sie unfaire und nicht zu realisierende Forderungen stellt, begegnet sie der männlichen Autorität mit Groll und Schuldzuweisungen und spielt das Opferspiel.

Ähnlich wird der Mann, der sich nicht seinen Ängsten, Schuldgefühlen und Schwächen stellt, in der einen oder der anderen Form ein Machtspiel spielen und es dann der Frau verübeln, daß sie ihn ausnutzt und überlastet. Die unreife Seele beider möchte den Vorteil, ohne den Preis zu zahlen. Der Mann will die überlegene Stellung, verübelt jedoch den Preis: die Fürsorge für einen Parasiten. Die Frau will den Vorteil des Schutzes und der Fürsorge, ist jedoch böse über den Preis: den Verlust ihrer Autonomie. Beide spielen das gleiche Spiel, schrecken aber davor zurück, zu sehen, wie sie gemeinsam diese verkehrte Situation erschaffen.

Was liegt hinter den Stereotypen?

Auf einer noch tieferen Bewußtseinsebene findet man das Gegenteil des offenkundigen Verhaltens. Auch der Mann weicht vor der Verantwortung des Erwachsenseins zurück und neidet der Frau ihre sozial sanktionierte Stellung. Er kompensiert dafür mit der Überbetonung des Machtspiels. Die Frau verbirgt den Anteil, der auch aggressiv, machtvoll und stark sein will, nicht nur im wahren, sondern auch im verzerrten Sinn. Sie ist voller Neid auf die überlegene Stellung des Mannes. In früheren Zeiten mußte sie diese Seite völlig unterdrücken; sie war sozial genauso unakzeptabel wie die verborgenen Wünsche des Mannes. Erst vor kurzem konnten solche Anteile zum Vorschein kommen, doch werden sie noch oft mit wahrem Selbstsein verwechselt.

Männer wie Frauen müssen ihren Weg aus den dualistischen Verwirrungen herausfinden. Wie können beide emotionale Erfüllung erlangen und zugleich autonome Erwachsene sein?

Wenn Bewegungen, Anschauungen, Philosophien sich nicht mit dem Ganzen eines Problems beschäftigen, sondern nur mit der Hälfte, ist es nicht möglich, das Gleichgewicht herzustellen. Obwohl im Laufe der Geschichte das Pendel von einem Extrem zum anderen hinüberschwingen muß, kann tiefere Einsicht helfen, die Exzesse zu vermeiden.

196

Ihr wißt bereits, daß der Dualismus dem Bewußtsein der Einheit entgegengesetzt ist. In der Dualität fühlt sich der Mann überlegen und sieht die Frau als unterlegen. Folglich wird er sie ausnutzen, sich aber auch durch sie ausgenutzt fühlen. In solch einer Beziehung ist Erfüllung unmöglich. Die Frau fühlt, daß sie in unfairer Weise durch den körperlich stärkeren Mann ausgenutzt wird, und weist ihm die Verantwortung dafür zu, daß sie zum Opfer gemacht worden ist. Beide sehen die andere Seite nicht, wo sie sich in der Tat sehr ähnlich sind und sich in verzerrter Weise ergänzen.

Es ist nötig, daß im gesunden Individuum das weibliche wie auch das männliche Prinzip vertreten ist. Die beiden Prinzipien kommen im Mann und in der Frau allerdings nicht in gleicher Weise zum Ausdruck, aber die Unterschiede ergeben ein komplementäres Ganzes. Die Unterschiede sind nicht qualitativ; sie sollten niemals zu dem Urteil führen, daß einer besser oder entwickelter sei als der andere.

Die autonome Frau

Ich möchte ein Bild der Frau im Zeitalter des erweiterten Bewußtseins aufzeichnen und dann die Verbindung zur Geschlechterbeziehung herstellen. Die neue Frau ist völlig selbstverantwortlich und daher frei. Sie steht auf ihren eigenen Füßen, nicht nur materiell, sondern auch intellektuell, geistig und emotional. Damit meine ich ganz besonders das Wissen, daß kein Mann ihr Glücksempfinden und fließende Gefühle geben kann, sondern daß sie sie selbst durch ihre Liebe und Integrität erzeugt, durch die Öffnung ihres Herzens zur Liebe und ihres Geistes zur inneren Wahrheit. Die neue Frau weiß, daß ihre Liebe zum Mann und die Hingabe an ihre Gefühle für den Mann ihre Kraft steigern. Für die neue Frau bedeutet es keinen Konflikt, ein produktives, kreatives, beitragendes Mitglied der Gesellschaft und eine liebende Gefährtin zu sein. Tatsächlich ist es nicht möglich, wahrhaft einen Menschen zu lieben, demgegenüber man den Sklaven spielt, um Selbstverantwortung zu vermeiden. Das alte Märchen, daß die Karriere einer Frau ihr Frausein vermindert, sie weniger gefühlvoll und liebend macht, sie unfähig macht zur hingebungsvollen Gefährtin, hat schon immer jeder Grundlage entbehrt.

Der neue Zustand erfordert Stärke und Autonomie, die verdient werden müssen. Sie müssen verdient werden, indem die Frau das Gewicht der Realität mit allem, was dies beinhaltet, auf sich nimmt, doch nicht in einem Geist von Haß, Auflehnung, Konkurrenz, Herausforderung, nicht indem sie die schlimmsten Exzesse und Verzerrungen der Männlichkeit nachahmt, die negative Aggression und die Machtspiele. Es muß durch die Macht der Liebe und Wahrheit geschehen und vom höheren Selbst ausgehen. Wenn etwas Wahres geleugnet wird, weil man der falschen Auffassung ist, es sei zu schwierig, müssen zunächst diese Schwierigkeiten angenommen werden. Sie werden sich dann als nicht so groß erweisen. Selbstverantwortung erscheint schwierig, ist es aber nicht, sobald die scheinbaren Härten angenommen werden, denn solch eine Annahme läuft auf eine ehrliche Einstellung zum Leben hinaus.

Wo noch Verzerrungen sind, will die Frau vom Mann, was sie sich selbst verweigert. Das wird es bei der neuen Frau nicht geben. Das heißt nicht, daß zwei ihr Leben miteinander teilende Menschen nicht auch auf natürliche Weise ihre Schwierigkeiten teilen. Davon rede ich hier nicht. Ihr wißt recht gut von eurer Pfadarbeit, daß ihr das, was ihr heimlich von einer überlegenen Vaterautorität wolltet, auf einen Partner übertragen habt. Ihr wißt auch, daß solch ein stillschweigender Wunsch jede Beziehung zerstören muß. Er muß in euch Groll und Angst gegenüber ebender Autorität hervorrufen, die ihr ausnutzen wollt. Liebe kann nur in einem Klima echter Ebenbürtigkeit gedeihen, wo es keine Angst gibt und deshalb auch keine Abwehr und keine Schuldzuweisung. Ganz im Gegensatz zu dem Märchen, daß die Weiblichkeit aufblüht, wenn die Frau dem Mann dient, erblühen die Gefühle nur dann, wenn die Frau frei, autonom und im besten Sinne des Wortes unabhängig ist. Erfüllung ist ganz und gar abhängig von einem Zustand der Gleichheit. Sobald sich einer dem anderen überlegen fühlt, sinkt die Achtung, und das Herz verschließt sich. Sobald sich einer dem anderen unterlegen fühlt, entstehen unausweichlich Groll, Angst und Neid, und auch dadurch verschließt sich das Herz.

Die neue Frau ist weder die Sklavin des Mannes, noch ist sie seine Konkurrentin. Deshalb kann sie lieben, und ihre Liebe wird ihren krea-

198

tiven Selbstausdruck nicht vermindern, sondern steigern, wie auch ihr kreativer Beitrag zum Leben ihre Liebesfähigkeit steigern wird. Das ist die neue Frau.

Der autonome Mann

Im Zeitalter des erweiterten Bewußtseins braucht der Mann nicht mehr eine schwächere Gefährtin, um seine eigene Schwäche zu verdrängen. Er begegnet seiner Schwäche, sieht ihr ins Auge und gelangt dadurch zu seiner wahren Stärke. Er erkennt, daß seine Schwäche immer aus Schuld herrührt und seine Selbstablehnung, in einer Form oder der anderen, immer eine Verleugnung der Integrität seines höheren Selbst ist. Deshalb existiert in ihm nicht mehr das Bedürfnis nach einer Sklavin. Er fühlt sich nicht mehr durch einen Ebenbürtigen bedroht. Er braucht keine unterlegene Gefährtin, um sich von seiner Annehmbarkeit zu überzeugen, was natürlich sowieso illusorisch ist. Sobald der Mann seiner Schwäche ins Auge sieht, findet er seine wahre Stärke. Deshalb ist seine Beziehung zur Frau die zu einer Gleichberechtigten; er fühlt sich nicht bedroht durch jemanden, der genauso kreativ, der Aufgabe gewachsen, moralisch stark und intelligent ist wie er. Er muß nicht den Herrn spielen. Wie gesagt, dies befähigt den Mann, sein Herz zu öffnen und eine zuvor nicht mögliche Erfüllung zu erfahren.

Die Teufelskreise, die ihn beengten, werden nun zu heilsamen Kreisen. Statt daß die Unterlegenheitsgefühle ihm das Herz verschließen und Groll, Haß und damit auch Frustration und Vorwürfe an das andere Geschlecht bewirken, werden die heilsamen Kreise das Herz öffnen. Der Mann und die Frau, die autonom, selbstverantwortlich und selbstverwirklicht sind, haben im anderen Geschlecht nichts zu fürchten, zu beneiden oder zu verübeln. Sie können deshalb alle Gefühle strömen lassen, Erfüllung erfahren und auch Dankbarkeit für den Gefährten spüren. Zwei Gleichgestellte helfen sich gegenseitig in ihrem Wachstum als Individuen, als Mann und als Frau. Dies sind der neue Mann, die neue Frau und die neue Beziehung.

Wo dies noch nicht so ist, werdet ihr eine völlig andere Einstellung in bezug auf euch selbst und den anderen einfach dadurch finden können, daß ihr die Trugschlüsse, verzerrten Erwartungen, illusorischen Ziele und negativen Gefühle in euch aufdeckt und euer Interesse am Aufrechterhalten des inneren Kampfes erkennt. Der neue Mann und die neue Frau sind nicht unbedingt perfekte, vollentwickelte Menschen. Vielmehr sind sie Menschen, die genauso in sich selbst wie im anderen nach den Ursachen des Mangels an Erfüllung forschen. Daher können sie eine negative Gegenseitigkeit erkennen, mit der sie sich beide auseinandersetzen müssen. Sie erweitern nicht die Kluft zwischen sich und dem anderen oder zwischen sich und der Wahrheit mit selbstgerechten Vorwürfen.

Autonomie löst in einem ständig fortschreitenden Prozeß das Mißtrauen auf. Das noch zwischen den Geschlechtern bestehende Mißtrauen ist ein Rückstand aus alten Zeiten. In dem Zeitalter, in das wir jetzt eintreten, werden Unterschiede keine Angst hervorrufen. Wenn man dem Kosmos traut, werden Unterschiede als besonders attraktiv empfunden. Fürchtet ihr nicht den Unterschied, sondern zieht er euch an, verwirklicht ihr euch und löst die Blöcke der Unwahrheit auf. So realisiert ihr euer höchstes Potential. Benutzt diese Erkenntnis als einen Maßstab, an dem ihr eure Absicht, in Unwahrheit und Leiden zu verharren, messen könnt.

Zur Zeit weist das Bewußtsein der Menschheit alle Stufen in der Entwicklung der Geschlechterbeziehung auf. Vielleicht verfolgt ihr bewußt die höchsten Ideale. Aber in tieferen Schichten mag es emotionale Reaktionen geben, die überhaupt nicht mit den bewußt gedachten Meinungen übereinstimmen. Es ist wichtig zu erkennen, wo und wie ihr davon abweicht. Dies ist der einzige Weg, sich gegen die Störung des inneren Gleichgewichts zu sichern – und damit gegen die Erzeugung äußerer Disharmonie.

Natürlich gibt es einen Schlüssel, der für alles gilt, und dieser Schlüssel ist Liebe. Ohne Liebe kann nichts geheilt werden, kann nichts zur Vereinigung kommen, keine Wahrheit gefunden werden. Doch ist es auch genauso wahr, daß Liebe nicht ohne Wahrheit gefunden werden kann. Tief in einem Winkel eures Herzens herrschen noch Haß und

200

Angst, Ärger und Mißtrauen gegen das andere Geschlecht. Wichtiger noch: Der Wille, diesen Zustand aufrechtzuerhalten, die Absicht, diese Gefühle weiterhin zu fühlen und zu verstecken, verhindert das Aufblühen der Herzen und Sinne im Mann und in der Frau. In dem Maße, wie ihr noch an dem alten Zustand festhaltet, habt ihr noch nicht euer eigenes Selbst gefunden und ihr seid nicht fähig, gute Beziehungen zum anderen Geschlecht aufzubauen und euch Erfüllung zu verschaffen. Erfüllung mit der alten, unveränderten Haltung zu suchen ist äußerst nutzlos.

So sage ich euch, meine lieben Freunde, findet den Winkel in eurem Herzen, diese kleine, verborgene Spalte, wo ihr das andere Geschlecht haßt. Vielleicht wehrt ihr diese Erkenntnis durch Vorwürfe und Anklagen ab, vielleicht verschließt ihr, scheinbar gerechtfertigt, im Ärger euer Herz. Die Frau spielt das Opfer, der Mann spielt den vorwurfsvollen Überlegenen. Er wirft der Frau vor, daß sie ihn ausnutzt und benutzt, und fühlt sich dem Anteil in ihr, der sie schwach macht, überlegen. Vorübergehend ist das Pendel in die entgegengesetzte Richtung ausgeschlagen. Die Frau ist militant geworden, vergißt oft ihr Herz und ihre Liebe zum Mann und weist die Liebe zurück. Der Mann hat in der Gegenbewegung des Pendels die positive Aggression hinter sich gelassen und eine Schwäche gezeigt, deren Ausdruck er zu früheren Zeiten nie zugelassen hätte.

Die Gegenwart ist eine Zeit der Veränderungen

All die Schwingungen des Pendels haben einen Zweck: den Zustand der Mitte zu finden. Der Mann wird jetzt seine wahre Stärke finden. Er mußte die falsche Stärke, die falsche Überlegenheit hinter sich lassen. Er mußte vorübergehend schwach werden, erringt jetzt aber eine neue Stärke, weil er seiner Schwäche ins Auge sehen kann. Auf diese Weise erweitert er seine echten Werte und seine echte Macht. Er muß nicht mehr der überlegene Spieler im Team sein. Er kann es sich leisten, seiner Partnerin mit dem Herzen, auf der Gefühlsebene, zu begegnen. Auch kann er eine intellektuelle Beziehung mit ihr auf gleicher Ebene eingehen. Das ist der neue Mann.

Deshalb, meine liebsten Freunde, müßt ihr den Teil in euch prüfen, wo ihr nicht vergeben und die Wahrheit verstehen wollt, sondern auf eurem Standpunkt bestehen und weiter hassen wollt. Laßt ab vom Haß gegen das andere Geschlecht. Betet um die Fähigkeit, zu lieben und zu vergeben, zu verstehen und zu sehen, daß die Züge, denen ihr im anderen mit Haß, Furcht und Mißtrauen begegnet, gleichermaßen auch in euch existieren, sich vielleicht nur etwas anders offenbaren.

Die Frau repräsentiert das aktive Prinzip genau wie der Mann. Und der Mann repräsentiert das rezeptive Prinzip genau wie die Frau. Kommen sie in sexueller Vereinigung zusammen, mag sich das äußerlich nicht immer so zeigen, aber die inneren Kräfte müssen das aktive und das rezeptive Prinzip vereinen, sonst ist das Gleichgewicht gestört. Erst der Mann ist ein echter Mann, der auch das rezeptive oder feminine Prinzip verkörpert. Bringt er nur das maskuline Prinzip zum Ausdruck, wird er zur Karikatur eines Mannes. Dann ist er ein Despot, ein Haustyrann, eine Übertreibung und Verfälschung. Gleichermaßen ist die Frau, die nur das rezeptive Prinzip zum Ausdruck bringt, die Karikatur einer Frau; sie ist in Wahrheit ein kleines Kind, das sich auf andere stützt und ihre Autonomie verleugnet. Um in den Gefühlen ganz rezeptiv zu sein, muß die Frau genau wie der Mann dem aktiven Prinzip Ausdruck geben.

Die beiden Prinzipien müssen in beiden vorhanden sein und sich ergänzen und zeitweise auch auf parallele Weise agieren. Das vollkommene Gleichgewicht kann nicht durch eine intellektuelle Entscheidung hergestellt werden. Auf organische Weise kann es nur durch den inneren Akt der Liebe gefunden werden, durch die innere Geste, die das andere Geschlecht von den aus Haß, Mißtrauen und Vorwürfen geschmiedeten Fesseln erlöst. Wenn diese Erlösung in der täglichen Meditation ausgesprochen wird, wenn Gottes Gnade im Bewußtsein der Frau wie auch des Mannes wirken kann, dann wird die Liebe zur Wahrheit führen, und die Wahrheit wird zur Liebe führen. Männer und Frauen werden als ebenbürtige Menschen im neuen Universum produktiv werden. Sie werden sich gegenseitig ergänzen und helfen, lieben und achten und Seite an Seite eine neue glückliche Welt füreinander erschaffen. So soll das Leben sein.

202

Karriere und Partnerschaft

Vielleicht habt ihr ein gewisses Muster auf diesem Pfad bemerkt, meine Freunde. Der einzelne muß zunächst seine Schwierigkeiten im Berufsleben bewältigen, bevor er Beziehungsprobleme lösen kann. Dies wird im Zusammenhang mit dieser Lesung sehr klar. Wenn Beziehungen eingegangen werden, um Abhängigkeit, Parasitentum, Ausbeutung des anderen oder das Bedürfnis zur Herrschaft und Versklavung auszuleben, dann müssen diese Menschen sich für eine gewisse Zeit allein durch das Leben schlagen, bis sie ein Minimum an Autonomie und Unabhängigkeit erreicht haben. Sobald sich die kreativen Kanäle öffnen, können in der neugewonnenen Freiheit vorher eingeschlossene Energien freigesetzt werden. Dies ermöglicht ganz neue Verhaltensweisen zum anderen Geschlecht.

Ich bin sehr glücklich, daß ich euch diese Lesung geben konnte, denn alles, was zur weiteren Entfaltung der ganzen Person, der Frau wie des Mannes, führt, ist für uns in unserer Welt eine wunderbare Erfahrung. Seht die Schönheit des Christusbewußtseins, das in euch allen lebt. Seid in Frieden, seid in Gott.

15

Die neue Ehe

Gesegnet ist euer Leben, gesegnet sind eure Gedanken, Pläne und Unternehmungen, meine geliebten Freunde.

Die spirituellen Kräfte des Kosmos sind so groß, daß ein ungeläuterter Mensch sie nicht ertragen kann. Wo Negativität und Verzerrung im Bewußtsein des einzelnen herrschen, manifestieren sich diese mächtigen Strömungen als Krise, Leid und Gefahr. Doch ist es das sehnliche Verlangen jeder Seele, für den göttlichen Einfluß des Christusbewußtseins empfänglich zu werden und daran teilzuhaben.

Von diesem Gesichtspunkt aus ist die Entwicklung der Institution der Ehe von großer Bedeutung. Größere Einsicht ist jetzt erforderlich, damit ihr euer Verständnis der Ehe erweitern und vertiefen und dieses Wissen benutzen könnt, um euer Sehnen zu artikulieren. Artikulation ist immer der erste Schritt, um das, wonach ihr euch sehnt, zu verwirklichen.

Die Ehe in der Geschichte

Wir wollen die Evolution der Ehe bis heute betrachten und den Blick in die Zukunft wenden, so daß ihr die heutige Einstellung zu dieser Institution in einem größeren Zusammenhang seht. Geschichte kann nur dann angemessen verstanden werden, wenn die den irdischen Ereignissen zugrundeliegende spirituelle Bedeutung erkannt wird.

Noch vor nicht allzu langer Zeit diente die Ehe einer Reihe von Zwecken, am wenigsten aber dem Sicheinanderöffnen, der Liebe und der Gegenseitigkeit auf allen Ebenen der Persönlichkeit. Im Gegenteil, Liebe, gegenseitige sexuelle Hingabe und der tiefe Austausch dynamischer Energien wurden abgelehnt und verurteilt. Die Ehe wurde als wirtschaftlicher und sozialer Vertrag angesehen, der andere Persönlichkeitsfaktoren mit niedrigeren Antrieben befriedigte. Finanzielle und soziale Vorteile waren von größter Wichtigkeit. Noch wichtiger war die feste Überzeugung, daß diese Antriebe moralisch richtig und tugendhaft waren. Männer heirateten Frauen, die eine gute Aussteuer mitbrachten und den sozialen Status des Mannes erhöhten. Mit anderen Worten, Habgier und Stolz wurden idealisiert und gerechtfertigt.

Männer betrachteten sich als die Überlegenen. Eine Frau zu heiraten bedeutete ganz einfach, eine Sklavin zu erwerben, die dem Herrn des Hauses gehorchte und dafür sorgte, daß er jeden Komfort, jede Annehmlichkeit erhielt, die aber selber keine Ansprüche stellte. Auch diente sie ihm als Objekt für seine meist recht unpersönliche Lust. Im Austausch für diese Dienste empfing sie materielle Sicherheit. Ihre einzige Verantwortung war, ein angemessenes Objekt für ihren Herrn zu sein. Ihr versteht natürlich, meine Freunde, daß die Verantwortung des Mannes weitaus mehr als nur finanzielle Verantwortung umfaßte. Da die Frau nicht als gleichberechtigt angesehen wurde, war sie moralisch kaum verantwortlich. In diesen Jahrhunderten existierte emotionale und geistige Verantwortung nicht als Begriff, doch existierte sie sicherlich als Tatsache. Selbst ohne das begriffliche Bewußtsein erkannte der Mann diese Verantwortung anderen Männern gegenüber an, vernachlässigte sie aber völlig im Umgang mit der Frau.

Ganz offensichtlich war dies nicht nur das Ergebnis der Verzerrung und Negativität im Mann; es ergab sich auch aus einer stark verwurzelten Intentionalität in der Psyche der Frau. Über lange Zeiten hin lehnten die Frauen Selbstverantwortlichkeit auf allen Ebenen ab und wurden so Mitschöpfer der ungleichen Beziehung zwischen den Geschlechtern.

Angst vor der Macht des vereinigten Stromes

Beide Geschlechter fürchten sich auch jetzt noch vor den machtvollen spirituellen Energien, die in den Kräften der Liebe, des Eros und der Sexualität zwischen Mann und Frau enthalten sind. Diese kosmische Macht ist das schöpferische Strömen selbst, durch das alles, was existiert, entstanden ist. Sie kann in vielerlei Weise Ausdruck finden, nicht nur als bindende Kraft zwischen Mann und Frau, sondern auch in den spirituellen Disziplinen, die innerhalb der individuellen Seele die maskulinen und femininen Prinzipien und Energieströme verschmelzen.

Die ungeläuterte Seele kann diesen Energiestrom nicht ertragen. In dem Maße, wie ungeläuterte Seelensubstanz in der Persönlichkeit gärt, muß der Energiestrom negiert, unterdrückt und abgespalten werden. Sexualität, die sich ohne Liebe, innere Verpflichtung und Achtung manifestiert, ist eben solch ein abgespaltener, negierter Energiestrom. Menschen, die glauben, daß Pornographie oder Promiskuität lustvoller ist als die Sexualität, die einer vereinten Ganzheit entspringt und mit Liebe und geistiger Vereinigung verbunden ist, sind völlig im Unrecht, denn das genaue Gegenteil ist wahr. Aber die Macht einer solchen Sexualität ist so groß, daß sie von der teils noch in Dunkelheit lebenden Seele nicht ertragen werden kann.

Ein anderer menschlicher Irrtum ist der Glaube, daß ein verheiratetes Paar, das sich treu ist, über das Stadium der abgespaltenen Sexualität hinausgewachsen ist. Die eben beschriebene typische Ehe früherer Zeiten beinhaltete völlige Unterdrückung und Verleugnung der spirituellen Energieströme. Im Mann manifestiert sich die Verleugnung immer noch häufig als die Unfähigkeit, starke sexuelle Gefühle für die Frau, die er liebt, ehrt und achtet, zuzulassen. Bisweilen ist die unbewußte Angst vor dem Energiestrom so überwältigend, daß die Abspaltung total wird und der Mann zur Sexualität mit der geliebten Frau nicht fähig ist. In vielen Fällen findet die Abspaltung jedoch innerhalb derselben Beziehung statt. Ein Mann bringt der Frau, die er geheiratet hat, einen gewissen Respekt, eine gewisse Liebe entgegen, doch im Akt der sexuellen Vereinigung blendet er ihre Wirklichkeit aus. Dieser Akt kann nur verrichtet

206

werden, wenn die Frau im Geiste des Mannes zu einem niedrigen Objekt wird. Pornographischer Sex kann im Rahmen ehrbarer Ehe stattfinden und ist sozial ganz und gar akzeptiert.

In der Frau manifestierte sich die Verleugnung des vereinten Kraftstroms oft in der völligen Verleugnung der sexuellen Realität ihres Körpers. Kam ihre Sexualität trotz aller Versuche, sie zu verleugnen, zum Ausdruck, war diese Erfahrung mit Schuld- und Schamgefühlen verbunden.

Heute ist das Mißverständnis von sexueller Schuld und Unterdrückung in eurer Welt fast so groß wie je. Die Unterdrückungen und Verleugnungen, die Gefühle der Schuld und falschen Scham sind nicht einfach nur Resultat von Sittenkodex und bigotten Einflüssen, sondern ergeben sich vielmehr aus der Unfähigkeit, die Macht des völlig vereinten Energiestroms auszuhalten. Nur jemand, der zumindest relativ frei ist von Negativität, Angst, Zweifel und Destruktivität, kann diese Kraft ertragen.

Der stark sexuelle Mensch, der Sexualität ohne Liebe und ohne Verschmelzung mit einem anderen bewußt gewählten Menschen erfährt und wahllos, ohne Herz und Geist, flüchtige Begegnungen sucht, ist im Grunde nicht anders als der Moralist, der seiner Frau treu ist und sich mit ihr verstohlen, in Erfüllung seiner ehelichen Pflicht, paart. Beide fürchten sich vor den Strömen der Liebe und Sexualität, die durch die Macht des Eros, durch die Stärke der Gegenseitigkeit in der seelischen Entwicklung und der Verpflichtung füreinander in der individuellen Läuterung vereinigt werden.

Der Weg zur mystischen Ekstase

In der Vergangenheit ergaben sich die Beziehung zwischen Mann und Frau und die Einstellung zur Ehe direkt aus der Angst vor dem Strom, der Liebe und Sexualität vereinigt. Selbstläuterung existierte nicht für den durchschnittlichen Menschen und wurde in bedeutungsvoller Weise nur in den Kirchen geübt. Doch auch dort wurde die volle Macht des Stromes durch das Gebot des Zölibats gemindert. Es ist wahr, daß einige besonders begabte und entwickelte Menschen diese spirituelle Kraft durch ihre persönlichen Bemühungen wachriefen. Mystische Ekstase ist nichts anderes als das Freisetzen eines spirituellen Energiestroms, in dem Gott als lebendige, körperliche Realität erlebt wird. Dies kann idealerweise auch in dem Ineinanderaufgehen eines Mannes und einer Frau geschehen, die frei genug von Angst sind und gemeinsam einen Weg der Selbstläuterung gehen. Ihre Vereinigung wird die innere Energieströmung freisetzen, durch die sie Gott in sich selbst und im anderen erfahren.

Bevor wir auf diese Erfahrung näher eingehen, laßt uns auf die Stufen geschichtlicher Evolution zurückkommen. Das Bild der Ehe, das ich euch zeichnete, ist nicht sehr attraktiv. Die Ehe, so wie sie lange Zeit bestand, war wahrlich ein sündhafterer Stand als all die Sünden, welche von den die Normen aufrechterhaltenden Moralisten verdammt wurden. Die Moralisten richteten ihre Anklage der Sünde gegen unerlaubten Sex, gegen Promiskuität oder Pornographie, die konkret identifiziert werden konnten. Es ist richtig, daß diese Aktivitäten eine Verleugnung der gottgegebenen Vereinigung von Liebe und Sexualität darstellen, eine Verleugnung des größten Energiestroms, eines Ausdrucks göttlicher Gegenwart.

In einem gewissen Sinn sind die Angst und die Verleugnung Symptome der ungeläuterten Seele – des gefallenen Geistes, wenn man so will. Da ihr aber alle in eurer Rückkehr zur Einheit mit Gott auch eine Aufgabe erfüllt, ist es sinnlos, über diese Symptome herzuziehen. Die so auftreten, sind selber gefallene Geister, ungeläuterte Seelen, Teil der gleichen evolutionären Bewegung. Die angemessene Haltung gegenüber der Angst vor dem vollen Energiestrom ist Annahme: Sanftes Training ist notwendig, damit die Psyche sich allmählich an diese hochgradige Kraft gewöhnen und sie angenehm aushalten kann. Ekstase kann und wird angenehm werden, sowie die Seele wächst und weiter wird. Dies geschieht durch einen Entwicklungsprozeß, der sich über viele Inkarnationen erstreckt. Die wahre Sündhaftigkeit in der bis vor kurzem geltenden Einstellung gegenüber der Ehe ergab sich aus sekundärer Schuld. Statt die Angst, einen ebenbürtigen Partner zu lieben, zuzugeben, demütigte der Mann die Frau. Statt die Angst, einen ebenbürtigen Partner zu lieben und die sexuelle Lust zu genießen, zuzugeben, sah die Frau den Mann als

Feind an und entfremdete sich so von ihm. Statt zuzugeben, daß er eine gleichberechtigte Beziehung fürchtete, machte der Mann die Frau zum Objekt. Statt ihre Angst vor der Selbstverantwortung auf allen Ebenen zuzugeben, machte die Frau sich selbst zum Objekt und gab dann dem Mann die Schuld für das, was sie gemeinsam geschaffen hatten. Beide Geschlechter verleugneten die Angst, die auf einer tieferen Ebene primäre Schuld genannt werden kann. Es ist eine Schuld, die von allen Menschen geteilt wird.

Die Verleugnung der Angst rief sekundäre Schuldgefühle hervor. Einige dieser sekundären Schuldgefühle verliehen der Energie des niederen Selbst mehr Macht. Gier nach dem Materiellen wurde bestärkt: Geld, Macht und sozialer Vorteil wurden zu Beweggründen der Partnerwahl. Allgemeine Vorurteile, äußerer Schein, idealisierte Selbstbilder wurden gepflegt, Stolz und Eitelkeit zu falschen moralischen Werten erhoben. Wenn ihr die moralische Entrüstung und Selbstgerechtigkeit von Männern und Frauen gegenüber denen, die von den allgemein akzeptierten Normen abwichen, betrachtet, könnt ihr die Stärke der sekundären Schuld ermessen. Das Maskenselbst machte Habgier, berechnende Selbstsucht, von Stolz bestimmten äußeren Schein und gegenseitige Ausnutzung zu den höchsten moralischen Werten. Solch ein Anspruch geht weit über gewöhnliche Heuchelei hinaus. Eine so tiefverwurzelte und bösartige Heuchelei mußte mit den Wurzeln entfernt werden; nur so konnte die Seele genesen. Es ist wichtig, meine Freunde, daß ihr die jahrhundertelange Einstellung zur Ehe in ihrem Wesen seht. Menschen, die aus Liebe heirateten, waren große Ausnahmen.

Der kollektive Bewußtseinszustand erschuf in der Vergangenheit in den meisten Ehen derartige Verhältnisse. Derselbe kollektive Bewußtseinszustand erschuf auch karmische Bedingungen, die zur Voraussetzung für spezifische Lenkung im Hinblick auf die folgenden Inkarnationen wurden. Der Antagonismus zum Beispiel, der allgemein zwischen Männern und Frauen herrschte, mußte sich besonders zwischen einzelnen Männern und Frauen viel stärker als heute manifestieren. Oft war es vorherbestimmt, daß zwei Personen als zukünftige Ehepartner zusammenkamen. Es wurde so von ihrer Familie arrangiert. Eine solche Verbindung erschuf den

Raum für allgemeine und spezifische negative Gefühle und Einstellungen, deren Ausdruck und Bewußtmachung zur Basis für Transformation wurden. So waren, meine Freunde, die im Himmel geschlossenen Ehen keineswegs immer positive Verbindungen der Liebe und Zuneigung, der Anziehung und Achtung. Die negative Gegenseitigkeit zwischen vielen individuellen Männern und Frauen erschuf den kollektiven Bewußtseinszustand und die karmischen Bedingungen; sie erschuf auch die gesellschaftlichen Normen.

Ein großer Schritt vorwärts im kollektiven Bewußtsein

In der jüngsten Vergangenheit hat das Bewußtsein einen Riesenschritt nach vorn gemacht. Die Menschheit ist wahrhaft bereit geworden, die alten Einstellungen abzulegen und neue Verhältnisse, neue Normen und neue moralische Werte zu schaffen. In eurer Zeit ist dies an vielen drastischen Veränderungen klar erkennbar. Die Frauenbewegung, die Bewegung zur sexuellen Befreiung und eine völlig andere Einstellung zur Ehe sind klare Anzeichen eines neuen Bewußtseins. Diese Manifestationen müssen im Zusammenhang mit der allgemeinen evolutionären Ausrichtung gesehen werden, sonst könnt ihr die innere Bedeutung der Veränderungen nicht begreifen.

In allen evolutionären Bewegungen schwingt das Pendel gewöhnlich von einem Extrem zum anderen. Dies ist bisweilen unvermeidlich, manchmal sogar wünschenswert, vorausgesetzt die Pendelschwünge sind begrenzt. Aber wenn die Pendelschwünge zur einen Seite größer werden als erforderlich oder erwünscht, entwickeln sich Fanatismus und Blindheit genauso, wie es im entgegengesetzten Extrem geschah.

Die heutige sexuelle Freiheit, zum Beispiel, ist eine Reaktion auf die Zwänge früherer Zeiten. Zu einem gewissen Grade ist diese Phase notwendig, bis die Weisheit des neuen Bewußtseins heranreift und die freiwillige Festlegung auf einen Lebensgefährten als freier, befreiender und unendlich wünschenswerter erfahren wird als der ungebundene, wechselnde Partneraustausch. Der Kreislauf mußte sich von unfreiwilliger, monogamer Bindung – und den damit einhergehenden Begrenzungen des

210

persönlichen Wachstums für Männer und Frauen – zur Erkenntnis der lähmenden Auswirkungen dieses Zustands sowie zum daraus entstehenden Libertinismus und zur Polygamie bewegen. Von hier kann die Bewegung nun weiter voranschreiten und sich auf echte, innere Freiheit und Unabhängigkeit gründen, in der man freiwillig monogame Bindung wählt, weil diese unendlich viel mehr an Erfüllung bringt.

Ein besonders schädlicher Aspekt der alten Einstellung zur Ehe war, daß die Bedürfnisse nach Sexualität und Gemeinsamkeit durch die opportunistischen, materialistischen und ausbeuterischen Zwecke verschmutzt wurden. Schlimmer, diese Verschmutzung und Herabsetzung wurden als moralisch wünschenswert angesehen. Wird eine Seelenströmung heimlich in den Dienst einer anderen gestellt, werden beide negativ. Wenn Liebe, Eros und Sexualität ihren angemessenen Platz bekommen, können die echten Bedürfnisse nach Erfolg, Achtung durch die Gemeinschaft und materiellem Wohlstand gemäß dem höheren Selbst wirksam werden. Die Menschheit mußte sich von der Verzerrung lossagen, und eine gewisse Umwälzung wurde unvermeidlich. Die sexuelle Revolution manifestierte sich bisweilen notgedrungen auf unerwünschte Weise – doch unerwünscht nur, wenn man sie nicht im Zusammenhang sieht.

Natürlich müssen die eigentlichen Lektionen vom einzelnen gelernt werden. Diese Lektion ist es, von der ich hier spreche. Die alten Weisen bedürfen dringend einer tiefgehenden Veränderung. Ein neuer sexueller Ausdruck und freudvolle Annahme des Sexualtriebes sind notwendig. Zugleich müssen Männer und Frauen die außerordentliche Bedeutung der Ganzheit von Liebe, Eros und Sexualität verstehen, von Zuneigung und Achtung, von Zärtlichkeit und Leidenschaft, von Vertrauen und gegenseitiger Partnerschaft, von Teilen und Helfen. Deshalb ist es wichtig, zu verstehen, daß die Befürwortung der engagierten Beziehung nicht ein moralisches Gebot ist, nicht den Zweck hat, euch der Lust zu berauben. Das Gegenteil ist wahr. Der Energiestrom, der durch die Verschmelzung von Liebe, Achtung, Leidenschaft und Sexualität hervorgerufen wird, ist unendlich viel ekstatischer, als alle beiläufige Vereinigung es je sein könnte. Er ist so mächtig, daß die Autoritäten, gegen die so viel rebelliert wird, mehr als jeder andere diesen vereinten Strom fürchten. Diese

Autoritäten unterscheiden sich nicht so sehr von denjenigen, die sich nur erlauben, ihre Sexualität in der Abspaltung zu erleben, vom Herzen abgetrennt, ohne Wissen um wahre Intimität und wahres Teilen.

Das höchste Ziel

Es ist wichtig, den Zustand zu kennen, in den ihr letztendlich hinein-wachsen könnt und müßt, weil er eure Bestimmung ist. Ohne eine Karte könnt ihr euer Schiff nicht steuern. Es gibt jedoch einen feinen, wenn auch klaren Unterschied zwischen der organischen Verfolgung des Vorbilds und dem erzwungenen Versuch, das zu sein, was ihr noch nicht geworden seid. Akzeptiert, daß ihr nicht sofort der ideale, total integrierte Mensch sein könnt. Ihr wißt, daß es viel Zeit und Erfahrung braucht, viele Lek-tionen, viele Versuche, ungezählte Inkarnationen, bis eure Seele in ihrer Vollendung erscheint. Ihr müßt wissen, daß ein solcher Zustand existiert, selbst wenn ihr kaum fähig seid, ihn zu erfahren. Ihr müßt es wissen, ohne Druck auf euch selbst auszuüben, ohne zu moralisieren oder den Mut zu verlieren. All diese zwanghaften Einstellungen sind zerstöre-risch und falsch.

Der Versuch, ideale Normen, die der einzelne unmöglich erfüllen kann, durchzusetzen, ist leider von fast allen organisierten Religionen gemacht worden. Dies ist der Grund, weshalb die organisierte Religion heute einen schlechten Ruf hat. Der Zustand der Ganzheit sollte sanft in euer Bewußtsein gebracht werden. Er darf nie zur Peitsche werden, sondern sollte nur als Erinnerung an das dienen, was ihr in eurem Wesenskern schon seid und eines Tages ganz verkörpern werdet.

Es ist töricht, wegen der Irrtümer der Religion zum Atheisten zu wer-den. Ebenso töricht ist es, sich wegen der Verfälschungen früherer Zeiten von der Ehe abzukehren. Bevor die Ehe als gültige Institution von vielen angezweifelt wurde, hatte sich die Haltung schon beträchtlich geändert, besonders in den letzten Jahrzehnten. Einzelne Menschen wählten ihre Partner ungebunden, allgemein motiviert durch Liebe. Dies führte oft auch zu Irrtümern. Wer zu jung und unreif war, eine wirklich sinnvolle

212

Verbindung einzugehen, wählte die Ehe aufgrund oberflächlicher Anziehung, ohne tiefes Wissen um das Selbst oder den Partner. Es war kein Wunder, daß solche Ehen nicht überleben konnten. Aber dieser Schritt war notwendig, bevor Reife erworben werde konnte.

Das kollektive Bewußtsein kann, genau wie der einzelne, nicht lernen, ohne Fehler zu machen. Neue Schritte müssen ausprobiert werden, bevor die Seele zu Weisheit und Wahrheit kommen kann. Die Freiheit, unabhängig zu wählen; sexuelle und erotische Lust zu erfahren; Fehler zu machen und aus ihnen zu lernen; andere, reifere Beziehungen als Teil des Reifungsprozesses einzugehen, ohne die weniger reifen zu verurteilen – all das ist notwendig, um die wahre Bedeutung der Ehe zu lernen. Sie sollte nicht als Fessel angesehen werden, die von einer moralisierenden äußeren oder inneren Autorität aufgezwungen wird, sondern als freigewähltes Geschenk, als der höchste, wünschenswerteste Zustand, den man sich vorstellen kann, als intensivste Lust und Erfüllung, für die die Seele und die Persönlichkeit stark, widerstandsfähig und reif werden müssen. Glückseligkeit, Ekstase, höchste Lust sind nie umsonst zu haben und können nie billig ergattert werden. Es wäre dann nicht möglich, diese Gefühle zu ertragen. Sie können nur ertragen werden, wenn die Persönlichkeit in ausreichendem Maße Läuterung, Sicherheit, Glaube, Selbsterkenntnis, Verständnis des Kosmos – Christwesen – erlangt hat.

Sexuelle Befreiung muß durch Stadien gehen, die übertrieben erscheinen mögen, ja übertrieben sein mögen, bevor weitere sexuelle Befreiung – die Vereinigung von Liebe, Eros und Sexualität – die neue Ehe erschaffen kann. Flüchtige sexuelle Begegnungen sollten nicht als das Endstadium der Befreiung angesehen werden. Dies ist bestenfalls eine vorübergehende und begrenzte Phase. Niemand, der dieses Stadium erlebt hat, war je wirklich dadurch befriedigt, noch nicht einmal rein körperlich. Ihr mögt euch der Illusion hingeben, daß dies das Beste ist, was ihr je zu erleben hoffen könnt, aber das ist es nicht. Ihr mögt die tiefere, unerfüllte Sehnsucht verleugnen, weil ein Teil der bisher unerfüllten Sehnsucht gestillt worden ist. Doch ist das Ende des Weges noch sehr weit entfernt, wo ihr euch das geben könnt, was ihr wirklich braucht, möchtet, begehrt und was euch tatsächlich zusteht.

Wie die sexuelle Revolution, mußte auch die Frauenbefreiung zum Extrem gehen – zumindest vorübergehend. So wurden manche Frauen genauso hart und unbeugsam wie ihr größter Feind, der Mann, um zu erfahren, daß sie Kraft hatten und unabhängig, selbstverantwortlich, kreativ und erfinderisch sein konnten. Solange es eine vorübergehende Phase ist, aus der sich weitere Veränderungen ergeben, ist es in Ordnung. Doch wenn ihr diese Verhaltensweise als das Ideal seht, wird sie genauso schädlich, wie die Seinsweise der unterdrückten und abhängigen Kindfrau, die ihr nicht mehr sein wollt und auch nicht mehr sein müßt. Die neue Frau verbindet Unabhängigkeit, Selbstverantwortung, volles Erwachsensein mit der Sanftheit und Weichheit, die zuvor ausschließlich zum abhängigen Parasiten gehörte. Der neue Mann verbindet seine Herzgefühle, seine Sanftheit und Zärtlichkeit mit seiner Kraft und Fähigkeit, nicht wie die Frau, sondern in komplementärer Weise. Diese beiden können die neue Ehe eingehen.

Die neue Ehe – Verschmelzung und Transparenz

Die neue Ehe wird nicht früh im Leben geschlossen. Wenn die Beteiligten jung sind, haben sie doch durch intensive innere Arbeit auf einem Pfad wie diesem beträchtliche Reife erworben. Die neue Ehe ist ein Ort der Kraft, wo die Partner sich und andere in einer gemeinsamen Aufgabe für eine größere Sache stärken. Die neue Ehe ist offen und transparent. Es gibt keine Geheimnisse. Der eine Partner hat teil an den Seelenprozessen des anderen. Solche Offenheit und Transparenz muß gelernt werden. Es ist ein Pfad innerhalb des Pfades, wenn man so will. Enthüllt eure Schwierigkeiten, diese Offenheit zu erlangen; versucht nicht, sie zu verleugnen oder zu verstecken. Ein Teil der Offenheit besteht darin, eure Angst vor der starken spirituellen Strömung, den durch die Vereinigung von Sexualität und Herz freigesetzten Kräften, zu zeigen. Wird die Angst geteilt – obgleich ihr sie noch nicht ablegen könnt –, werden die Hindernisse relativ schnell beseitigt werden, und das Sichmitteilen selbst wird eine lebensprühende Erfüllung hervorbringen.

214

In der neuen Ehe ist es Voraussetzung für die Erfüllung einer lebendigen, dynamischen Beziehung, einen Weg der radikalen Selbstentwicklung einzuschlagen und die verborgenen Anteile des Selbst ans Licht zu bringen. Wenn die Lebendigkeit schwindet, müssen die Ursachen von beiden Partnern gemeinsam erforscht werden. Für die Stagnation mag es verschiedene Gründe geben, von denen keiner unbedingt schlecht oder beschämend sein muß.

Wenn zwei Menschen auf allen Ebenen füreinander offen sind, zusammenkommen und schließlich verschmelzen, übertrifft die Intensität und überströmende Lebendigkeit der sexuellen Begegnung alles, was ihr euch bisher vorstellen konntet. Eure Sehnsucht danach ist groß, denn diese Erfüllung ist euer Geburtsrecht und eure Bestimmung. Sie kann nur in einer Partnerschaft, wie ich sie hier beschrieben habe, existieren. Eine solche Verschmelzung ergibt sich nicht ohne weiteres. Sie ist das Ergebnis von unendlicher Geduld, von Wachstum, Veränderung und Transformation. Doch sollte sie in eurem Blickfeld als Möglichkeit dasein, die ihr tatsächlich eines Tages realisieren könnt.

Die Fusion aller Ebenen der Persönlichkeit beinhaltet die Fusion aller Energiekörper. Dies geschieht sehr selten. Ihr werdet es wissen, wann die Fusion nur auf der körperlichen Ebene stattfindet und wann sie die emotionalen, mentalen und spirituellen Ebenen einschließt. All diese Energiekörper existieren in der Realität, und sie können, je nach den herrschenden Bedingungen, verschmelzen oder auch nicht. Wenn die Fusion auf allen Ebenen stattfindet, werdet ihr nicht nur eins mit eurem Partner, sondern auch eins mit Gott. Ihr erkennt Gott in eurem Liebesgefährten und in euch selbst. Es ist nicht verwunderlich, daß der Energiestrom nur ausgehalten werden kann, wenn die Individuen einen hohen Grad innerer Entwicklung und Läuterung erreicht haben.

Sobald ihr erkennt, daß die sexuelle Verschmelzung unzureichend und uninteressant ist, wenn nicht auch die anderen Energiekörper in einem Prozeß der Vereinigung daran teilnehmen, werdet ihr mit der sexuellen Begegnung völlig anders umgehen. Sexuelle Vereinigung wird niemals beiläufig sein oder von Launen abhängen, sondern ihr werdet sie als heiliges Ritual betrachten. Diese Rituale werden von jedem Paar

215

erfunden werden und sich mit der Zeit verändern. Sie werden niemals zur festgelegten Routine ausarten. Die sexuelle Begegnung ist eine echte Verschmelzung der maskulinen und femininen Prinzipien als universelle Kräfte. Jede sexuelle Fusion wird ein kreativer Akt sein, der neue spirituelle Formen, neue Höhen der Entwicklung in den beiden Menschen hervorbringt, die an andere weitergegeben werden können. Das sich ergänzende Ineinanderaufgehen der beiden göttlichen Aspekte – der maskulinen und femininen Kräfte – wird nicht nur völlige Erfüllung, Ekstase und Glückseligkeit bewirken, sondern auch neue bleibende Werte und eine echte Erfahrung der göttlichen Gegenwart, eine Erfahrung von Christus im Selbst und im anderen.

Meine geliebten Freunde, diese Lesung sollte euch ermutigen, wie weit entfernt ihr auch von der Erfüllung der Bestimmung zu sein scheint, die ich hier umrissen habe. Schon mit der Fähigkeit, dies zu verstehen, bewegt ihr euch in die richtige Richtung. Benutzt es in positiver Weise, gleich wo ihr euch befindet. Die Erkenntnis der Wahrheit wird euch befreien, wie es das Wesen jeder Wahrheit ist, selbst wenn ihr sie noch nicht in die Wirklichkeit umsetzen könnt. Freut euch, daß es totale Verschmelzung und Einssein gibt und daß es euch erwartet.

Hiermit segne ich euch, meine Geliebten. Der Christus in der Tiefe eurer Seele vereinigt sich mit dem euch umgebenden Christusbewußtsein und mit den Energien, die euch mit Liebe, Kraft und Segen füllen.

216

Bemerkung zum Text

Jedes Kapitel dieses Buches ist eine überarbeitete Version von ein oder zwei GUIDE-Lesungen. Einige sind leicht gekürzt, andere wesentlich stärker. Da die Überschriften der Kapitel nicht immer die gleichen sind wie die Originaltitel der Lesungen, geben wir hier eine Liste der Kapitel mit den entsprechenden Nummern und Titeln der Lesungen.

1: »Beziehung« ist der zweite Teil der Lesung 106 »Traurigkeit oder Depression – Beziehung« mit einem Absatz von Lesung 149 »Der kosmische Drang nach Evolution«.

2: »Das männliche und weibliche Prinzip im Schöpfungsprozeß« ist Lesung 169.

3: »Die Kräfte von Liebe, Eros und Sex« ist Lesung 44. Diese Lesung erschien auch in Der Pfad der Wandlung, Synthesis 1994.

4: »Die spirituelle Bedeutung der Beziehung« ist Lesung 180. Diese Lesung erschien auch in Der Pfad der Wandlung, Synthesis 1994.

5: »Gegenseitigkeit: ein kosmisches Prinzip und Gesetz« ist Lesung 185.

6: »Der Wunsch nach Unglück und die Angst vor der Liebe« ist eine

Verbindung von Lesung 58 »Der Wunsch nach Glück und der Wunsch nach Unglück« und Lesung 72 »Die Angst vor der Liebe«.

7: »Der berechtigte Wunsch, geliebt zu werden« ist der zweite Teil der Lesung 69 mit einer Antwort zu einer Frage von Lesung 75 »Fragen und Antworten«.

8: »Objektivität und Subjektivität in der Beziehung« ist der zweite Teil der Lesung 42.

9: »Der Zwang, Kindheitsverletzungen zu wiederholen, um sie zu überwinden« ist Lesung 73. Diese Lesung erschien auch in Der Pfad der Wandlung, Synthesis 1994.

10: »Die Bindung der Lebenskraft an negative Situationen« ist der zweite Teil der Lesung 135 »Entspannte Bewegung – Bindung der Lebenskraft an negative Situationen« zusammen mit einem Abschnitt von Lesung 49 »Schuld: gerechtfertigt und ungerechtfertigt – Hindernisse auf dem Pfad«.

11: »Leben, Liebe und Tod« ist Lesung 123 »Die Überwindung der Angst vor dem Unbekannten«.

12: »Von der unbewußten negativen Interaktion zur bewußten Entscheidung für die Liebe« ist Lesung 202 »Negative psychische Interaktion« zusammen mit einer Frage und Antwort von Lesung 133 »Liebe als spontane Seelenbewegung«.

13: »Die spirituelle Bedeutung der Sexualität« ist Lesung 207.

14: »Die neue Frau und der neue Mann« ist Lesung 229 »Frau und Mann im neuen Zeitalter«.

15: »Die neue Ehe« ist Lesung 251 »Die Ehe im neuen Zeitalter«.

Anmerkung zur deutschen Übersetzung

Das Geistwesen, das sich durch die Stimme von Eva Pierrakos manifestierte, wurde als »GUIDE« oder »Führer« bekannt. Da das deutsche Wort auch Jahrzehnte nach dem Ende des »Tausendjährigen Reiches« noch nicht frei von Belastung ist, wurde hier dem englischen Wort der Vorzug gegeben.

In den abendlichen Zusammenkünften, in denen die vorliegenden Botschaften von Eva Pierrakos empfangen wurden, wandte sich der GUIDE an alle Anwesenden und zugleich an jeden Einzelnen. Die deutsche Sprache macht Unterschiede in der Anrede zwischen Singular und Plural, formalem Sie und informellem du oder ihr, die im Englischen nicht vorhanden sind. Diese Übersetzung benutzt das informelle du oder ihr.

Babette Rothschild
Acht Schlüssel zur sicheren Trauma-Heilung

In diesem Buch zeigt die anerkannte Autorin und Trauma-Expertin acht Schlüssel auf, die Sie allein oder zusammen mit jedem anderen Behandlungsprogramm nutzen können, um Ihr Trauma zu heilen.
192 Seiten, Paperback; ISBN 978-3-9365030-7-4

Babette Rothschild
Der Körper erinnert sich
Die Psychophysiologie des Traumas und der Trauma-Behandlung

Eines der verständlichsten Fachbücher zu einem wichtigen Thema unserer Zeit: Wie wirken traumatische Erlebnisse auf uns? Und wie gehen wir damit um? In leicht verständlichen Beschreibungen von Theorien und leicht anwendbaren Techniken, eröffnet die Autorin dem interessierten Laien ein umfassenderes Verständnis seiner Lebenssituation und bietet dem Therapeuten den Raum, sein Wissen mit einer soliden theoretischen Grundlage anzuwenden und neue Interventionen zu entwickeln.
256 Seiten, Paperback; ISBN 978-3-922026-27-3

Peter A. Levine
Trauma-Heilung
Unsere Fähigkeit, traumatische Erfahrungen zu transformieren

Im Gegensatz zur allgemein verbreiteten Sicht können Traumata geheilt werden. In vielen Fällen sind dazu nicht einmal langwierige Therapien, kein schmerzhaftes Reaktivieren von Erinnerungen und keine Dauermedikation erforderlich. Alte Traumasymptome sind Beispiele für gebundene Energie und vergessene Lektionen des Lebens.

Mit der Information und den Hilfsmitteln, die Ihnen dieses Buch an die Hand gibt, können Sie vermeiden, dass potentiell traumatische Erfahrungen ihre destruktive Wirkung entfalten, und besser mit bedrohlichen Situationen umgehen.
272 Seiten, kartoniert; ISBN 978-3-922026-91-4

Diane Poole Heller / Laurence S. Heller
Trauma-Lösungen – Grundlagen zur Trauma-Arbeit
Vermeidung und Auflösung von traumatischen Erlebnissen

Die Autoren erklären verständlich und anhand vieler Fallbeispiele, dass die Symptome, die traumatisierte Menschen erfahren, nicht nur wirklich existieren, sondern dass man sie auch verstehen, verhindern und heilen kann.
256 Seiten, Paperback; ISBN 978-3-9365030-9-8

Anna Halprin
Tanz, Ausdruck und Heilung
Wege zur Gesundheit durch Bewegung, Bilderleben und kreativen Umgang mit Gefühlen

Bilderleben und kreativen Umgang mit Gefühlen Anna Halprin leitet uns mit der Erfahrung ihrer Lebensweisheit in das Verständnis von gesundheitlichen Krisen und den damit verbundenen emotionalen Prozessen. Sie gibt klare Anleitungen für die Arbeit mit diesen Einsichten, denn jeder Körper, so alt oder jung er auch sein mag, hat die Fähigkeit, sich zu bewegen. »Ein Buch weiser und heilender Worte von einer der grössten Tänzerinnen Amerikas.« (Dr. med. Rachel Naomi Remen, Medizinische Leiterin des Commonweal Cancer Help Programms)
208 Seiten, kartoniert, illustriert; ISBN 978-3-922026-49-5

Milani, Jalieh J / Shepard, Alessandra PhD
Flexing Your Soul
Bewegung mit Energie & Bewusstsein

Flexing Your Soul wendet sich an die ganze Person und lenkt die Aufmerksamkeit auf das energetische Erleben im Jetzt. Die Dynamik und Kraft des Jetzt kann uns aufwecken. Wenn wir erwachen, erweitert sich unser Bewusstsein und mit ihm unsere Fähigkeit, auf unser eigenes Leben und das Leben anderer positiv einzuwirken. Diese Übungen unterstützen unsere Fähigkeit, den Energiefluss zu aktivieren und die Wahrnehmung unseres Seins zu erweitern, so daß wir unser Leben als Ausdruck unserer Essenz gestalten und den Willen des Herzens entsprechend ausrichten.
144 Seiten, Paperback, vierfarbig, Grossformat; ISBN 978-3936503067

Robert St. John
Metamorphose
Die pränatale Therapie

Robert St. John entdeckte in bestimmten Bereichen der Füsse Verbindungen zur vorgeburtlichen Phase, in der Energiemuster unser Sein geprägt haben. Durch eine sachgemässe Behandlung des Reflexbereiches der Wirbelsäule an Füssen, Händen und Kopf werden auf natürliche Weise Sperren und Grenzen des Bewusstseins aufgehoben und die ursprünglichen Kräfte der Psyche wieder freigesetzt.
160 Seiten, kartoniert, illustriert; ISBN 978-3-922026-25-9

Dr. med. G. Fisch
Chinesische Heilkunde

Ein Ernährungsbuch, das auf energetischer Grundlage basiert, d.h. von der Energie (Schwingung) der Nahrung und deren Wirkung im Körper ausgeht. Grundlage ist dabei die Lehre der Akupunktur und deren Energieverständnis.
120 Seiten, kartoniert, Abbildungen; ISBN 978-3-922026-21-1

Dr. Malcolm Brown
Die heilende Berührung
Die Methode des direkten Körperkontaktes in der körperorientierten Psychotherapie

Dieses Buch führt zu theoretischer Klarheit und zum praktischen Verständnis einer Yin/Yang- Körper-therapiemethode, eingebettet in eine grundlegende, humanistische, tiefgehende Art der Behandlung.
340 Seiten, Abbildungen, gebunden; ISBN 978-3-922026-17-4

Allan Sachs
Gesund sein mit Grapefruitkernextrakt
Der massgebliche Ratgeber die alternative Behandlung von Erkältungen, Infektionen, Candida, Allergien und vielen anderen Beschwerden

Inhalt: Wissenswertes über Grapefruitkerne; durch pharmazeutische Antibiotika verursachte Probleme; der Einsatz von Grapefruitkernextrakt in der Behandlung allgemeiner Beschwerden; in der Praxis: bei Candida, Warzen und anderen Fragen der Gesundheit; in der Behandlung von Tieren; in Handel, Landwirtschaft und Industrie; im Haushalt und in sonstigen Bereichen. Dr. Allan Sachs ist die anerkannte internationale Autorität in der Erforschung und Anwendung von Grapefruitkernextrakt.
96 Seiten, Paperback; ISBN 978-3-922026-87-7

David V. Tansley
Der feinstoffliche Mensch
Radionik in der energetischen Behandlung

Radionik ist eine Diagnose- und Therapiemethode, die vorrangig über die feinstofflichen Kraftfelder und Energiezentren zur Untersuchung und Behandlung von Krankheitsursachen führt. Tansley gibt ein einfaches und zugleich praktisch anwendbares Bild der feinstofflichen Anatomie des Menschen, des Informationsträgers unserer Existenz und damit der Basis für Heilung und Gesundheit.
112 Seiten, kartoniert; ISBN 978-3-922026-62-4

Benjamin Hoff
Tao Te Puh
Das Buch vom Tao und von Puh, dem Bären

Was für ein Puh? Das Tao Te Puh? in dem uns enthüllt wird, dass einer der grössten taoistischen Meister nicht etwa ein Chinese ist, auch kein altehrwürdiger Philosoph? Puh: »Was ist denn ein Standardbuch?« Synthesis: »Nun ja, eines, das jeder unbedingt lesen will.« Puh: »Ah! Ist es über Honig?« Synthesis: »Nicht direkt, es ist über dich und mich und über die Einfachheit und Süsse des Lebens.« Puh: »Ja, das klingt gut! Das les' ich gern.«
120 Seiten, kartoniert, illustriert; ISBN 978-3-922026-30-3

JEMANDEN LIEBEN,
DAS HEISST,
IHN ZUM LEBEN
FÜHREN,
SEIN WACHSTUM
HERAUSFORDERN.

– Die Essenz unseres Verlages

SYNTHESIS

Synthesis@Synthesis-Verlag.com · www.Synthesis-Verlag.com

Synthesis kooperiert in der Organisation von Seminaren zur Umsetzung der Theorien in die persönliche und professionelle Praxis mit www.CoreEvolution.com